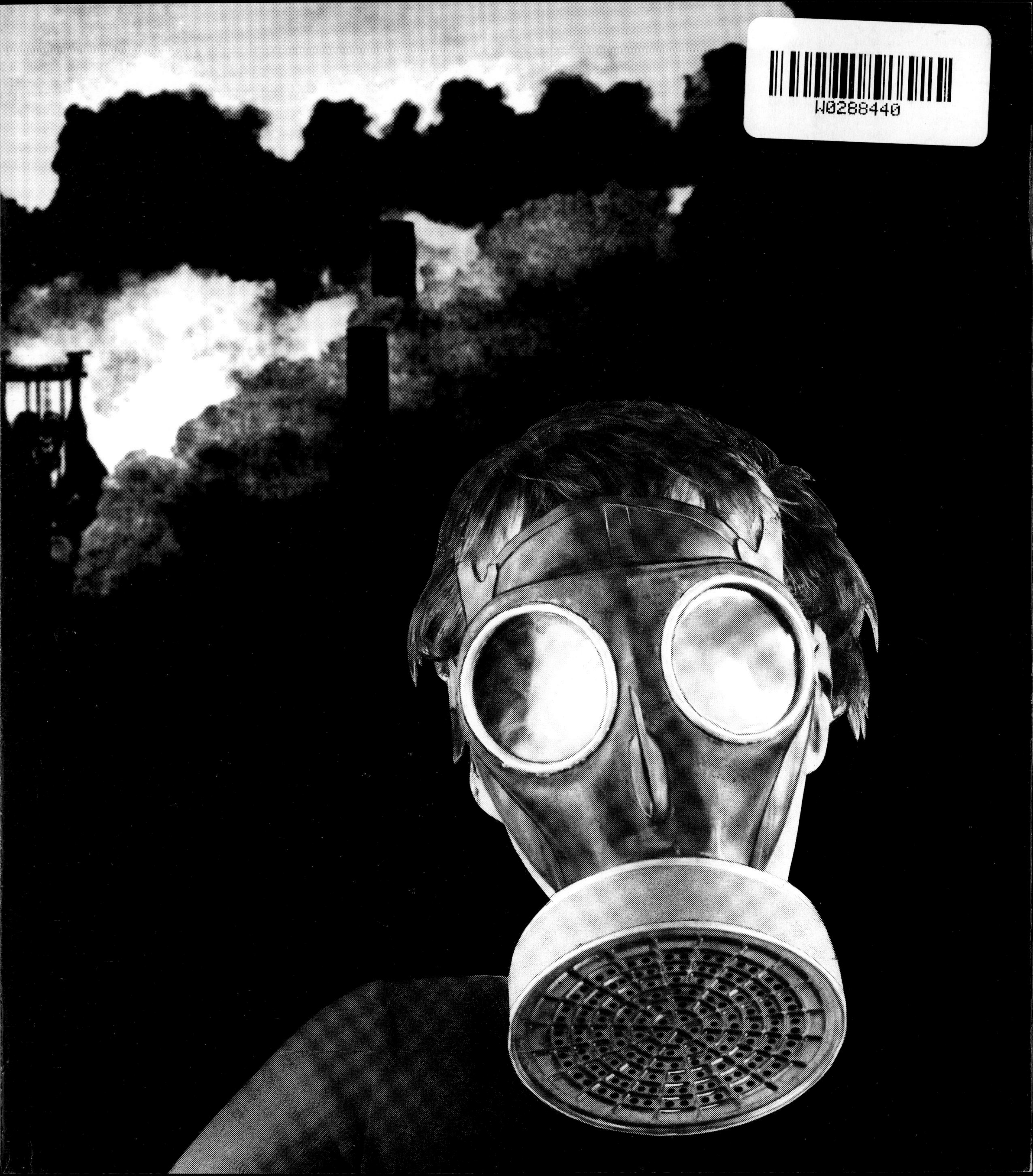

Staeck's Umwelt

Staeck's Umwelt

Texte und politische Plakate von Klaus Staeck

Steidl Verlag

1. Auflage, August 1984,

Umschlagentwurf: Klaus Staeck/Gerhard Steidl
Gesamtherstellung:
Steidl, Druckerei und Verlag, Düstere Straße 4, 3400 Göttingen
ISBN 3-88243-021-4

Inhalt

Alles unter Kontrolle. Auch in der Kunst?

Wenn man nach Kunst fragt, die sich einmischt, Mißstände kritisiert, Partei ergreift, so denkt man heute nicht unbedingt an die Maler, Grafiker und Bildhauer; man vermutet gesellschaftliches Engagement dann eher schon bei den Schriftstellern. Das war nicht immer so. Ende der sechziger, Anfang der siebziger Jahre herrschte eine allgemeine Aufbruchsstimmung, von der auch die Bildende Kunst nicht verschont blieb. Dabei hatte die Kunst, wie ihr oft nachgesagt wird, keine Vorreiterrolle, sie wurde mehr von den gesellschaftlichen Ereignissen überrollt. Plötzlich wurde der Künstler wieder nach Inhalten gefragt, nicht nur nach mehr oder weniger gewagten Formexperimenten. Das reine L'Art-pour-l'art-Denken schien überwunden. Viele waren es tatsächlich leid, immer nur die Innenräume der Elfenbeintürme aufs neue umzudekorieren. Künstler und ein breites Publikum gingen ganz ungewohnt aufeinander zu, zum beiderseitigen Nutzen. Kulturschaffende waren meist froh, die oft selbstgewählte Isolation überwunden zu haben, die an Kunst Interessierten, weit über den Expertenkreis hinaus, freuten sich über Bilder, mit denen sie etwas anfangen konnten.

Die beiderseitige Freude währte nicht allzu lange. Schon bald kamen viele hoffnungsvoll geplante gesellschaftliche Veränderungen ins Stocken. Verbalradikale gar denunzierten jegliche Beschäftigung mit Kunst als hoffnungslos reaktionär. Die alten Museumswärter sehnten die alten Zeiten herbei, in denen Kunst nur etwas von Privilegierten für Privilegierte gewesen war.

Inzwischen ist die heile Kunstwelt weitgehend wiederhergestellt. Nur verschwindend wenige Künstler arbeiten noch an einer Erweiterung des Kunstbegriffs. Der Kunstbetrieb, vor allem der Handel mit Kunstgegenständen, hatte noch nie viel mit gesellschaftsbezogener Kunst im Sinn. Eine Zeitlang schien es, als würden die emanzipatorischen Bestrebungen auch das traditionelle Abhängigkeitsverhältnis zwischen Künstlern und Händlern lockern, als würde die Kunst sich ihre eigenen Wege jenseits aller überlieferter Marktstrategien suchen. Nun aber ist alles wieder fest im Griff. International agierende, mafiaähnlich organisierte Ringe beherrschen den Kunsthandel und damit auch weitgehend die Kunst. Sie bestimmen die jeweils herrschenden Richtungen und die großen internationalen Ausstellungen ebenso wie die Programme der öffentlichen Museen und Kunstvereine. Das Erschreckende daran ist das überwiegende Versagen und die Verführbarkeit der öffentlichen Institutionen. Hier wird ein Grundübel unserer Zeit – die Vermischung von Öffentlichem und Privatem – zum Skandal. Die von ihrem Auftrag her zum Ausgleich Verpflichteten sind meist nicht einmal mehr Regulativ im Machtpoker der Marktführer, sondern oft nur noch Handlanger im Kampf um scheinbar objektive Legitimierungen privater Interessen. Dieser Zustand wurde möglich, weil es bei uns so gut wie keine ernst zu nehmende Kunstkritik mehr gibt, sondern fast nur noch fade Hofberichterstattung. Der im Journalismus häufig anzutreffende Opportunismus führt in der Kunstberichterstattung zu oft grotesken Ergebnissen.

So war es auch kein Wunder, daß sich die vielbeschworene Oggersheimer Wende längst vor der entscheidenden Wahl Kohls, Zimmermanns und Schwarz-Schillings vollzog. Weder von Künstlern noch Kunstbetrieblern kamen Einwände gegen eine grundsätzliche Umorientierung auch in der Kulturpolitik. Man hatte sich längst angepaßt, selbst kastriert und die eigene Kunst zum stumpfen Schwert verkommen lassen. Und dafür wurde man belohnt; jeder Umfall hat schließlich seinen Preis. Repräsentatives, gelegentlich auch bis ins mystisch Dunkle Reichendes, aber auch oberflächlich Dekoratives wurde und wird großzügig gefördert, Kritisches erfolgreich verdrängt, weil als äußerst störend empfunden. Gefragt ist, neben klassischen Werken, leichte Kost. Man arrangiert sich halt und erklärt den eigenen Nabel hochstapelnd wieder einmal zum Nabel der Welt. Ein Meilenstein auf diesem Wege mit Namen »Kunst als Anpassung« war 1982 die »Zeitgeist«-Ausstellung in Berlin. Ihr Organisator hatte noch zehn Jahre zuvor im Kunstverein Hannover die Kunst im politischen Kampf organisiert. Kann man einem Politiker verübeln, wenn er gern mit solch flexiblen Persönlichkeiten zusammenarbeitet? Ernst zu nehmenden Widerspruch gegen das bis zur Peinlichkeit an Händlerinteressen orientierte »Zeitgeist«-Konzept gab es kaum. Gern ließen sich die großen und kleinen Meinungsführer vom Berliner Senat zu Flug und Hotel-Kempinski-Aufenthalt einladen. Der musisch orientierte Mensch geht eben doch meist mit der Kunst und der Zeit, und da geht es gelegentlich auch zurück. Protest? Nein, den mußte und muß man mit der Lupe suchen. Die Bildende Kunst führt im Augenblick weitgehend eine Nischen-Existenz: angepaßt, mit wenig Ausstrahlung, in sich selbst versunken, kein schlechter Partner für jedwede Administration.

Das spricht alles noch nicht unbedingt gegen die Kunst beziehungsweise ihren derzeitigen Zustand, aber um so mehr gegen jene, die sie machen. Bequeme Kunst ist selten gute Kunst, die eine Mode überdauert.

Auch in der Kunst alles unter Kontrolle? Es scheint so. Selten war das Verhältnis zwischen Museum, Handel und Künstler so harmonisch: eine konzertierte Aktion. Das gilt natürlich nur für die Erfolgreichen ihrer Branche, die anderen zählen ohnehin nicht. Die müssen draußen bleiben und auf Beförderung hoffen. Manchmal fällt ja einer im Karussell der ganz Großen vom Pferd. Da heißt es sich bereithalten. Jeder hat doch schließlich eine Chance, oder etwa nicht?

Derweil sucht das in den sechziger Jahren für die Kunst erschlossene Publikum vergebens nach den Schlüsseln für die längst wieder verschlossenen Türen. Nur noch einige unverbesserliche Kunstproduzenten orientieren sich in ihrer Arbeit immer noch an der Formel »Kunst ist Risiko, Kunst ist Unruhe«. Der kürzlich gestorbene Willem Sandberg hat das nach dem Kriege von ihm geleitete Stedelijk-Museum in Amsterdam als »Schule der Toleranz und kämpferischen Demokratie« definiert. Ein schöner Traum, an dessen Verwirklichung nur noch wenige bei uns arbeiten.

Man muß nicht nur an die Ökologie- und Friedensbewegung denken, wenn man feststellt, daß sich kaum jemals mehr Menschen für die Veränderung der oft bedrückenden Umstände ihrer Existenz engagiert haben als heute. Wo gibt es da aber eine Entsprechung, eine Widerspiegelung in der Kunst? Es geht nicht um eine Kunst in der Funktion einer tarifmäßigen Sozialhilfe, eher um Herausforderung, Reflexion, um ein Korrektiv vielleicht, immer aber um Teilnahme, niemals um eigennützige Verweigerung. Hierbei geht es und ging es auch nie um die schlecht gemalten roten Fahnen im goldenen Rahmen. Gemeint ist Kunst als »Lebensmittel«, wie es der eine oder andere immer gern etwas kühn definiert. Kunst als Vorausschau, als Warnung, gar als Vision. Was ist aus diesem Anspruch geworden, woher kommt der Hochmut, mit dem so mancher verächtlich auf die Politik herabschaut? Nein, im gegenwärtigen Zeitpunkt hat die herrschende Politik, und sei sie auch noch so illiberal und restriktiv, von seiten der Kunst nichts Ernsthaftes zu befürchten, nichts Beunruhigendes und schon gar nichts Gefährliches.

Dabei wären Impulse aus der Kunst dringend erforderlich. Woher sollen sie denn sonst kommen? Vom Mineralölhändler-Verband, den Hobby-Tauchern oder den Auto-Rallye-Veranstaltern etwa? Überdies war der Künstler als kritischer Begleiter und hellsichtiger Beobachter seiner Zeit kaum jemals stärker gefordert als heute. Es gilt die Herausforderung der dritten industriellen Revolution anzunehmen, sich der neuen Medien-Welt zwischen Satellitenbahnen, Mikrochips und Vollverkabelung zu stellen. Statt dessen kann man sich des Eindrucks nicht erwehren, daß sich die Kunst vor den zentralen Fragen, auch unserer kulturellen Existenz, drückt oder allenfalls dilettantische Antworten zu geben versucht. Bei welcher der großen repräsentativen Ausstellungen, bei welcher der vielen Kunstmessen, in welcher der vielen Kunstzeitschriften findet sich denn wenigstens ein Hauch von Auseinandersetzung?

Spätestens jetzt rächt sich die von einigen tüchtigen Händlern betriebene systematische Gleichschaltung von Handel, öffentlichen Institutionen und Kunst. Wer fragt denn wirklich noch nach der Qualität, wenn das sechste Rennpferd aus einem der drei führenden Kunstgestüte in Dauersiegerpose durch alle Kunstinstitutionen galoppiert? Statt dessen fast überall feige Anpas-

sung, höchstens einmal ein wenig Gemaule, wenn die Preistreiber sich wie in der Bau-Branche in allzu schwindelnde Höhen vorgewagt haben.
Allerdings richtet sich der Vorwurf nicht so sehr gegen die Händler. Warum sollten ausgerechnet sie sich der Grundmaxime unseres Gemeinschaftslebens widersetzen, die da lautet: Nehmt, was ihr kriegen könnt! Die Kritik richtet sich gegen den nahezu vollständigen Ausfall jeglicher Kontrolle durch die dazu berufenen Institutionen, Personen und die Künstler selbst. Ohne Kontrolle aber entartet Macht fast zwangsläufig und wird mißbraucht. Je unsolidarischer es unter den Künstlern zugeht, desto enger schließen sich diejenigen zusammen, die heute definieren, was Kunst und damit eben auch Geld ist und was nicht.
Den Schaden hat allemal die Kunst. Für die Kunst aber sind jene verantwortlich, die sie machen. So bekommt man natürlich auch Zweifel an der Kunst jenes Künstlers, der sich nach eigener Aussage gern an einer Solidaritätsauktion für bedrängte Solidarność-Kollegen beteiligt hätte, es dann aber doch unterlassen hat, weil sein Händler »so etwas nicht gern sieht«.
Solange das so ist, wird es in den Tagen der Baseler Messe einen ungestörten Kunst-Trubel geben, während nicht allzufern im Bezirksgefängnis Winterthur der Sprayer von Zürich, Harald Naegeli, für seine Kunst im Gefängnis sitzt. Ein Widerspruch, der von vielen Kunstfreunden gar nicht mehr erkannt wird. Aber auch eine Hoffnung, daß Kunst nicht zwangsläufig zu Petersilie auf kalten Platten verkommen muß. All jene, denen gegenwärtig die Teilhabe an der Kunst auf oft sehr subtile Weise verweigert wird, sollten diese Teilhabe energischer anmahnen als bisher.
So ist die Lage. Wir können, wir müssen sie ändern. Wir müssen uns wieder einmischen, Fragen stellen und auf Antworten bestehen. Das gilt für alle Lebensbereiche, aber in besonderem Maße für Kunst und Künstler, ihrem immer wieder erhobenen Anspruch gemäß.

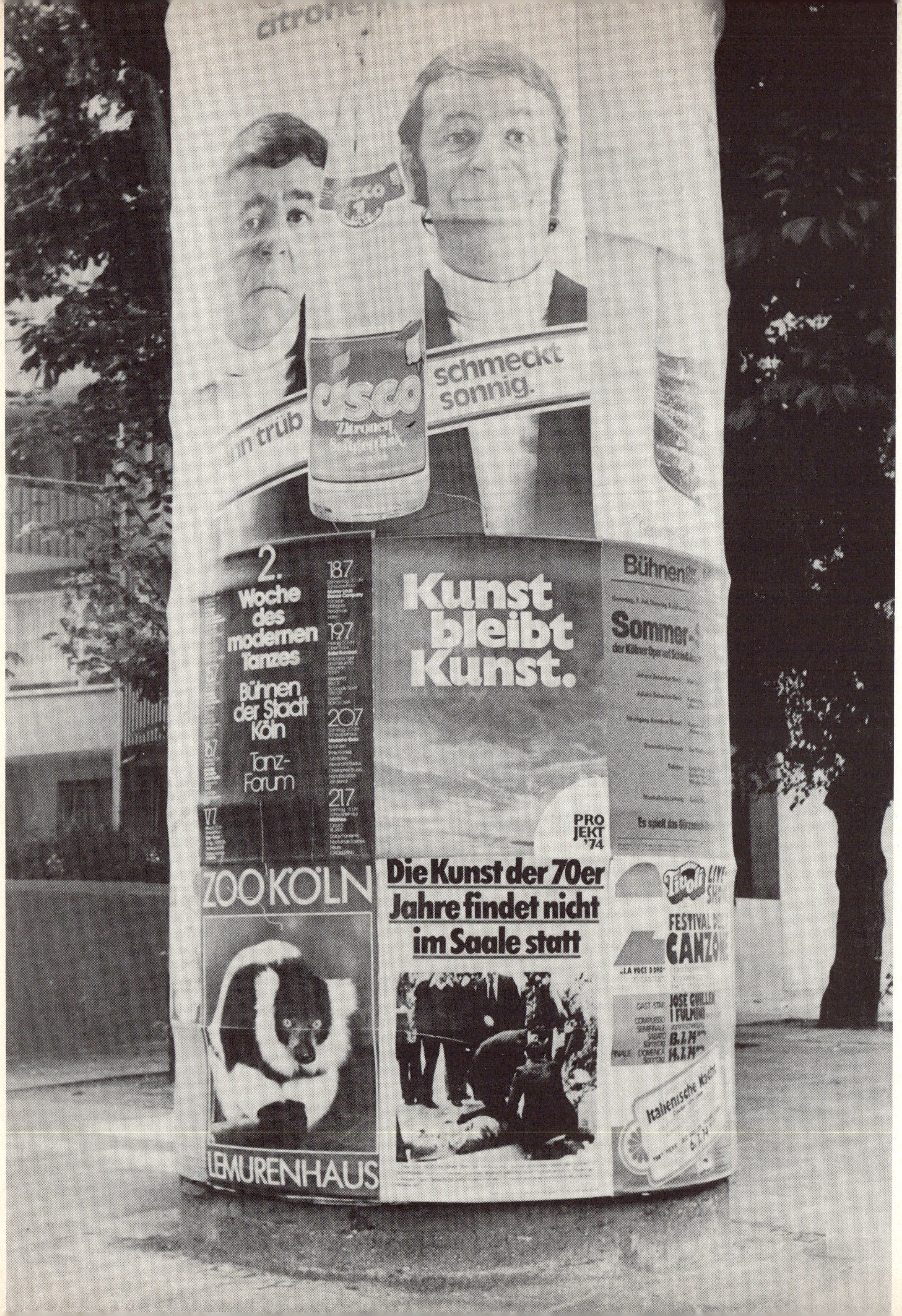
citronen
cisco
schmeckt sonnig.
cisco
Zitronen
2.
Woche des modernen Tanzes
Bühnen der Stadt Köln
Tanz-Forum
18.7
19.7
20.7
21.7
Kunst bleibt Kunst.
PRO JEKT '74
Sommer-
ZOO KÖLN
LEMURENHAUS
Die Kunst der 70er Jahre findet nicht im Saale statt
Tivoli
FESTIVAL
CANZONE
Italienische Nacht

Eine Zensur findet gelegentlich statt

Es gibt in der Bundesrepublik Deutschland keine Zensurbehörde, keine Stelle, die als Amt Manuskripte, Bilder und Noten beurteilt. Es gibt keine Stelle, bei der man sich Auskunft und einen Stempel, ein *imprimatur* für weltliche Schriften holen könnte. Trotzdem gibt es in der Bundesrepublik immer mehr Menschen, die in der apodiktischen Feststellung des Grundgesetzes »Eine Zensur findet nicht statt« nur noch eine ironische Floskel sehen, ein Relikt aus liberaler Zeit. Zwischen Augen zu und Panikmache hat sich eine Grauzone gebildet, die zur allgemeinen Verunsicherung beiträgt. Es gehört zum Wesen der Zensur, daß man sie nicht klar definieren kann. Der weiße Fleck in der Zeitung, das geschwärzte Bild sind romantische Relikte aus einer Zeit, in der es Leute gab, die ganz offiziell die Berufsbezeichnung Zensor trugen. Bald jeder Narr weiß inzwischen, daß die Selbstzensur das eigentliche Problem der Zensur ist. Die Selbstzensur macht die Zensur, den Eingriff von außen, überflüssig. Funktioniert sie total, kommt die Zensur denkgesetzlich gar nicht mehr vor. Der Verfassungssatz »Eine Zensur findet nicht statt« würde formal voll erfüllt, weil eine Notwendigkeit zum Eingriff gar nicht mehr entsteht.

Zur Beschreibung der Grauzone gehört auch der Mißbrauch, der mit dem Wort Zensur gelegentlich getrieben wird. In einem Klima, in dem Zensur und Selbstzensur grundsätzlich als möglich erscheinen, entschuldigt sich mitunter auch die Unfähigkeit mit Zensur, um so die Verwirrung komplett zu machen.

Dabei hält die Gesellschaft schon immer zwei Mittel bereit, um mit dem Unbequemen, dem Ungewöhnlichen und Ungewohnten fertig zu werden: Konsumierung oder Kriminalisierung mit vorausgegangener Isolierung. Nachdem Jahre ins Land gegangen sind, ohne daß die Wirksamkeit meiner Arbeiten wesentlich unter dem Verschleiß gelitten hätte, dem jeder Konsum ausgesetzt ist, wird die zweite Variante von meinen politischen Gegnern um so intensiver geprobt. Für mich sind Zensur und Selbstzensur keine inhaltsleeren Begriffe, mit denen ich auf akademischen Podiumsdiskussionen jongliere, sondern dutzendfach erfahrene Realität. Dabei tritt die Zensur in immer neuen Formen auf, oft schwer nachweisbar, relativ selten direkt und offen, manchmal freiwillig mitvollzogen, gelegentlich in einer Art Überreaktion auch nur eingebildet. In Zeiten wie diesen wird aber auch vieles der Zensur zugeschrieben, das in Wahrheit nur der Feigheit zum Opfer fiel. Ein Ziel jeder Zensurmaßnahme ist die Erreichung eines Zustandes, der den nächsten Eingriff nicht mehr erforderlich macht. Zensur war immer unpopulär. Erst die für Dritte kalkulierbare Form von Selbstzensur erübrigt das Verbieten, Streichen, Schneiden. Die Angst des Individuums, der Zensur zum Opfer zu fallen, produziert den von Beginn an gereinigten Text, der des Zensors nicht mehr bedarf. Im Laufe der Zeit sind immer größere Bereiche entstanden, von denen »man ja weiß, daß man dies und jenes nicht mehr schreiben und senden darf«: in Sendeanstalten, Zeitungen, Verlagen, Studios, Abteilungen, Referaten, Gremien. Die Zensur ist eine Seuche, die immer dort erfolgreich war, wo sie in totaler Selbstzensur endete. Im *Bayerischen Rundfunk* wird künftig kaum noch Anlaß für Zensur bestehen, da fast niemand mehr da ist, der die von oben vorgegebene »deadline« überschreiten wird. Der Gedanke an eine Zensur bei *Bild* ist schon deshalb ein Witz, da das negative Ausleseprinzip der Institution *Bild* die Redakteure nur *Bild*-konform handeln läßt. Die institutionalisierte Selbstzensur hat das Phänomen Zensur abgeschafft.

Am Beispiel weniger ausgesuchter Fälle soll aufgezeigt werden, wie ein Klima entsteht, das Zensur und Selbstzensur begünstigt, wenn nicht gar herausfordert, Angst schürt und unfreiwillige Beschränkung der Freiheit fördert. Aus über hundert Zwischenfällen der letzten Jahre wurden einige ausgewählt, um die Voraussetzungen für Zensurmaßnahmen zu beschreiben.

1. Nachdem alle noch so verwegenen Attacken gegen meine Person (»Volksverhetzer«, »Schmierfink«, »Linksradikaler«, »Politpornograph«) die Wirkung meiner Arbeiten nicht beeinträchtigen konnten, schrieb ein Bundestagsabgeordneter aus Melsungen im Mai 1976 an die *Hersfelder Zeitung* einen Leserbrief: »Diese Agitation Staecks ist typisch faschistisch. Wenn sie 'Kunst' ist, dann sind auch die Hetzkarikaturen der Nazis, mit denen sie im *Stürmer* unsere jüdischen Mitbürger verächtlich machten, nachträglich als 'Kunstwerke' anzusehen.«
Dankbar hatte ein Politiker die absurde Vorgabe der *Frankfurter Allgemeinen Zeitung* (»Goebbelspropaganda«) aufgegriffen und noch ein wenig zugelegt. Eine neue Waffe sollte erprobt werden, nachdem alle bisherigen Diffamierungsversuche im wesentlichen fehlgeschlagen waren. Mit einer später vom Landgericht Fulda bestätigten einstweiligen Verfügung wurde der wirre Faschismusvorwurf vorerst untersagt. Doch der Abgeordnete, der auch als Begleitung von Franz Josef Strauß bei dessen berüchtigter Chilereise in Erscheinung trat, war sich seiner Sache sehr sicher. 1977 hob ein Kasseler Senat des OLG Frankfurt die Verfügung in letzter Instanz wieder auf. Auch dem Gericht war die inzwischen eingetretene politische Klimaveränderung nicht verborgen geblieben. Was ein Jahr zuvor noch als undenkbar erschien, wurde nun der staunenden Öffentlichkeit als Beispiel für Meinungsfreiheit angepriesen. Einer Öffentlichkeit, die zu diesem Zeitpunkt in der Bundesrepublik schon nicht mehr intakt war. Bis auf zwei nichtssagende Zeitungs- und wenige kritische Rundfunkkommentare wurde dieses Urteil nicht weiter zur Kenntnis genommen. Immerhin wurde soviel bekannt, daß kaum noch eine Ausstellung oder Veranstaltung mit meinen Plakaten stattfindet, ohne daß meine Gegner mir vielstimmig den Faschismusvorwurf entgegenhalten. Eine makabre Situation: Die rechtesten der Rechten beschimpfen den Antifaschisten mit juristischer Billigung als Faschisten. Angesichts dieser Begriffsverwirrung fällt es naiven Zeitgenossen zunehmend schwerer, sich in diesem Dschungel zurechtzufinden. Da für den einen oder anderen Rechten das Wort Faschist wiederum keine richtige Beschimpfung ist, wurde ich schon im Oktober 1977 zu einer Veranstaltung in Schwäbisch Hall von einem Studiendirektor im *Haller Tagblatt* als Linksfaschist begrüßt.
Für Professor Helmuth Schoeck waren die Terroristen wiederum nicht Hitlers, sondern unsere Kinder, Heinrich Bölls und meine. Das OLG-Urteil hat insoweit verheerende Konsequenzen, als künftig jeder die politische Fotomontage als faschistisch denunzieren darf. Wer aber will schon faschistische Propaganda in seinem Rathaus, Gemeindesaal, seiner Turnhalle, Bibliothek, Schule oder Universität sehen. Dieses Urteil ermöglicht dem reaktionärsten CSU-Anhänger, sich als Hüter der Demokratie aufzuspielen, indem er faschistische Plakate von der Gemeinde fernhält. Bei jedem versuchten oder erfolgreichen Ausstellungsverbot aus der jüngsten Zeit spielte dieses Urteil eine Rolle. Nicht zu zählen die Schar jener, die aus Furcht, sich einem absurden Vorwurf auszusetzen, unter diesen Umständen von vornherein auf eine Ausstellung verzichten.
Kurz vor den Bundestagswahlen 1980 versuchte der CDU-Generalsekretär noch einmal zuzulegen: Im Bonner Konrad-Adenauer-Haus organisierte er die Ausstellung »Politische Grafik gegen die Menschenwürde«. Den Schwerpunkt bildeten Nazi-Plakate und Karikaturen aus dem *Stürmer* in Gegenüberstellung zu meinen Plakaten, um so eine scheinbare Kontinuität zu beweisen.

2. Zensur und Selbstzensur gedeihen nur in einem spezifischen Klima der Verunsicherung. Dafür, wie man dieses Klima schafft, einige Beispiele aus der Praxis.
Im Dezember 1976 fällt der Haller Juso-Vorsitzende einer Polizeistreife durch ein defektes Rücklicht auf. Bei der Kontrolle des Wagens werden im Kofferraum noch einige Plakate »Deutsche Arbeiter! Die SPD will euch eure Villen im Tessin wegnehmen« gefunden. Die Plakate wurden wegen Verdachts auf Verbreitung verfassungswidriger Propaganda beschlagnahmt. Anläßlich einer Dienstaufsichtsbeschwerde stellt sich später heraus, daß die Polizei schon während des Wahlkampfes die gleichen Plakate heimlich entfernt und zur Überprüfung eingesandt hatte. Da man nichts wieder davon gehört hatte, ging man von der Strafbarkeit aus und beschlagnahmte.

Auf Beschwerde wird die Beschlagnahme wieder aufgehoben.
Der Oberbürgermeister von Weiden verbot im Jugendzentrum eine Ausstellung meiner Plakate ohne jede Begründung. Einige Zeit zuvor hatte der Oberbürgermeister von Donauwörth die Veranstalter vor die Alternative gestellt: entweder Schließung der Ausstellung oder des ganzen Jugendzentrums. Zu einer öffentlichen Diskussion über das Verbot konnte es in der Stadt selbst nicht mehr kommen. Alle Gasthäuser zogen unter Druck ihre jeweils feste Raumzusage wieder zurück. Etwa zur gleichen Zeit gerieten die Jugendlichen von Emsdetten in eine ähnliche Lage. Inzwischen ist das Jugendhaus ganz geschlossen. Als in der Teestube von Hagen bei Cuxhaven unter fadenscheinigen Gründen eine Ausstellung geschlossen wurde, war ein Hotel zur Übernahme bereit. Der Besitzer erhielt daraufhin per Post anonym ein auf rotes Papier geklebtes Streichholz.
Es gibt aber auch Beispiele erfolgreicher Gegenwehr: In Meitingen klagte die örtliche SPD eine Ausstellung in der Gemeindehalle ein. Die Gemeinde hatte sie zuvor »aus politischen Gründen« abgelehnt.
Ein neues Stadium wurde 1984 von der Lindauer Polizei im bayerischen Kommunalwahlkampf eingeleitet: eine Art Zensur aus Fürsorge. Die zuvor von der Stadtverwaltung genehmigten Dreieckständer mit dem Zimmermann-Motiv in Schwurhandpose räumten Polizisten just an dem Tage ab, als der Bundesinnenminister sich zu einer Wahlveranstaltung in Lindau aufhielt. Nach seiner Abreise brachte die Polizei die Plakate an ihre alten Stellplätze zurück.
Gelegentlich gebiert das neue Klima auch Wunderliches: Nachdem ein Stuttgarter Gericht einem Strafgefangenen mein Filbinger-Plakat wegen vermuteter Gotteslästerung beschlagnahmt hatte, beschloß kurze Zeit später die CDU-Fraktion Berlin-Kreuzberg, das Rathaus während der Dauer meiner Ausstellung nicht mehr zu betreten. Mangels Mehrheit hatte man die Ausstellung nicht verbieten können. Dafür wollte mich ein Abgeordneter aus Berlin-Tiergarten am liebsten gleich »eliminieren«. Wo sich die Mehrheitsverhältnisse geändert haben, muß möglichst viel mitverändert werden. Als in Lahn/Gießen die CDU mehrheitsfähig geworden war, erinnerte sie sich sofort eines Wandbildes nach einem meiner Plakate. Der zuständige Stadtrat erschien in einem Jugendhaus gleich mit einer Malerkolonne, um das Wandbild vor den Jugendlichen schwarz übermalen zu lassen.

3. Zensur ist Aggression – Selbstzensur die Unterwerfung unter diese reale oder auch nur eingebildete Aggression. Selbstzensur ist die Folge eingestandener, akzeptierter Ohnmacht. Deshalb ist die Grenze zwischen berechtigter Angst und bloßer Feigheit so fließend. Habe ich Angst, oder bin ich ein Feigling, wenn ich ein auf einem Heilbronner Schulhof gefundenes anonymes Flugblatt ernst nehme, das meinen Namen und meine Adresse mit dem Zusatz nennt: »Rache für Hanns-Martin Schleyer. Tod allen Roten!« Vielleicht bin ich leichtsinnig, wenn ich es völlig ignoriere.
Das schwierigste Problem: Inwieweit trägt wiederum die Beschreibung der Zensur zur Verstärkung der Selbstzensur bei. Dazu ein Beispiel: Heinrich Böll hat in der *Frankfurter Allgemeinen Zeitung* eine mir gewidmete Erzählung veröffentlicht. Ihr liegt der reale Sachverhalt zugrunde, daß ein Lehramtskandidat in Süddeutschland ernsthafte Schwierigkeiten bekam, nur weil er mich kannte. Ein anderer Lehramtskandidat erfährt beim Lesen dieser Erzählung von dem Sachverhalt und fühlt sich auch betroffen. Er schreibt gerade über meine Plakate seine Zulassungsarbeit und ändert sofort den Titel der Arbeit, um einem ähnlichen Schicksal zu entgehen. Ergebnis: Hätte ich Böll den Sachverhalt nicht mitgeteilt, hätte er diese Erzählung so nie geschrieben, hätte der zweite Kandidat nichts von dem Vorfall erfahren und somit auch nicht sein Thema ändern müssen.
Als Frage bleibt, ob die Schilderung einer Einschränkung nicht zu neuen Einschränkungen einlädt. Naiv gesagt: Wer nicht weiß, daß man für etwas gerügt werden kann, ist vielleicht mutiger, weniger ängstlich. Wirkt die ständige Schilderung einzelner Fälle von Repression am Ende verstärkend auf die allgemeine Repression. Es ist eine Situation vorstellbar, in der die immer neue Aufdekkung von Fällen der Zensur und Selbstzensur auf einen Normalbürger derart entmutigend wirkt, daß er zu dem bißchen selbstverständlicher Courage, der jede Freiheit bedarf, nicht mehr fähig ist.
Es bleibt die Frage nach dem Nutzen oder Schaden der Schilderung solcher Eingriffe. Schafft sie eine heilsame Unruhe, die für ein Erkennen des Mißstandes und eine Umkehr notwendig ist, oder verbreitet sie durch die Fülle

von teils niederschmetternden Einzelfällen nur noch mehr Ratlosigkeit und Bedrückung. Letzteres wäre für das herrschende politische Klima katastrophal. Niemand sollte also solche Zeilen als Jammerbeitrag abtun oder gar als Vorwand für eigene Untätigkeit mißbrauchen. Wenn Mißstände geschildert werden, so nur mit dem einen Ziel, daß sie rasch überwunden werden. Adressaten sind nicht die schweigenden Dulder, die sich nur in ihren apokalyptischen Vorstellungen bestätigt sehen wollen. Ich wende mich vor allem an jene, die bereit sind, auch unter Inkaufnahme persönlicher Nachteile unsere Verfassung offensiv zu verteidigen: ein Beitrag zur Stärkung der Abwehrbereitschaft, nicht zur Lähmung.
Solange man noch über Zensur und Selbstzensur in der Öffentlichkeit reden kann, besteht eine Chance, beide zu überwinden. Ein bißchen mehr Mut zur Meinung als bisher wird allerdings zur Verteidigung der Freiheit in der Demokratie schon nötig sein.
Doch noch einmal zurück zur derzeit gängigen Ausstellungspraxis: Bis heute wurden weit über einhundert geplante Ausstellungen von Plakaten verboten. Verboten heißt: Nach dem jeweils vorgeschriebenen Verfahren wurden beantragte Ausstellungen von den zuständigen Stellen mit den verschiedensten Begründungen abgelehnt, bereits erteilte Zusagen zurückgezogen, Antragsteller unter Druck gesetzt, gestellte Anträge wieder zurückzuziehen, und schließlich wurden Ausstellungen während der Laufzeit auf Anordnung wieder geschlossen.
Der spektakulärste Fall dieser Art ereignete sich am 30. März 1976 in der Parlamentarischen Gesellschaft in Bonn, als CDU-Parlamentarier während der Eröffnung mehrere Plakate von den Wänden rissen und anschließend darauf herumtrampelten. Als Reaktion auf diesen Bonner »Bildersturm« wurden nicht etwa die Plakate vor den Vandalen geschützt, sondern die Ausstellung wurde noch während der Vernissage wieder geschlossen. Fand dieser Fall in den Medien noch breiteste Beachtung, so wurden in der Folgezeit die Reaktionen auf immer neue Verbote von Mal zu Mal schwächer. Eine gewisse Gewöhnung trat erschreckend schnell ein. Die oft zermürbend langen Rechtsstreitigkeiten um Verbote und vorenthaltene Ausstellungsräume unterstützten diese Entwicklung.

Inzwischen ist eine neue Lage entstanden. Viele Ausstellungsvorhaben scheitern schon im Planungsstadium, weil den Organisatoren die möglicherweise zu erwartenden Schwierigkeiten unüberwindlich erscheinen. So ist die paradoxe Situation entstanden, daß es zu vielen Verboten nur deshalb nicht mehr kommt, weil eine perfekt funktionierende Selbstzensur schon im Vorfeld zur Kapitulation führt.
Kommt es doch noch zu formellen Ablehnungsschreiben, belegen sie eine breite Palette von Ablehnungsgründen. Einige seien hier stellvertretend und in Auszügen zitiert:

Stadt Norderstedt — **Der Magistrat**
Dezernat II

... Die Grafiken des Herrn Staeck stehen im Verdacht, den Tatbestand des Paragraphen 130 Strafgesetzbuch zu erfüllen. Durch sie wird zum Haß gegen Bevölkerungsteile aufgestachelt. Diese Bevölkerungsteile werden beschimpft und böswillig verächtlich gemacht. Herr Staeck kann sich demgegenüber nicht auf die Kunstfreiheit nach Artikel 5 Absatz 3 Grundgesetz berufen. Die Kunstfreiheit gilt nicht schrankenlos (siehe Bundesverwaltungsgericht in JZ 71 Seite 544). Selbst bei künstlerischen Darstellungen muß der Kunstvorbehalt dann zurücktreten, wenn mit ihr Volksverhetzung ausgeübt wird und die Menschenwürde verletzt wird ...

Stadt Norderstedt — **Der Magistrat**
Erster Stadtrat

... Kulturausschuß und Magistrat der Stadt Norderstedt haben beschlossen, daß das Foyer des Festsaals am Falkenberg dem Kunstverein zur Durchführung der o.a. Ausstellung aus grundsätzlichen Erwägungen, die ausführlich in der Sitzung der Stadtvertretung dargelegt worden sind, nicht zur Verfügung gestellt werden kann ...

Stadt Köln — **Der Oberstadtdirektor**

... Die von Ihrer Arbeitsgemeinschaft geplante Ausstellung von Grafik-Plakaten des Grafikers Staeck läuft m.E. Gefahr, als politische Werbung interpretiert zu werden. Aufgrund der besonderen Situation Wesselings und zum gegenwärtigen Zeitpunkt scheint mir in diesem Zusammenhang besondere Zurückhaltung erforderlich zu sein ...

Stadt Schriesheim **Bürgermeisteramt**

... Ihrem Antrag können wir leider nicht stattgeben, da wir über die Dauer des Mathaise-Marktes politische Stände und Werbungen nicht zulassen.
Bei der von Ihnen zitierten »Strauß-Veranstaltung« handelt es sich um eine Mittelstandskundgebung des Bundes der Selbständigen, auf deren Gestaltung wir keinerlei Einfluß nehmen ...

Stadt Bad Wörishofen **1. Bürgermeister**

... Nach Einsichtnahme in eine Broschüre, in welcher Arbeiten des Graphikers Klaus Staeck veröffentlicht sind, lehnte der Ausschuß es ab, der Durchführung einer Ausstellung von Plakaten des Heidelberger Graphikers Staeck im neuen Rathaus die Zustimmung zu erteilen ...

Katholische Fachhochschule Mainz **Die Rektorin**

... Nach Rücksprache mit dem Träger lehnen wir es ab, Laufflächen oder Räume der FHS für diese Ausstellung, die partei- und gesellschaftspolitisch einiges an Unruhe gestiftet hat und von deren Inhalt sich Betroffene beleidigt und verunglimpft gefühlt haben, zur Verfügung zu stellen ...

Stadt Duderstadt **Der Stadtdirektor**

... Ein stadteigener Raum wird für die Staeck-Ausstellung nicht zur Verfügung gestellt ... Die Stadt Duderstadt war nicht nur berechtigt, sondern sogar verpflichtet, Ihren Antrag abzulehnen.
Dies ergibt sich zum einen aus der bisherigen Zulassungspraxis, wonach der Rathaussaal bisher für Veranstaltungen von politischen Parteien nicht zur Verfügung gestellt wurde. Zum anderen sieht der Verwaltungsausschuß der Stadt Duderstadt in der Ausstellung bestimmter Plakate des Grafikers Staeck eine Diffamierung einer bestimmten demokratischen Partei. Da aber gerade den politischen Parteien in unserem Verfassungssystem eine staatstragende Bedeutung zukommt, wäre es ein schwerer Verstoß gegen dieses verfassungsrechtliche Prinzip, die beantragte Ausstellung zuzulassen. Aus dieser Überlegung heraus kommt die Bereitstellung irgendeines städt. Raumes für diese Ausstellung nicht in Betracht ...

Badischer Kunstverein e.V. Karlsruhe **1. Vorsitzender**

... Ich habe dann auch bekannt gegeben, daß der Oberbürgermeister mir telefonisch hatte ausrichten lassen, daß er persönlich bei Veranstaltung der vorgeschlagenen Staeck-Ausstellung aus dem Badischen Kunstverein austreten werde ...

Karlsruhe **Evang. Oberkirchenrat**

... Der Evang. Oberkirchenrat hat aufgrund eines Zeitungsberichtes in den Badischen Neuesten Nachrichten sowie telefonisch davon Kenntnis erhalten, daß in den Räumen des Studentenpfarramts eine Ausstellung von Plakaten des Heidelberger Graphikers Klaus Staeck gezeigt wird, deren Übernahme zuvor vom Vorstand des Badischen Kunstvereins abgelehnt wurde ... Der Evang. Oberkirchenrat sieht sich aus den dargelegten Gründen veranlaßt, die sofortige Schließung der Ausstellung bis zum Wahlsonntag anzuordnen ...

Stadt Crailsheim **Oberbürgermeister**

... meine Zusage zur kostenlosen Bereitstellung der Eingangshalle des Rathauses für eine Ausstellung mit Werken des Graphikers Klaus Staeck habe ich davon abhängig gemacht, daß diese Ausstellung »nicht zur Werbung für parteipolitische Zwecke benutzt wird« ... Trotzdem wurde mir bis jetzt vorenthalten, daß es sich um eine hochbrisante Ausstellung mit politischem Hintergrund handelt, wie die bei der Stadtverwaltung inzwischen eingegangenen Informationen ergeben haben. Aus diesem Grund muß ich meine aufgrund Ihrer unvollständigen Information gegebene Zusage zurückziehen ...

Stadt Allendorf **Der Magistrat 1. Stadtrat**

... Die von Ihnen vorgesehene Plakatausstellung fällt aus diesem Rahmen üblicher Veranstaltungen der Parteien

derart heraus, daß wir bedauern, Ihrem Antrag nicht stattgeben zu können.
Ob die Plakate, die Sie ausstellen wollen, künstlerisch wertvoll sind, wie Sie schreiben, können und wollen wir nicht beurteilen. Darauf kommt es in diesem Zusammenhang auch nicht an. Im Vordergrund steht die politische Zielsetzung, die möglicherweise auf eine Verunglimpfung des politischen Gegners hinausläuft, wenn es sich bei den Plakaten um solche des Heidelberger Rechtsanwalts Klaus Staeck handeln sollte. Uns ist bekannt, daß Plakatausstellungen der letztgenannten Art wegen ihres offenbar provozierenden Charakters andernorts Besucher entweder stark angezogen oder stark abgestoßen haben, politische Leidenschaften geweckt und sogar zu Tätlichkeiten geführt haben.
Sollte die von Ihnen beabsichtigte Plakatausstellung die gleichen Merkmale aufweisen, sind nach unserer Auffassung städtische Gebäude und Einrichtungen nicht der richtige Ort für diese Art politischer Auseinandersetzung ...

Stadt Laupheim **Bürgermeisteramt**

... Da eine Ausstellung von Herrn Staeck stark in den politischen Bereich hineingreift, kommt eine solche Ausstellung – zumindest vor der Bundestagswahl – für uns nicht in Frage. Ich verweise hierbei auf den Beschluß des Gemeinderats der Stadt Laupheim, wonach öffentliche Gebäude und Einrichtungen für parteipolitische Zwecke nicht zur Verfügung gestellt werden dürfen. Die einzige Ausnahme hiervon bildet die Aula des Gymnasiums, die wie bei der Landtagswahl auch vor der Bundestagswahl von jeder Partei für eine Wahlkundgebung benutzt werden darf ...

Gemeinde Meitingen **2. Bürgermeister**

... Ihre Eingabe betr.: Durchführung einer Staeck-Ausstellung in der Gemeindehalle wurde vom Gemeinderat behandelt. Die Mehrheit lehnte jedoch diese Ausstellung aus politischen Gründen ab ...

Gemeinde Meitingen **Bürgermeister**

... Die Begründung der ablehnenden Haltung der Mehrheit des Gemeinderates zur Vergabe der Gemeindehalle für eine Staeck-Ausstellung unmittelbar vor der Bundestagswahl war inhaltlich folgende:
Einseitige politische Diffamierung des Landesvorsitzenden der CSU Dr. h. c. Franz Josef Strauß durch bestimmte Staeck-Bilder ... Unter diesen Umständen glaubte die Mehrheit des Gemeinderates gegen die Bereitstellung der Gemeindehalle für derartige Ausdrucksformen von »Kunst« stimmen zu müssen, zumal der Antrag nur auf eine Staeck-Ausstellung und nicht auf eine politische Versammlung gestellt wurde ...

Oberhausen **Revierpark Vonderort**

... wie ich Ihnen bereits telefonisch mitgeteilt habe, ist es auf Grund eines Beschlusses unserer Geschäftsführung nicht möglich, die Ausstellung der Plakate von Herrn Staeck im September dieses Jahres hier im Revierpark durchzuführen.
Der Hauptgrund liegt in der zeitlichen Nähe zu den im Oktober stattfindenden Wahlen, und wir meinen, daß eine derartige Ausstellung doch zu diesem Zeitpunkt zuviel Zündstoff für andersdenkende Mitbürger beinhalten könnte ...

Stadt Diez/Lahn **Stadtverwaltung**

... Bezugnehmend auf Ihr obiges Schreiben müssen wir Ihnen leider mitteilen, daß im Hof von Holland für die Ausstellung von politischen Plakaten kein Saal zur Verfügung gestellt werden kann.
Es handelt sich hier um ein städt. Kulturhaus; es soll nicht für politische Zwecke Verwendung finden, welche in der Bevölkerung mit geteilter Meinung vertreten werden ...

Stiftungsfachhochschule München **Vizepräsident**

... Außerdem sind die »Staeck-Plakate« wegen ihrer politisch einseitigen und diskriminierenden Aussagen äußerst umstritten. Aus diesem Grunde wären im Zusammenhang mit einer solchen Ausstellung auch Störungen zu befürchten ...

Stadtverwaltung Trier **Bürgermeister**

... Grundsätzlich steht das Foyer des Theaters für alle Ausstellungen zur Verfügung, die in den Rahmen dieses

Gebäudes passen. Dazu gehören durchaus auch politische Ausstellungen. Bei diesen wird allerdings vorausgesetzt, daß die Ausstellung nicht gegen die Grundsätze unserer Staatsverfassung verstößt und daß sie außerdem eine sachliche Aussage zu Gunsten einer politischen Partei oder Ideologie macht, ohne dabei politische Gegner herabzusetzen. Dies war zum Beispiel bei der Adenauer-Ausstellung der Fall, die auch bei politischen Gegnern des früheren Bundeskanzlers Zustimmung gefunden hat.
Wir könnten uns vorstellen, daß eine ähnliche Ausstellung etwa Kurt Schumacher zu Ehren das gleiche ungeteilte Echo finden würde. Dagegen haben Ausstellungen des Graphikers Staeck anderenorts schon erkennen lassen, daß sie die zweite an eine solche Ausstellung zu knüpfende Voraussetzung nicht erfüllen. Zahlreiche Ausstellungsstücke sind nämlich dazu geeignet, politische Gegner herabzusetzen und zu beleidigen ...

Stadt Hattersheim **Der Magistrat**

... Der Magistrat sieht sich außerstande, Ihnen das Foyer für den gewünschten Zweck derzeit zur Verfügung zu stellen. Die Vergabe der Räume der Stadthalle erfolgt wegen der anstehenden Wahlkämpfe mit Zurückhaltung. Das bedeutet, daß sie nur für die üblichen Wählerversammlungen zur Verfügung gestellt werden. Der Magistrat müßte befürchten, daß für den Fall der Vergabe der Stadthalle zu Ausstellungszwecken andere Gruppen beziehungsweise Parteien gleiche Ansprüche geltend machen würden ...

Stadt Stadtlohn **Der Stadtdirektor**

... Sollte es sich bei der Staeck-Ausstellung um die in Bonn beanstandete und mit einer einstweiligen Verfügung gestoppte Plakatausstellung handeln, so gilt die o.g. Erlaubnis für die Benutzung des städt. Grundstücks nicht für die Verbreitung von Material aus dieser Ausstellung ...

Stadt Reinbek **Der Magistrat**
Bürgermeister

... Ihr Antrag, eine Kunstausstellung im Rathaus beziehungsweise der Begegnungsstätte Neuschöningstedt durchzuführen, ist eingehend geprüft worden. Die Prüfung hat zu dem Ergebnis geführt, daß Ihrem Antrag nicht entsprochen werden kann und er somit abgelehnt wird ... Neben der tatsächlichen und technischen Unmöglichkeit, die Ausstellung durchzuführen, ist der Magistrat allerdings auch der Auffassung, daß Werke des Grafikers Staeck wenig geeignet sind, in städtischen Räumen ausgestellt zu werden. Zwar versteht sich der Magistrat nicht als Zensor der Werke Staecks, ist aber der Meinung, daß die bisher bekanntgewordenen Vorgänge um seine Ausstellungen infolge ihrer einseitigen politischen Ausrichtung geeignet sind, Konflikte zu erzeugen.
Damit ist die Ausstellung auch von ihrem Inhalt her ungeeignet für die Begegnungsstätte, die die Bürger zusammenführen soll und nicht sie durch einseitige politische Meinungsäußerungen spalten soll. Mit der Aufgabenstellung der Begegnungsstätte ist die Ausstellung insoweit unvereinbar ...

Stadt Lingen (Ems) **Der Stadtdirektor**

... Die Mitglieder des Kulturausschusses sind zu dem Antrag, im historischen Rathaus eine Ausstellung politischer und gesellschaftskritischer Kunstwerke durchzuführen, gehört worden. Sie haben sich mit Mehrheit gegen diese Ausstellung im historischen Rathaus ausgesprochen ...

Technische Universität Braunschweig **Der Rektor**

... mit Rücksicht darauf, daß auch in der Vergangenheit Ausstellungen mit politischem Charakter in den Räumen der Universität nicht zugelassen wurden, vermag ich Ihrem Antrag nicht zu entsprechen ...

Main-Kinzig-Kreis **Der Kreisausschuß**

... Bezüglich Ihrer Anfrage auf Überlassung der Aula der integrierten Gesamtschule Bruchköbel zur Durchführung einer Staeck-Ausstellung teilen wir Ihnen mit, daß wir die Ausstellung als Veranstaltung einer politischen Partei ansehen und Ihnen deshalb die Schule nicht zur Verfügung stellen können ...

Stadt Bergisch Gladbach — **Der Stadtdirektor**

... Es bestehen grundsätzlich keine Bedenken gegen die Ausrichtung einer Ausstellung durch die Jungsozialisten im Rathaus Bensberg, da gemäß Beschluß des Kulturausschusses solche Aktivitäten zu unterstützen sind. Wegen der durch Presse und Fernsehen hinreichend bekannt gewordenen Problematik über einige Plakate des Grafikers Klaus Staeck muß davon ausgegangen werden, daß es zu ähnlichen Auseinandersetzungen wie andernorts kommt. Im Interesse der Ordnung sowie der Einrichtung im Rathaus Bensberg kann daher ein Raum für die geplante Ausstellung nicht zur Verfügung gestellt werden.
Da die Problematik allgemein gilt, nicht nur für das Rathaus Bensberg, kann auch kein anderer städtischer Raum zur Verfügung gestellt werden...

Stadt Püttlingen — **Der Bürgermeister**

... Zum anderen bin ich aus grundsätzlichen Überlegungen nicht bereit, für eine Staeck-Ausstellung Räumlichkeiten der Stadt Püttlingen zur Verfügung zu stellen. Im Gegensatz zu den Jungsozialisten sehe ich in der Ausstellung der Staeck-Plakate weniger einen Beitrag zum kulturellen Leben, als vielmehr Anlaß zur politischen Konfrontation, die u. a. durch gezielte Diffamierung und Beleidigung von Parteien und Persönlichkeiten, mit denen sich der Heidelberger Rechtsanwalt Staeck befaßt, erreicht werden soll ...

Stadt Kaltenkirchen — **Der Magistrat Bürgermeister**

... Der Magistrat hat sich mit Ihrem Antrag in seiner Sitzung befaßt und übereinstimmend beschlossen, daß es nicht zu vertreten ist, vor der Bundestagswahl für die beabsichtigte Staeck-Ausstellung öffentliche Räume zur Verfügung zu stellen. Der Magistrat schließt sich insoweit den Absprachen der öffentlichen Medien an, die ein halbes Jahr vor der Bundestagswahl keine politische Unterhaltungskunst darbieten ...

Stadt Coburg — **Ordnungsamt**

... Wir haben Ihnen bereits bei einer Vorsprache erklärt, daß wir die Aktivitäten in der Fußgängerzone Spitalgasse aus verschiedenen Gründen bewußt auf die Aktivitäten der anliegenden Geschäfte, eigene Veranstaltungen der Stadt beschränkt und andere Veranstaltungen, wie Sie selbst vorhatten, bisher nicht zugelassen haben ...

Fachhochschule Coburg — **Der Präsident**

... Ein Interesse der Hochschulleitung an Ausstellungen, die für ein breiteres Publikum gedacht sind und die nicht mit dem Bildungs- bzw. Lehrauftrag der Hochschule im Zusammenhang stehen, besteht schon wegen der beengten Raumverhältnisse nicht; dies gilt auch für den Durchgang zur Cafeteria ...
Aus all diesen Gründen können wir Ihnen die erbetene Zustimmung für die Überlassung von Räumen und Stellflächen der Fachhochschule nicht erteilen ...

Bezirksregierung Hannover

... Die Durchführung der Staeck-Ausstellung kann mit dem Bildungsauftrag nicht nur nicht in Einklang gebracht werden, sondern stellt sogar eine ernsthafte Gefährdung des Bildungsauftrages der Schule zum jetzigen Zeitpunkt dar, so daß ein Verbot erforderlich gewesen ist, das heißt, es besteht zur Zeit keine andere Möglichkeit, das Verbot zum Beispiel durch eine weniger einschneidende Maßnahme zu ersetzen.
Die Plakate der Staeck-Ausstellung sind mindestens zu etwa 20 Prozent völlig einseitig darauf gerichtet, an der CDU/CSU und an ihren Repräsentanten, insbesondere an Herrn Strauß und an Herrn Bundespräsidenten Carstens, überspitzte, nahezu schon verunglimpfende Kritik zu üben.
Dieser Eindruck wird auch nicht dadurch wesentlich gemildert, daß sich Herr Staeck der künstlerischen Methode der Satire bedient und damit dem Betrachter deutlich macht, daß hier von ihm bewußte Übertreibungen vorgenommen worden sind, die in dem dargestellten Sinne deswegen nicht vollkommen ernst zu nehmen sind ...

Bewährung vor Gericht

Die demokratische Auseinandersetzung mit der Meinung des Andersdenkenden ist offensichtlich noch immer nicht jedermanns Sache, schon gar nicht jener Zeitgenossen, die sich reich, mächtig und im Besitz der allgemein verbindlichen Wahrheit fühlen. So ist es kein Wunder, daß gegen unliebsame Meinungen oft recht schnell die Gerichte zu Hilfe gerufen werden. Die Hoffnung auf ein Verbot scheint allemal größer als das Vertrauen auf die eigene Stärke. Der scheinbar unerschütterliche Glaube vieler Leute, die Gerichte würden fast immer konservative, wenn nicht reaktionäre Entscheidungen treffen, mag noch zusätzlich für diese Flucht in juristische Auseinandersetzungen verantwortlich sein.

Inzwischen hat es sechsunddreißig Prozesse um die Plakate, Postkarten und Aufkleber gegeben. Es begann 1972 mit dem Streit um das Motiv »Die Reichen müssen noch reicher werden. Deshalb CDU.« Obwohl sämtliche mit dem Ziel des Verbots des jeweiligen Plakats geführten Prozesse für die Kläger verloren gingen, werden immer wieder die Gerichte angerufen. Kläger sind die Betroffenen, die Ertappten, die ins rechte Licht Gerückten, obwohl sie im Dunkeln bleiben wollten. Franz Josef Strauß hat übrigens noch nie persönlich gegen eines der Plakate geklagt.

Satire muß, auch wenn sie noch so überzeichnet, verfremdet und übertreibt, immer auf Wahrheit beruhen. Eine grundlose persönliche Kränkung bleibt stets eine Diffamierung, auch wenn sie sich hinter dem Etikett Satire versteckt. Die meisten Kläger stützen deshalb ihre Klagen auf formale Mängel, aber fast nie auf inhaltliche Argumente. Oft wird der Versuch unternommen, eine inhaltliche Diskussion um die jeweils dargestellten Sachverhalte unbedingt zu vermeiden. So kommt es, daß die meisten Prozesse sich um eine mögliche Verletzung des Namens-, Warenzeichen- und Urheberrechts drehten. Eine seltene Ausnahme stellten die Prozesse um das Motiv »Alle reden vom Frieden. Wir nicht« dar. Hier wurde vor allem von seiten des Gerichts entschieden inhaltlich argumentiert. Die hier abgedruckte Begründung der Ablehnung des Erlasses einer einstweiligen Verfügung belegt das sehr deutlich.

Obwohl bisher kein Plakat jemals gerichtlich verboten wurde, wird immer wieder das Gegenteil behauptet. Eine böswillige Unterstellung, die Benutzer und Veranstalter verunsichern soll. Deshalb wurde auch schon mehrfach erfolgreich auf Unterlassung dieser Behauptung geklagt. Man kann, zieht man den jeweils erfolgreichen Ausgang in Betracht, die vielen Prozesse auch positiv sehen. Immerhin sind viele Plakate im Laufe der Jahre auch noch mit einem juristischen Zertifikat, mit einer Art Unbedenklichkeitsbescheinigung versehen worden und zusätzlich dadurch bekannt geworden.

Trotzdem bleibt immer auch ein erhöhtes finanzielles Risiko. Das hängt mit der speziellen juristischen Materie zusammen, da grundsätzlich jeweils von sehr hohen Streitwerten auszugehen ist. Kläger sind fast immer finanzstarke Organisationen und Verbände, große Firmen und mächtige Personen: CDU und CSU, Ärztevereinigungen, der Springer-Konzern und Rüstungsfirmen zum Beispiel. Meist hat man es mit ganzen Rechtsabteilungen zu tun. So erscheint der Vergleich mit David und Goliath kaum als eine Übertreibung. Das alles ist wohl auch konsequent, wenn man bedenkt, daß Satire immer ein Instrument der Schwachen und Benachteiligten gegen die Starken und Mächtigen war – nie umgekehrt. Meine juristischen Kenntnisse haben mich möglicherweise vor Verurteilungen, aber nicht – wie man sieht – vor Prozessen bewahren können. Ein Risiko bleibt diese Art Arbeit natürlich immer, da sich die Inhalte notwendigerweise im Grenzland bewegen müssen, wollen sie weiter wirksam bleiben. Es gibt keine hundertprozentige juristische Rückversicherung für ein gutes Plakat, das in

Grenzbereiche vorstößt. Deshalb kann man sich auch nur selten juristischen Rat bei Fachkollegen einholen, denn Juristen raten in solchen Fällen grundsätzlich erst einmal ab. Es kann auch passieren, daß ein Plakat jahrelang unbeanstandet gezeigt werden konnte, bis dann plötzlich nach Veränderungen des politischen Klimas der Inhalt noch anstößiger geworden ist oder sich der bisher abwartende Kläger in einer veränderten Situation gute Chancen ausrechnet.

Gelegentlich wird vermutet, einem Satiriker könne gar nichts Besseres als ein Prozeß um seine Arbeit passieren. Das ist meist ein Irrtum. Jede juristische Auseinandersetzung birgt große Risiken, ist meist sehr zeitraubend und bringt in den seltensten Fällen großen publizistischen Gewinn. Es wäre deshalb naiv, es auf einen Prozeß geradezu anzulegen, mit der Hoffnung auf ein großes Echo in den Medien. Das allgemeine Interesse erlahmt meist schnell, und juristische Streitigkeiten können bekanntlich sehr lange dauern.

Es erscheint im Gegenteil lohnender, sich im Rahmen der Gesetze zu bewegen, die in den meisten Fällen gar nicht so schlecht sind, wenn man vor allen Dingen an das Grundgesetz denkt. So gilt es vor allem, den von der Verfassung garantierten Freiheitsraum immer wieder neu anzumahnen und auszudehnen. Die meisten Freiheitsrechte verkümmern, wenn man keinen Gebrauch von ihnen macht.

Der Abdruck der Entscheidung des Landgerichts Heidelberg steht für eine Fülle anderer Entscheidungen. Das Heidelberger Urteil wurde anschließend vom Oberlandesgericht Karlsruhe bestätigt. Die Firma Rheinmetall verzichtete daraufhin auf weitere Rechtsmittel. Ein Parallelverfahren gegen das gleiche Plakat wurde vom Landgericht und Oberlandesgericht Frankfurt ebenso entschieden.

Bereitschaftskammer Landgericht Heidelberg
Zivilkammer 3 · Öffentliche Sitzung
Heidelberg, den 7. November 1981

In Sachen
Direktor Dr. Ing. Hans L. H. – Antragsteller

gegen
Klaus Staeck – Antragsgegner

wegen einstweiliger Verfügung

Beschluß:
Der Antrag auf Erlaß einer einstweiligen Verfügung wird kostenfällig zurückgewiesen.

Gründe:
Der Anspruch kann nicht auf die Verletzung des allgemeinen Persönlichkeitsrechts und der Ehre des Antragstellers gestützt werden.

Das beabsichtigte Poster, das den Antragsteller erkennbar zeigt, soll nach Auffassung der Kammer ausdrücken, daß der Antragsteller Waffen herstellen läßt, ohne Rücksicht auf die dadurch nach erkennbarer Auffassung des Antragsgegners eintretende Gefährdung des Friedens. Nicht kann dem beabsichtigten Poster die Behauptung entnommen werden, der Antragsteller befürworte den Krieg oder Maßnahmen, die notwendig zu einem Krieg führen müßten.

Mit dieser Aussage, die vielfältig geäußerte Argumente der sogenannten Friedensbewegung aufgreift, ist überwiegend eine Bewertung des Handelns des Antragstellers in seinem Beruf vorgenommen. Grundsätzlich bewegt sich damit die Äußerung des Antragsgegners im Rahmen der grundgesetzlich geschützten Meinungsfreiheit. Diese Meinungsfreiheit findet aber ihre Grenze bei der nicht sachbezogenen Schmäh-Kritik. Die satirische Kritik betrifft die berufliche Tätigkeit des Antragstellers. Ihr kann damit Sachbezogenheit nicht abgesprochen werden. Die Äußerung, der Antragsteller nähme bei der Waffenproduktion nicht genügend auf die Erhaltung des Friedens Bedacht, ist eine politische Meinung, die, auch wenn sie falsch wäre, noch nicht eine Schmähung der Person des Antragstellers ist. Dies wäre dann anders, wenn der Antragsteller etwa der unmittelbaren Kriegsvorbereitung oder der Kriegshetze bezichtigt worden wäre, was sich indessen aus dem Gesamtzusammenhang nicht mit hinreichender Sicherheit entnehmen läßt. So kann dem von dem Antragsteller in seiner Begründung zitierten Werbespruch der Deutschen Bundesbahn, den der Antragsteller erkennbar als Vorlage benutzt, auch nicht entnommen werden, die Bundesbahn sei für schlechtes Wetter. Im übrigen ist bei der Frage, ob eine unzulässige Schmähung vorliegt, auch auf das Verhalten des Antragstellers Bedacht zu nehmen. Wer in der Öffentlichkeit zu Grundfragen des Gemeinschaftslebens betont Stellung nimmt, muß auch eine scharfe, übersteigerte Kritik an seiner Person durch Gegner dulden, die seinen Standpunkt als unangemessen und anstößig empfinden (BGH Z 45, 296, 308). Die Kammer sieht in der Pose des Antragstellers und der anderen Beteiligten eine solche Stellungnahme, zumal das Foto nach dem Vorbringen des Antragstellers bei einer öffentlichen Übergabe von Waffen an den Bundesminister für Verteidigung in Gegenwart von Pressefotografen entstanden ist.

Auch kunsturheberrechtliche Gesichtspunkte führen nicht zum Erfolg des Antrages. Zwar dürfen Bildnisse nur mit Einwilligung des Abgebildeten verbreitet werden. Eine stillschweigende Einwilligung ist im allgemeinen jedoch dann anzunehmen, wenn die Anfertigung des Bildes unter Umständen erfolgt, die eine Verbreitung nahelegen (BGH GRUR 62, 211). Hierfür spricht der Pressebesuch unter Beteiligung einer Bildagentur. Zwar trägt der Antragsteller vor, die Einwilligung sei unter der Bedingung einer weiteren Genehmigung der Firma Rheinmetall KG zur Veröffentlichung erteilt worden. Diese im Fernschreiben vom 7. 11. 1981 enthaltene Behauptung ist aber nicht glaubhaft gemacht worden. Im übrigen wäre die Frage, ob eine Einwilligung überhaupt erforderlich oder die beschränkbar ist, zweifelhaft. Denn bei dem Foto dürfte es sich um ein Bildnis aus dem Bereich der Zeitgeschichte i.S. des § 23 Abs. 1 Nr. 1 KUrhG handeln, denn es stellt nach dem eigenen Vorbringen des Antragstellers die öffentliche Übergabe neuer Waffen an den Bundesminister der Verteidigung dar oder ist zumindest aus diesem Anlaß entstanden. Der Begriff Bereich der Zeitgeschichte ist nach anerkannter Auffassung im weitesten Sinne zu verstehen. Grundsätzlich gehört jeder, die Belange und Interessen der Allgemeinheit berührende Vorgang hierher (von Gaum Urheberrechtsgesetz 1968 § 143).

Zwar beschränkt sich die aus § 23 KUrhG herzuleitende Befugnis nicht auf Veröffentlichungen durch die ein berechtigtes Interesse verletzt wird. § 23 Abs. II KUrhG fordert hier eine Interessenabwägung, wobei das Gesetz in Fällen des § 23 KUrhG selbst eine Interessenwertung vornimmt und von der Zulässigkeit der Verbreitung ausgeht (von Gaum, a.a.O. § 141). Den Abgebildeten trifft damit die Darlegungs- und Beweislast für das Überwiegen seiner persönlichen Belange (BGH GRUR 62, 211, 212). Infolge der gesetzlichen Interessenwertung des § 23 Abs. I KUrhG bedarf es dabei grundsätzlich einer persönlichen Beeinträchtigung, die über den vom Gesetz als regelmäßig zugrundegelegten und berücksichtigten Rahmen hinausgeht. Davon kann im vorliegenden Fall mangels einer rechtswidrigen Persönlichkeitsrechtsverletzung – wie das dargelegt ist – nicht gesprochen werden. Denn die Interessenabwägung gemäß § 23 Abs. I KUrhG ist ihrem Wesen nach nichts anderes als die im Rahmen des allgemeinen Persönlichkeitsrechts stets notwendige Abwägung der einander entgegenstehenden Belange (vgl. von Gaum, a.a.O. § 141). Da sich die Aussage des Posters im Rahmen der der satirischen Kunst zugestandenen Überspitzung hält und angesichts des eigenen Verhaltens des Antragstellers beim Zustandekommen des Fotos, fällt die Interessenabwägung zugunsten der gesetzlichen Wertung des § 23 Abs. I KUrhG aus.

Der Antrag war danach mit der Kostenfolge aus § 91 ZPO zurückzuweisen.

gez. Dr. Lindrath Zinn Dr. Müller-Christmann

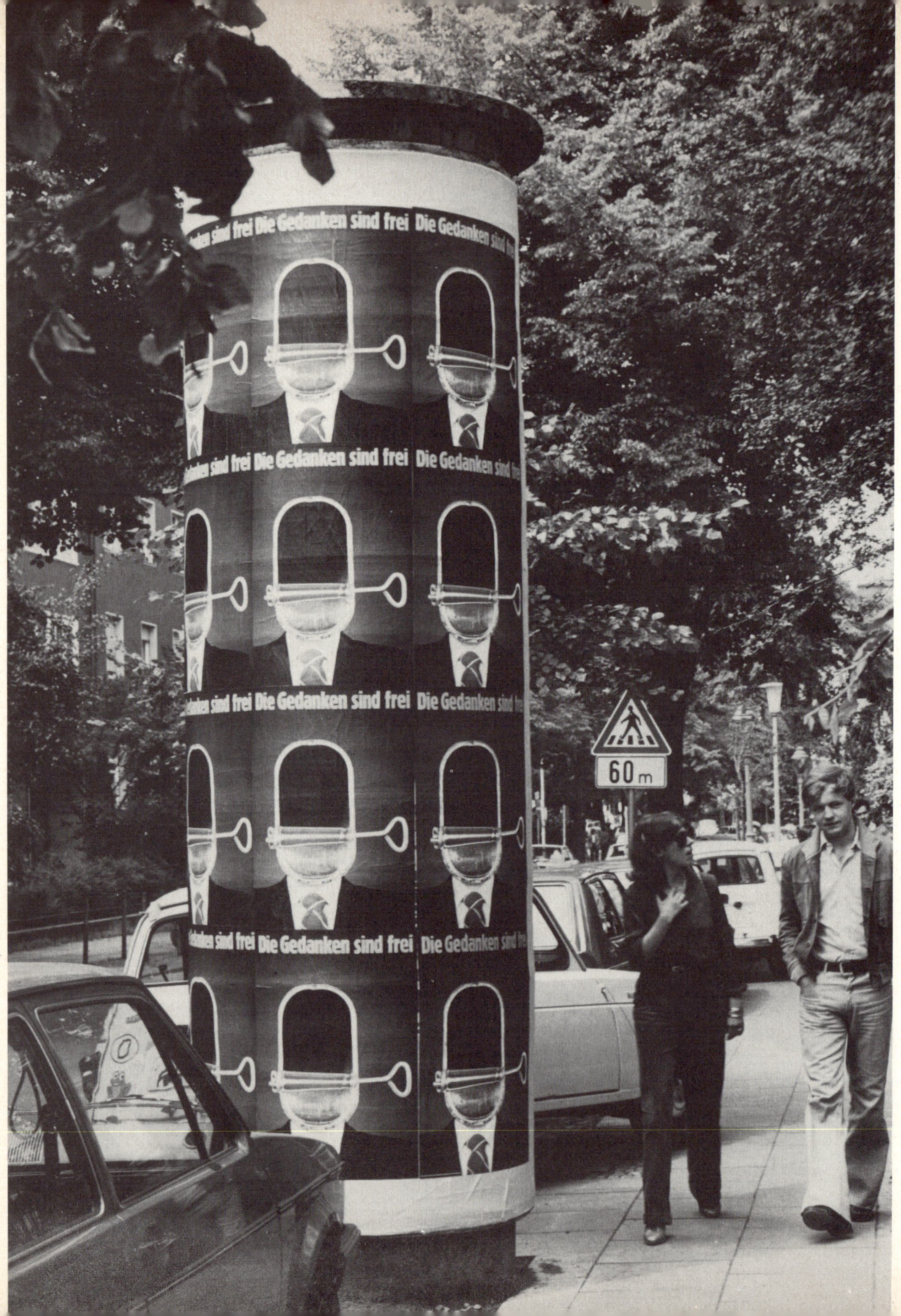
Die Gedanken sind frei
Die Gedanken sind frei
Die Gedanken sind frei
Die Gedanken sind frei
60 m

Fluchtwege aus dem Elfenbeinturm

Oder: Wie alles anfing, und wie es weitergeht

»Das Ganze hat mit Kultur nichts zu tun, sondern nur mit blindwütiger Agitation.«
»Die Karikaturen von Klaus Staeck stehen in bester Tradition von Goya, Daumier, Grosz, John Heartfield, Otto Dix und Masereel. Alle diese Künstler waren Kriegsgegner, durchschauten die herrschende Klasse, zeigten die wahren Gründe der Kriege, brandmarkten die Ausbeutung.«

Zwei Zitate, die in etwa das Ausmaß an Gegnerschaft und Zustimmung markieren. Das erste stammt von dem im Jahre 1984 amtierenden Bundeskanzler Helmut Kohl. Das zweite stammt von dem Philosophen Ernst Bloch. Die wesentlichen Arbeitsgebiete sind seit nunmehr fünfzehn Jahren Plakat, Postkarte, Aufkleber, Flugblatt, Aktion und Dokumentation. Angestrebt wird nicht die sich elitär gebärdende, sondern die Massenkunst. Inzwischen ist eine Gesamtauflage von über 12 Millionen erreicht. Die Arbeiten wurden in über 3 000 Ausstellungen im In- und Ausland gezeigt und zahlreiche Plakataktionen an verschiedenen Orten in eigener Regie durchgeführt.
Angefangen hat alles 1971 in Nürnberg während des Dürer-Jubiläums. Auf eigene Kosten wurde an den städtischen Litfaßsäulen das Porträt von Dürers Mutter mit dem Zusatz »Würden Sie dieser Frau ein Zimmer vermieten?« angeschlagen. Die guten Nürnberger Erfahrungen mit einer für mich bis dahin unbekannten Öffentlichkeit erlaubten kein Zurück mehr zur traditionellen Kunst. Zuvor hatte ich als Autodidakt, der nie auch nur einen Tag an einer Kunstakademie studiert hat, anfangs abstrakte Ölbilder, Aquarelle und Holzschnitte angefertigt und mit bescheidenem Erfolg in Galerien und Museen ausgestellt. Später entstanden Siebdrucke, Collagen und Objekte mit deutlich erkennbaren gesellschaftspolitischen Inhalten. Da sich die meisten Galerien kaum für politische Themen interessierten, entstand ein neues Dilemma. Zwar war nun aus meinem politischen Engagement und der künstlerischen Arbeit eine Einheit geworden, die immer noch in kleiner Auflage hergestellten Arbeiten eigneten sich aber nicht für eine größere öffentliche Verbreitung außerhalb der eingefahrenen Wege des Kunstbetriebes. Erst mit den Plakaten gelang es wirklich, den als zu eng empfundenen Kunstrahmen zu verlassen und eine Erweiterung des traditionellen Kunstbegriffs zu versuchen. Der Weg zu einem breiten Publikum und zu ganz neuen Erfahrungen war frei. Es traf sich gut, daß im Bundestagswahlkampf 1972 ein bis dahin unbekanntes Bürgerengagement zugunsten der sozialliberalen Koalition einsetzte und bei dieser politischen Arbeit auch nach Bildern gesucht wurde. Betrug die Erstauflage des Dürer-Mutter-Plakates noch bescheidene 500 Exemplare, so erreichte ein Jahr später das immer noch bekannteste Motiv »Deutsche Arbeiter! Die SPD will Euch Eure Villen im Tessin wegnehmen!« bereits eine Druckauflage von 70 000 Plakaten.

Kunst und Politik – ein Widerspruch?

Seit den ersten Plakaten hat die Diskussion um die Frage »Kunst oder Politik« nie aufgehört. Diese Frage beschäftigt vor allen Dingen den Kunstbetrieb und das mehr bürgerlich orientierte Kunstpublikum. Ich muß daran interessiert sein, daß die Frage möglichst lange unentschieden bleibt. Meine Arbeiten sind immer sowohl Kunst als auch Politik, nie nur das eine oder das andere: eine ständige Gratwanderung.
Wenn jemand an der Anschlagsäule ein Plakat sieht, denkt er nicht in erster Linie an Kunst, sondern er beschäftigt sich mit dem Inhalt, sicher auch mit der ästhetischen Form. Hier hat er nicht die Scheu, die er gegenüber der die meisten großen und kleinen Kunstwerke umgebenden Aura hat. Diese Chance habe ich

immer versucht voll wahrzunehmen. Nur so sind auch die vielen Konflikte zu erklären, die zu diesem Thema ausgetragen werden. Absurd wird es immer dann, wenn beispielsweise anläßlich der Raumvergabe Gemeinderäte über die Frage Kunst oder keine Kunst abstimmen. Natürlich richtete sich bisher die Antwort immer streng nach der jeweiligen Parteizugehörigkeit. Kein Wunder, daß die politischen Gegner zunehmend versuchen, meine Arbeit aus jedem Kunstzusammenhang herauszudrängen. Dabei haben sie in den gegenwärtigen Kunstvermittlern meist willige und bequeme Helfer. Außer bei der documenta 1982, die von einem Holländer arrangiert wurde, wurden die Arbeiten aus allen repräsentativen Ausstellungen verbannt. Die meist mit üppigen Subventionen ausgestatteten großen Veranstaltungen erahnen nur zu bereitwillig die Wünsche der neuen politischen Herren. So ist es erklärlich, daß die letzte große Ausstellung in einer bundesrepublikanischen Kulturinstitution 1980 im Kunstverein Hannover stattfand, während die Zahl der Veranstaltungen in ausländischen Instituten ständig wächst. Dabei habe ich die Kunst nie als Vehikel benutzt. Sie ist für mich stets eine Dimension von Freiheit und Offenheit: um wichtige gesellschaftliche Probleme, die sonst nur schwer zur Sprache zu bringen sind und von denen ich glaube, daß es nicht nur meine eigenen sind, darstellen zu können.

Zur Arbeitsmethode

Fast alle Arbeiten sind in Montagetechnik hergestellt. Die Fotomontagen nehmen dabei den größten Raum ein, da für die meisten Menschen das Foto noch ein Stück Wahrheit ist. Viele der uns umgebenden Bildlügen sind am einfachsten immer wieder mit Bildern zu entlarven. Ich stelle meist Text-Bild-Montagen her, die fast immer von einem dialektischen Widerspruch leben, eine Spannung erzeugen.

Als Stilmittel dient in erster Linie die Ironie. Beim Betrachter wird durch satirische Verfremdung und Überzeichnung eine Neugierde erzeugt, die zur Beschäftigung einlädt. Natürlich ergeben sich aus dieser Arbeitsmethode auch Schwierigkeiten im Hinblick auf die Verständigung, die es wiederum positiv zu nutzen gilt. So wurde 1972 das Plakat »Die Reichen müssen noch reicher werden. Deshalb CDU« hauptsächlich darum gleich mehrfach juristisch verfolgt, weil sehr viele Mitglieder und Anhänger der CDU glaubten, das Plakat stamme tatsächlich von ihrer Partei.

Mit meiner Arbeit versuche ich, die in den zwanziger Jahren von John Heartfield zusammen mit George Grosz erfundene Fotomontagetechnik weiterzuentwickeln und den Bedürfnissen unserer Zeit anzupassen. Die Arbeiten sind auf eine massenhafte Reproduzierbarkeit angelegt. Es entstanden Kunstwerke ohne jede Aura. Es gibt kein Original. Das Plakat, die Postkarte, der Aufkleber entstehen direkt in der Maschine. Dabei hat mein Freund Gerhard Steidl einen entscheidenden Anteil. Mit ihm zusammen wird von der Idee, über die Umsetzung in Film und Druckplatten bis zum Siebdruck/Offsetdruck alles selbst hergestellt. Vor allem diese auch technische Unabhängigkeit ist eine ganz wesentliche Voraussetzung für die politisch-künstlerische Arbeit. Boykottversuche, von welcher Seite auch immer, können schaden, können behindern, aber nicht die Realisierung und Produktion einer Idee verhindern.

Im Mittelpunkt steht immer der Mensch

Schwerpunkte der Arbeit sind die Themen Meinungsfreiheit, Friedenssicherung, Umwelt, soziale Probleme, Kampf gegen Heuchelei und Reaktion. Von außen werden sehr viele Erwartungen herangetragen, zu den verschiedensten Themen doch etwas zu machen. Es gehört zum Arbeitsprinzip, keine direkten Auftragsarbeiten auszuführen. Trotzdem werden möglichst viele Anregungen von Gruppen wie Amnesty International, Terre des Hommes und auch von Bürgerinitiativen aufgegriffen.

Schon aus ökonomischen Gründen ist es notwendig, sich jener Themen zu widmen, die uns längerfristig beschäftigen. Tagespolitische Ereignisse finden daher recht selten ihren Niederschlag. Immer häufiger kommt es allerdings vor, daß Plakate, die in einer konkreten historischen Auseinandersetzung entstanden sind, nach vielen Jahren plötzlich wieder aktuell werden, weil die Politik von der Vergangenheit eingeholt wurde. So erging es den 1972 entstandenen »Reichen«- und »Mieten«-Plakaten. Mit dem Antritt der rechtskonservativen Regierung waren diese fast vergessenen Motive wieder erschreckend aktuell und mußten mehrfach nachgedruckt werden.

Wie man Plakate unter die Leute bringt

Anfangs war die Verbreitung das schwierigste Problem, da es für Plakate mit politischem Inhalt (bis heute) kein spezielles Vertriebsnetz gibt. Es galt daher von Anfang an, einen eigenen, möglichst störunanfälligen Vertriebsapparat aufzubauen. Das ist inzwischen weitgehend gelungen. Bei uns hat sich der alte Gedanke der Produzentengalerie weitgehend bewährt. Die meisten Arbeiten erreichen den Abnehmer über den »Staeckbrief« direkt vom Produzenten aus.
Trotzdem wird auch jetzt noch der größte Teil der Zeit und Phantasie für das Beschreiten neuer Wege der Verbreitung eingesetzt, zumal die Gegner sich darauf spezialisiert haben, mit immer neuen Methoden vor allem diese Verbreitung der Arbeiten zu verhindern.

Das heikle Thema der Finanzierung

Die wohl wichtigste Voraussetzung dieser Arbeit ist ein Maximum an finanzieller Unabhängigkeit. Seit 1960 gehöre ich der Sozialdemokratischen Partei Deutschlands an. Ich habe aber immer großen Wert darauf gelegt, auch meiner eigenen Partei gegenüber unabhängig zu bleiben, schon um sie jederzeit solidarisch kritisieren zu können. Es entstand deshalb von Anfang an die Notwendigkeit, alle Arbeiten an Einzelinteressenten und an Gruppen zu verkaufen. Anfangs gab es da sehr große Schwierigkeiten. Inzwischen konnte das Vertriebsnetz soweit ausgebaut werden, daß eine Weiterführung der Arbeit auch in noch schwierigeren Zeiten möglich erscheint.
Da die Arbeiten der Massenkommunikation dienen sollen, war es immer das oberste Ziel, die Preise so niedrig wie möglich zu halten. Dies wird vor allen Dingen dadurch erreicht, daß von der Idee, über die Realisierung, Herstellung bis hin zur Auslieferung keine mitverdienenden Zwischenproduzenten und Zwischenhändler eingeschaltet werden. Die bescheidenen Überschüsse dienen nie der persönlichen Bereicherung, sondern werden sofort in neue Projekte und Aktionen gesteckt.

Die Wirkung ist oft eine ungeheure

Die Plakate sollen in erster Linie die Kommunikation, das Gespräch, das gemeinsame Nachdenken fördern. So fühlen sich die ähnlich Denkenden angeregt oder bestätigt und benutzen deren Aussagen als Argumente. Die anders Denkenden fühlen sich herausgefordert und versuchen, diese zu widerlegen. Die Ziele sind dabei: Denkanstöße, Unbequemes zur Sprache zu bringen, Vorurteile zu erschüttern, die Kritikfähigkeit möglichst vieler Menschen zu schärfen. Dabei liegt mir alles Doktrinäre fern. Es geht hauptsächlich um Fragen, gestellt in der Absicht, mit anderen Menschen zusammen nach Lösungen zu suchen. So habe ich mich immer auch als eine Art Übersetzer gefühlt: jemand, der komplizierte Sachverhalte auf ein möglichst verständliches Bild, einen Satz oder Begriff bringt; der eine Frage aufwirft, deren Antwort sich aus der Spannung zwischen Text und Bild heraus entwickelt.
Die Arbeiten dienen immer der Aufklärung. In einer Zeit, in der sich die Irrationalität, vor allem auch junger Menschen, epidemisch auszubreiten droht, ist das keine leichte Aufgabe. Um so notwendiger ist es aber, beharrlich kritisches Denken einzuüben, ohne in ein weiteres Schlagwortvokabular zu verfallen oder ein neues Schablonendenken zu fördern.
Es geht um ein neues, kritisches Sehen. Dazu kann man am besten mit Bildern beitragen. Die Menschen sollen lernen, hinter die psychologisch ausgeklügelten bunten Bilder der Werbung zu schauen. Dabei wäre es sinnlos, sich zum Ziel zu setzen, alle Bilderlügen einzeln widerlegen zu wollen. Es genügt, wenn die Menschen einmal gelernt haben, auch den Bildern zu mißtrauen, sie mit anderen Augen zu sehen.
Meine Bilder werden oft auch von politischen Gruppen in politischen Auseinandersetzungen verwendet. Das bedeutet, daß oft ganz bewußt der Raum der Kunsterwartung verlassen wird und visuelle Strategien gewählt werden. So tauchen meine Bilder weniger in der Umgebung anderer Kunstwerke als in alltäglichen Bildwelten auf: an der Litfaßsäule, im Schaukasten, am Bretterzaun, der Aufkleber am Arbeitsplatz oder am Auto, die Postkarte zwischen Freunden und Bekannten, auch als Illustrationen auf Flugblättern. Durch die sehr breite Streuung wachsen auch die Schwierigkeiten bei der Verständigung.
Im Gegensatz zur gängigen Parteienwerbung stellen meine Arbeiten oft hohe Anforderungen an den Betrachter. Mir geht es allerdings auch nicht unbedingt um ein

schnelles Erfassen oder einen flüchtigen Gag. Immerhin gelingt es durch Humor und Witz doch fast immer, auch ansonsten eher unpolitische Mitbürger zunächst einmal neugierig zu machen. Wichtig ist nicht, daß man jedes Plakat sofort versteht, man soll es nur verstehen können, ohne dazu über eine besondere politische oder ästhetische Vorbildung verfügen zu müssen. Nach den bisherigen Erfahrungen gelingt es in recht hohem Maße, gerade auch politisch Desinteressierte zu erreichen, wenn auch oft über den Weg der Provokation oder des Mißverständnisses.
Die zahlreichen Auseinandersetzungen im politischen Raum um einzelne Arbeiten belegen, daß es sich hier nicht, wie hin und wieder vermutet, um intellektuelle Spielereien handelt, sondern diese Arbeiten immerhin so ernst genommen werden, daß die Gegner immer aufs neue versuchen, diese Art der Aufklärung mit allen erdenklichen Mitteln zu verhindern. Auch ist die Wirkung dieser Arbeiten nicht etwa auf die Zielgruppe der Schüler und Studenten beschränkt, sondern sie sprechen erfahrungsgemäß alle Bevölkerungsgruppen an, Jugendliche natürlich besonders.

Die Konflikte haben nie aufgehört

Besonders in Wahljahren verschärfen sich die Auseinandersetzungen um die auf den Plakaten dargestellten Motive. Gesprengte Gemeinderatssitzungen, eingeschlagene Scheiben, demonstrativ abgerissene Plakate, geschlossene Ausstellungen, Anzeigen, Verbote, Drohungen, berufliche Benachteiligungen und Behinderungen verschiedenster Art häufen sich in diesen Zeiträumen ganz außergewöhnlich. Die bisher insgesamt 36 Prozesse gegen einzelne Plakate belegen deutlich den wenn auch bisher glücklicherweise erfolglosen Widerstand der sich betroffen Fühlenden.
Trotz vielfältiger Versuche ist bisher die immer wieder beabsichtigte Kriminalisierung nicht gelungen. Auch nicht die Konsumierung – beides häufig erfolgreiche Mittel, mit denen unsere Gesellschaft auf alles Unbequeme reagiert, mit dem Ziel, es so zu isolieren oder doch wenigstens zu neutralisieren.

Das ständige Ringen um Öffentlichkeit

Auch dank der Fehleinschätzungen durch die politischen Gegner und der daraus resultierenden vielfältigen Angriffe sind meine Arbeiten sehr populär geworden, da die demokratische Öffentlichkeit bisher immer noch einigermaßen funktioniert hat. Diesen Gegnern kommt daher unbestreitbar das Verdienst zu, zu einer weiten Verbreitung der Arbeiten wesentlich beigetragen zu haben.
Ein bedeutsames Ziel meiner Tätigkeit war immer die Schaffung einer Art Gegenöffentlichkeit. Je mehr die herkömmliche Öffentlichkeit von wenigen Meinungsmonopolen beherrscht wird, desto notwendiger ist es, unbequeme, verdrängte und unterdrückte Meinungen zu Wort kommen zu lassen. Die große Zahl von Ausstellungsverboten gerade auch aus der letzten Zeit belegt die Schwierigkeiten beim Auf- und Ausbau dieser bescheidenen Form von Gegenöffentlichkeit. Es bedarf immer neuer Phantasie, um wirksame Öffentlichkeit noch herstellen zu können. In Bayern scheint das derzeit kaum noch möglich. Leider nimmt auch insgesamt die Neigung immer mehr zu, den Seismographen für das Erdbeben verantwortlich zu machen.
Meine Arbeiten sind immer auch Teil der öffentlich geführten politischen Auseinandersetzungen. Sie sind damit in ihrer Wirkung auch allen entsprechenden Klimaveränderungen ausgesetzt. Dabei belasten die ständigen Beschimpfungen meiner Person als Hetzer, Beleidiger, Politpornograph, Kinderverderber, Nestbeschmutzer, bald Kommunist, bald faschistischer Agitator weniger als die ständig zunehmenden Behinderungen meiner Bemühungen, auf irgendeine Weise noch Öffentlichkeit herzustellen. So kostet es immer mehr Kraft und immer neue Anstrengungen, möglichst viele Menschen mit unbequemen Gedanken vertraut zu machen.

1983

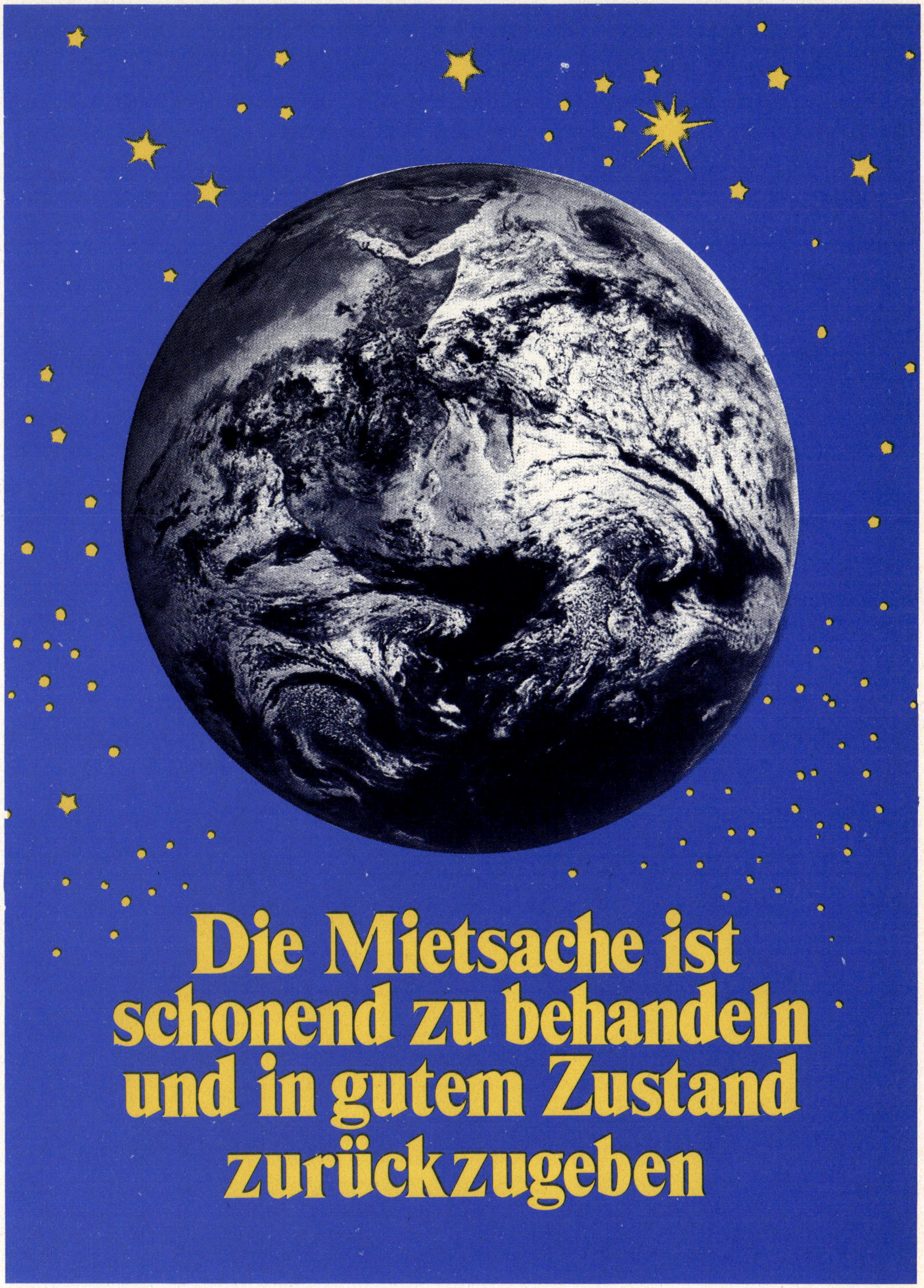
Die Mietsache ist
schonend zu behandeln
und in gutem Zustand
zurückzugeben

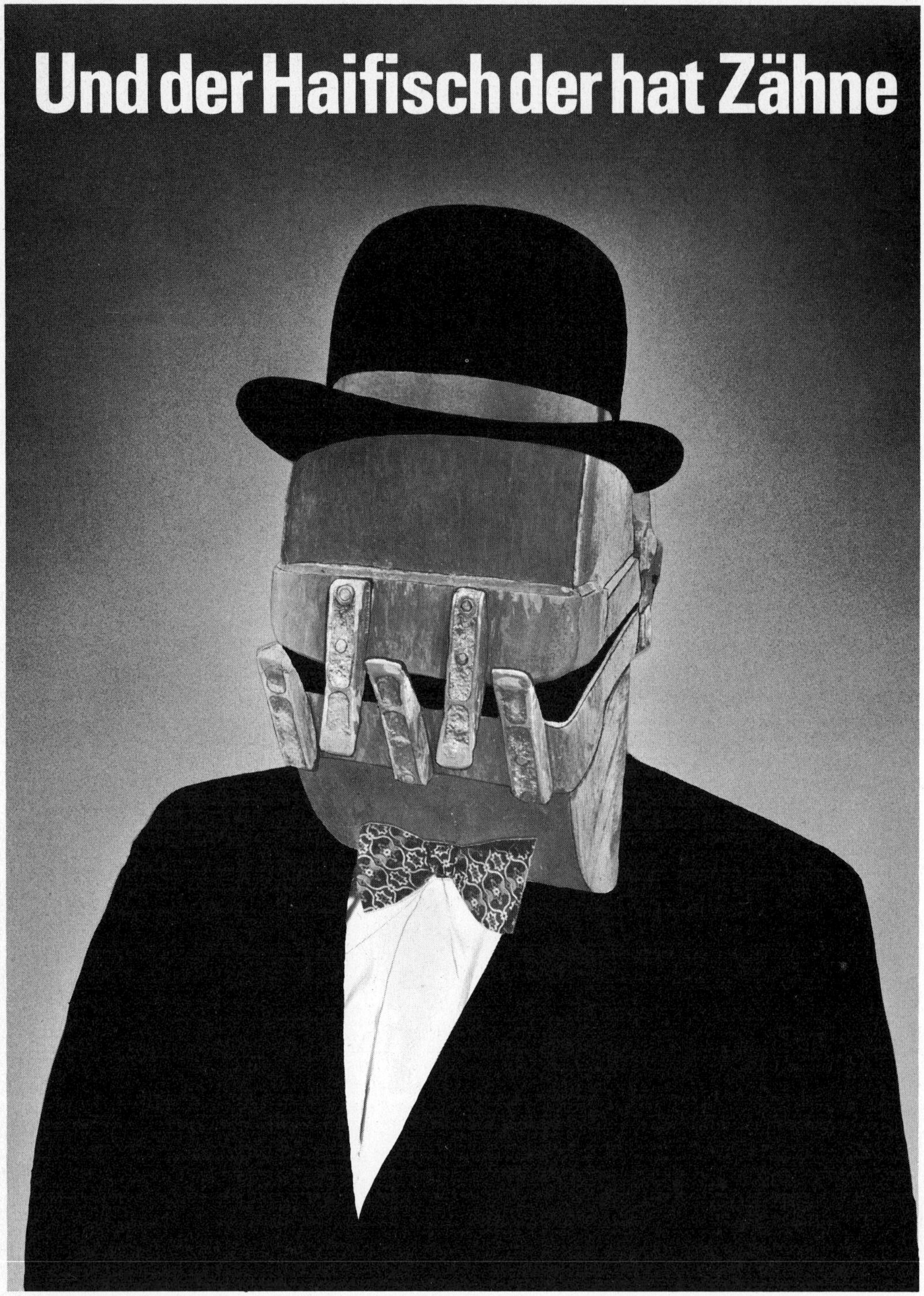

1975

1975

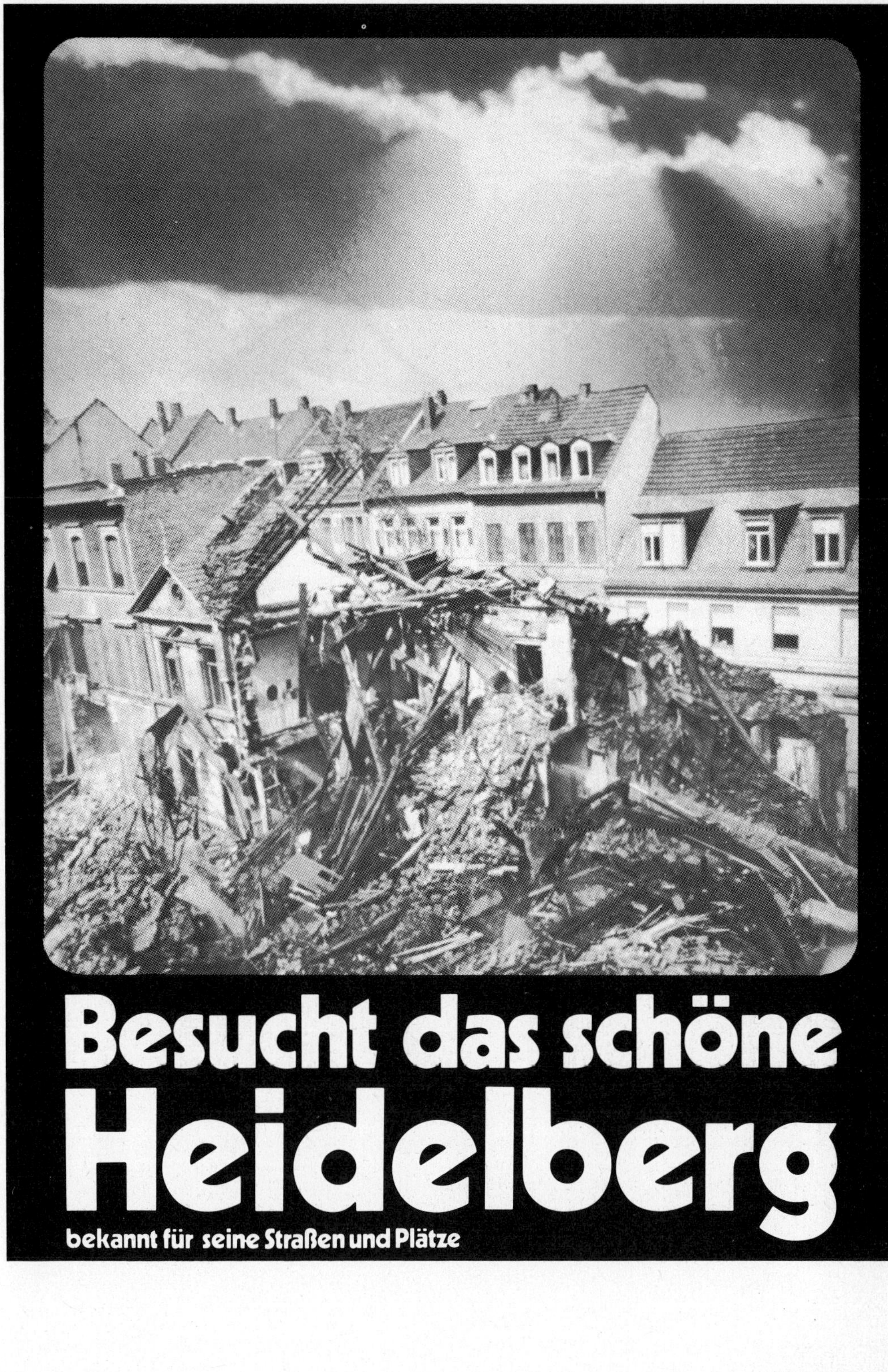
Besucht das schöne
Heidelberg
bekannt für seine Straßen und Plätze

1981

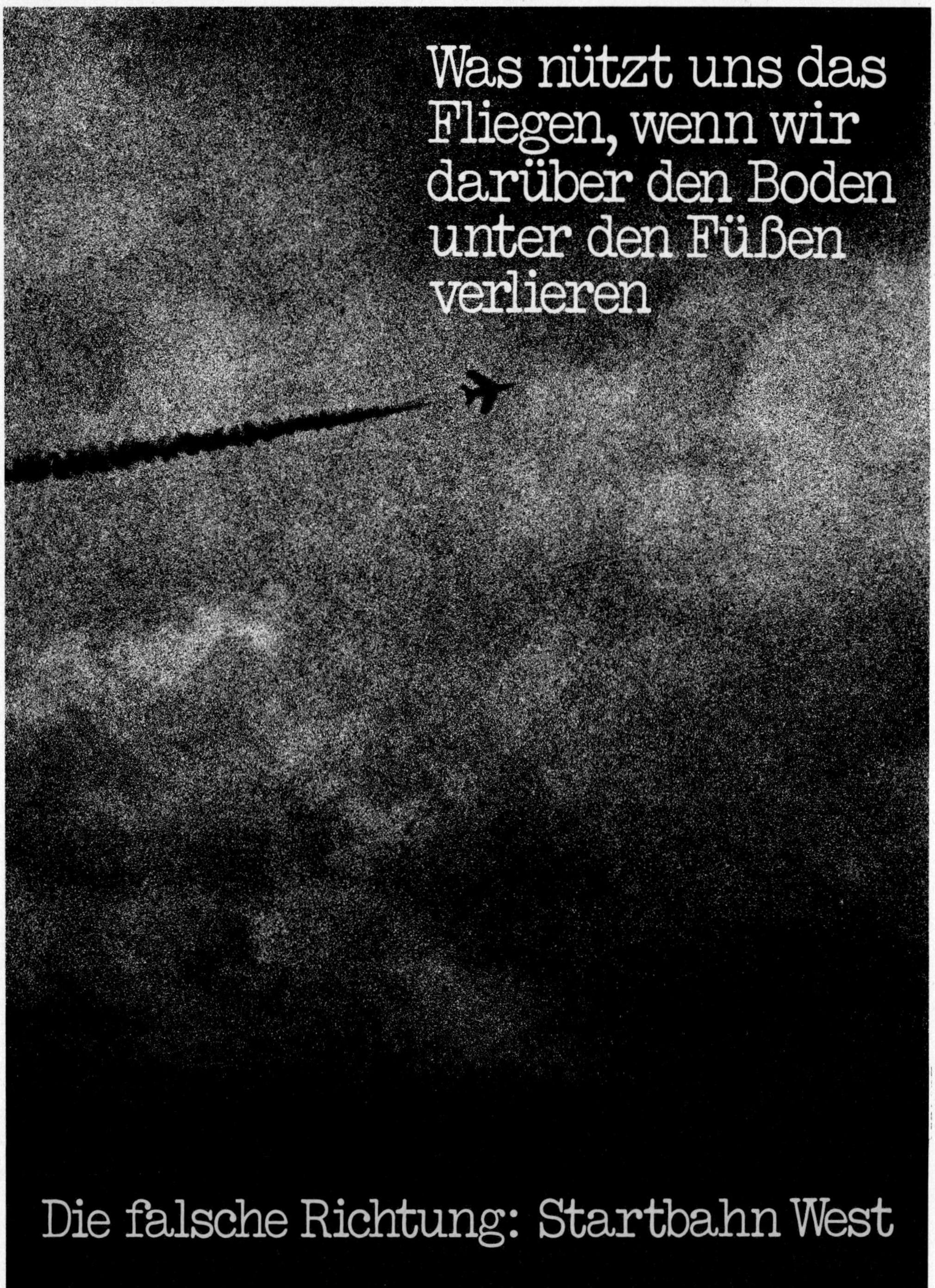
Was nützt uns das Fliegen, wenn wir darüber den Boden unter den Füßen verlieren
Die falsche Richtung: Startbahn West

1973

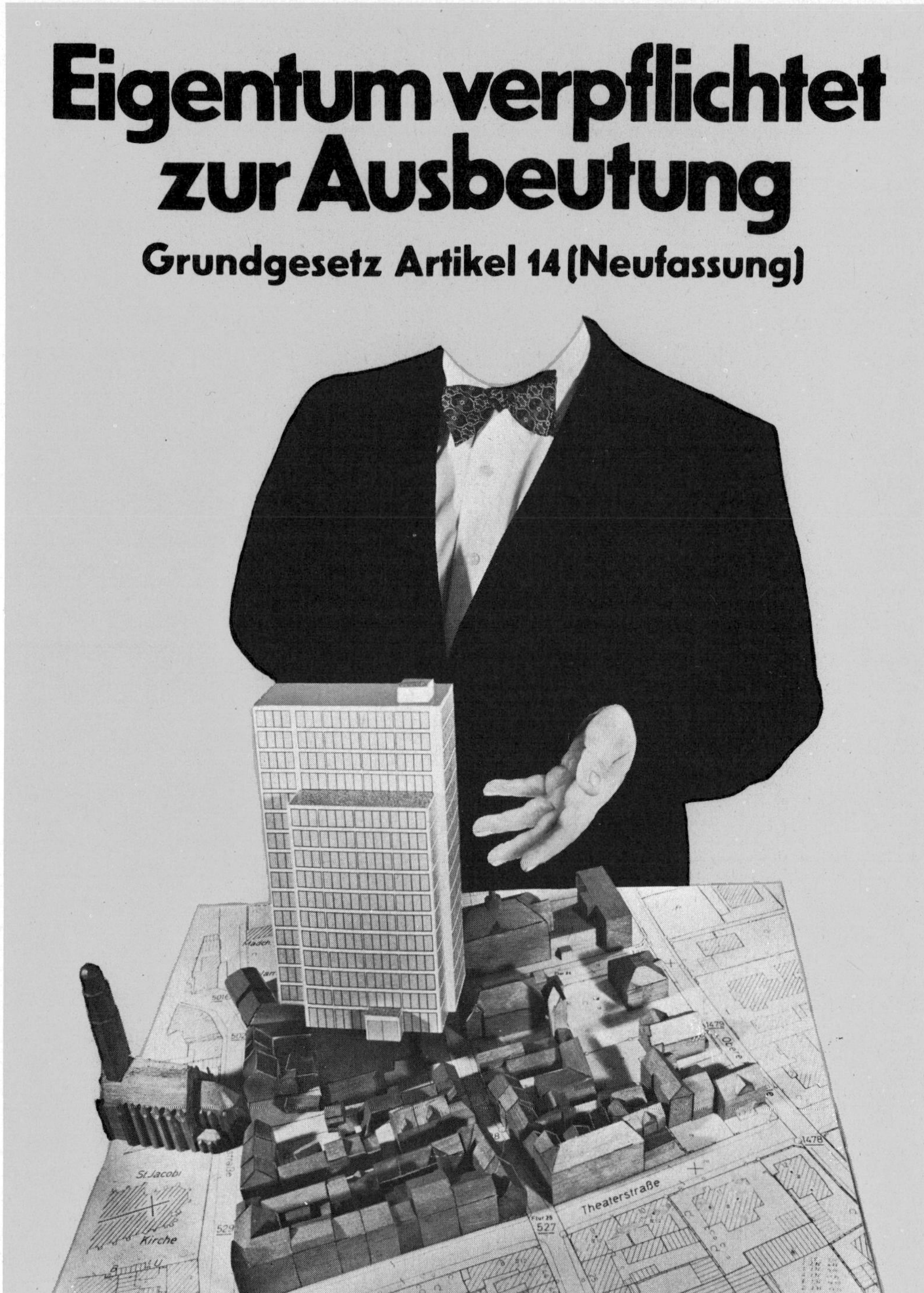
Eigentum verpflichtet zur Ausbeutung
Grundgesetz Artikel 14 (Neufassung)
St. Jacobi
Kirche
Theaterstraße

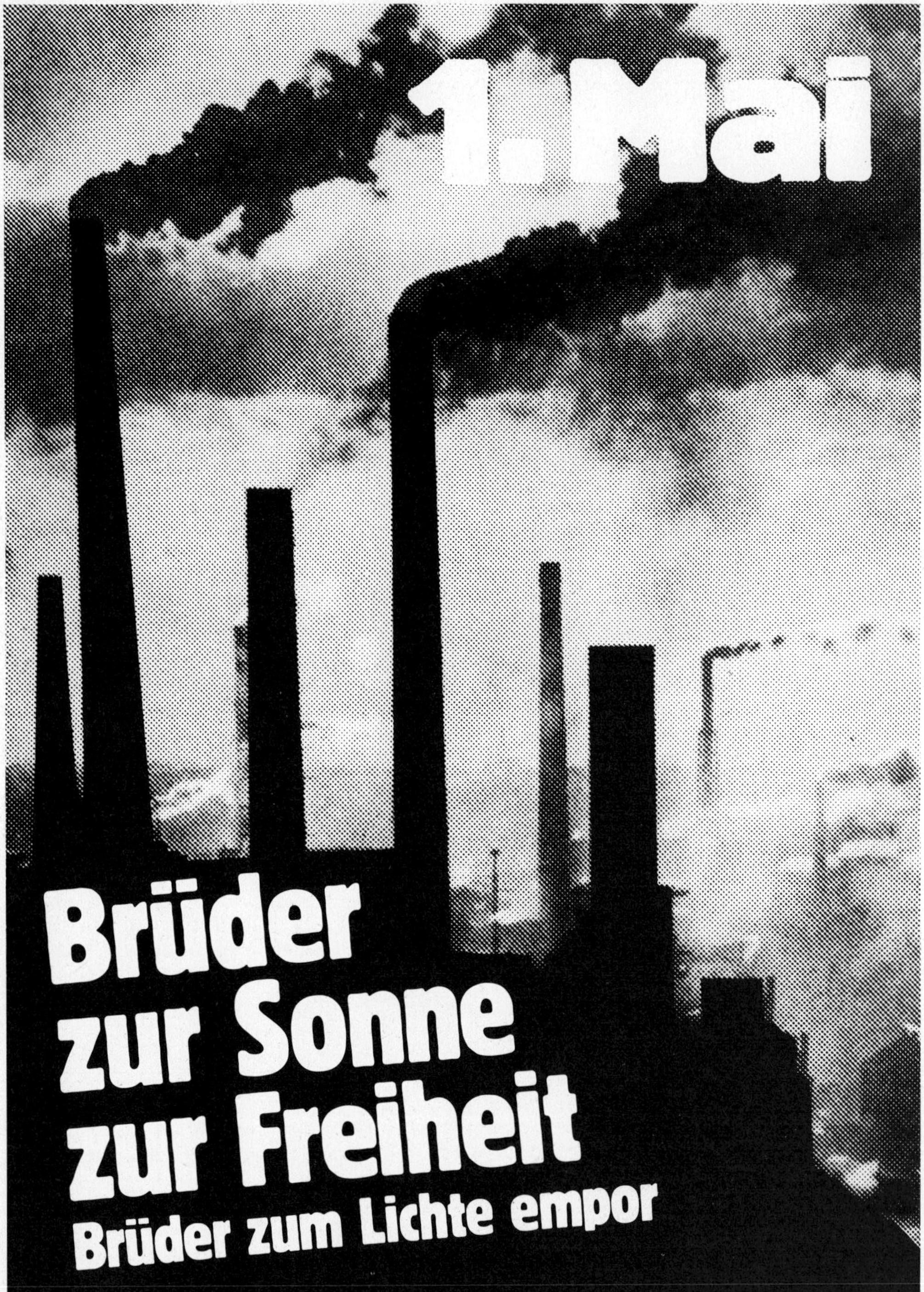

1977

1980

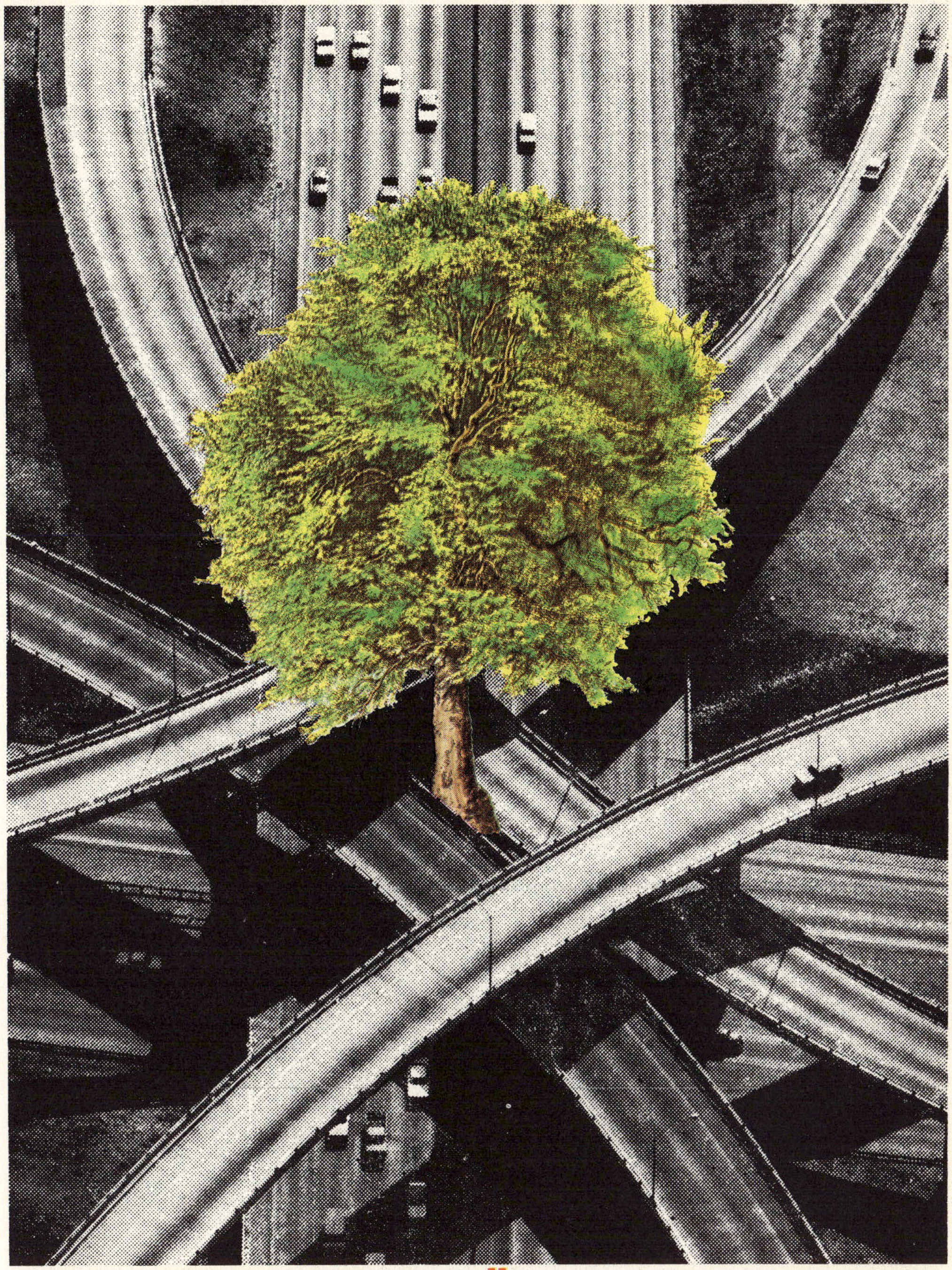

UND NEUES LEBEN BLÜHT AUS DEN RUINEN

1978

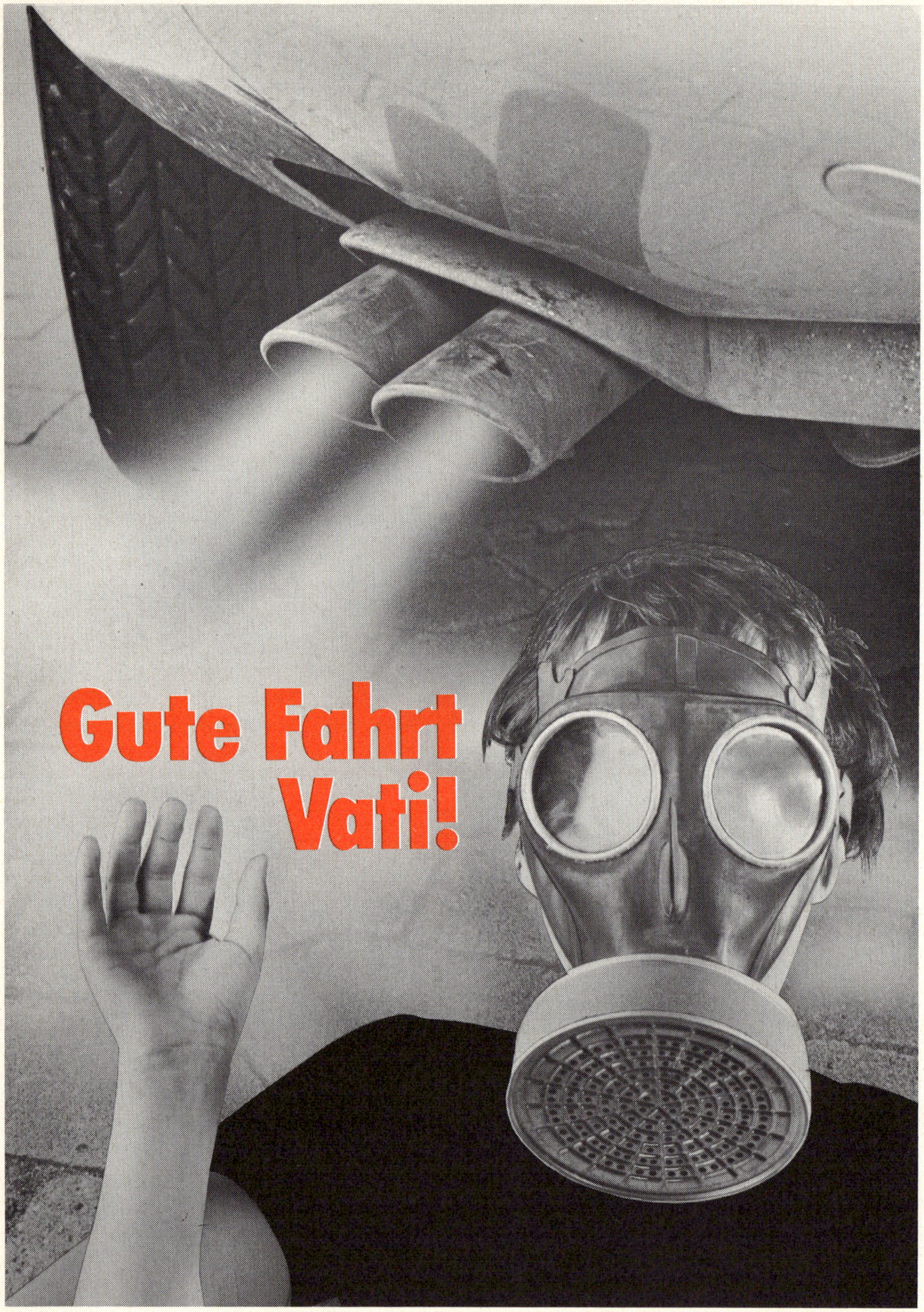

1973

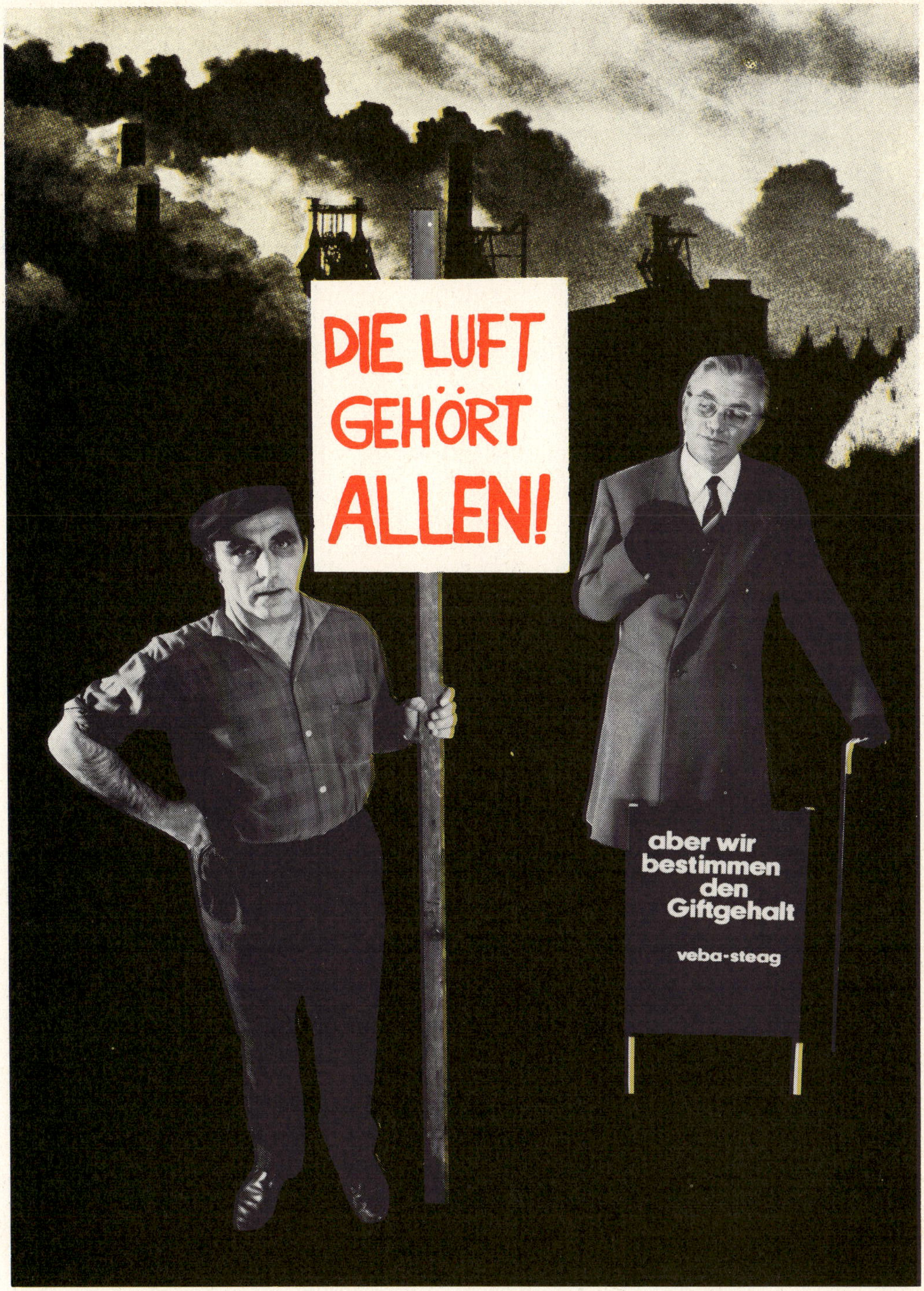
DIE LUFT
GEHÖRT
ALLEN!
aber wir
bestimmen
den
Giftgehalt
veba-steag

1979

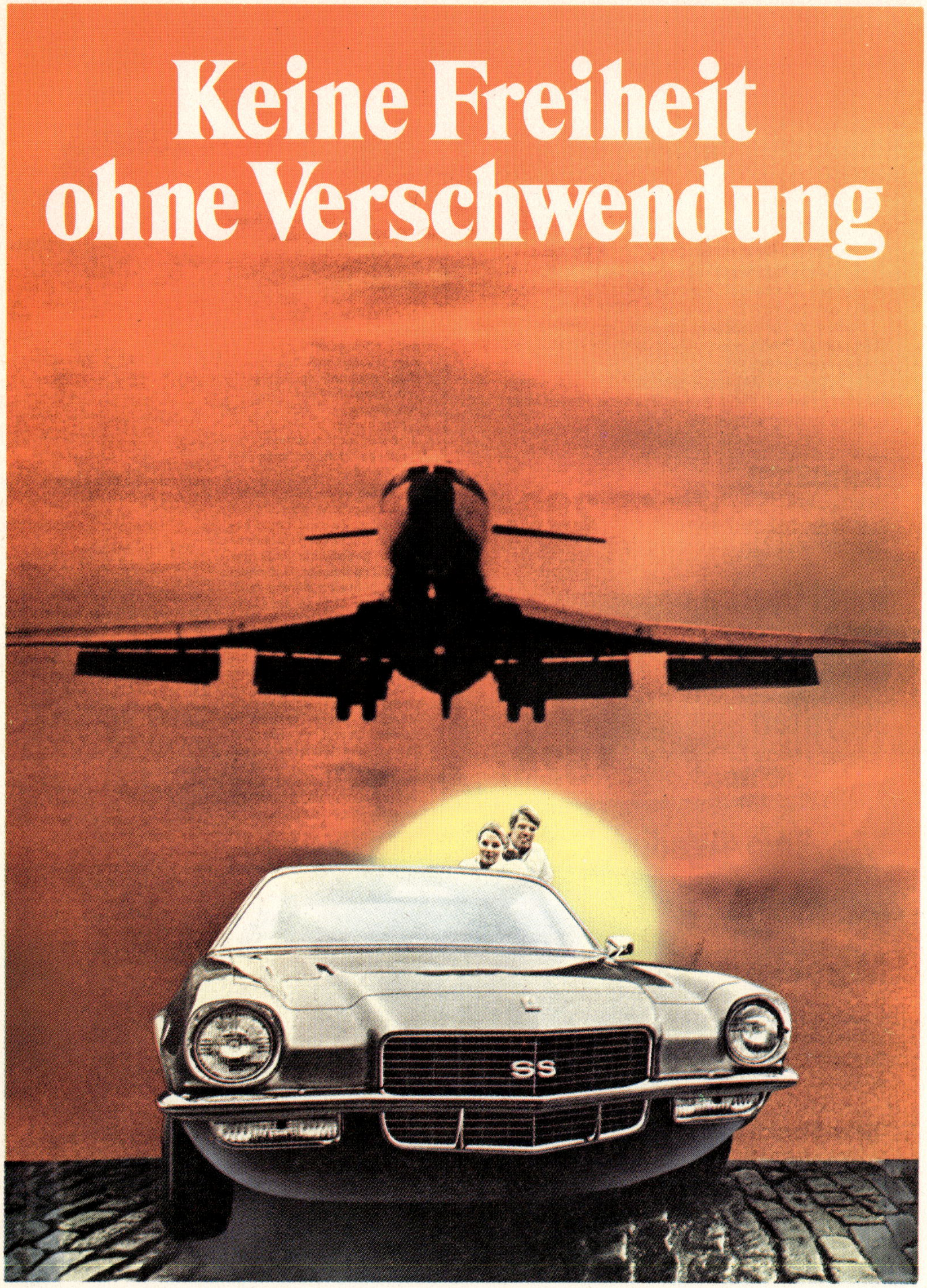

1982

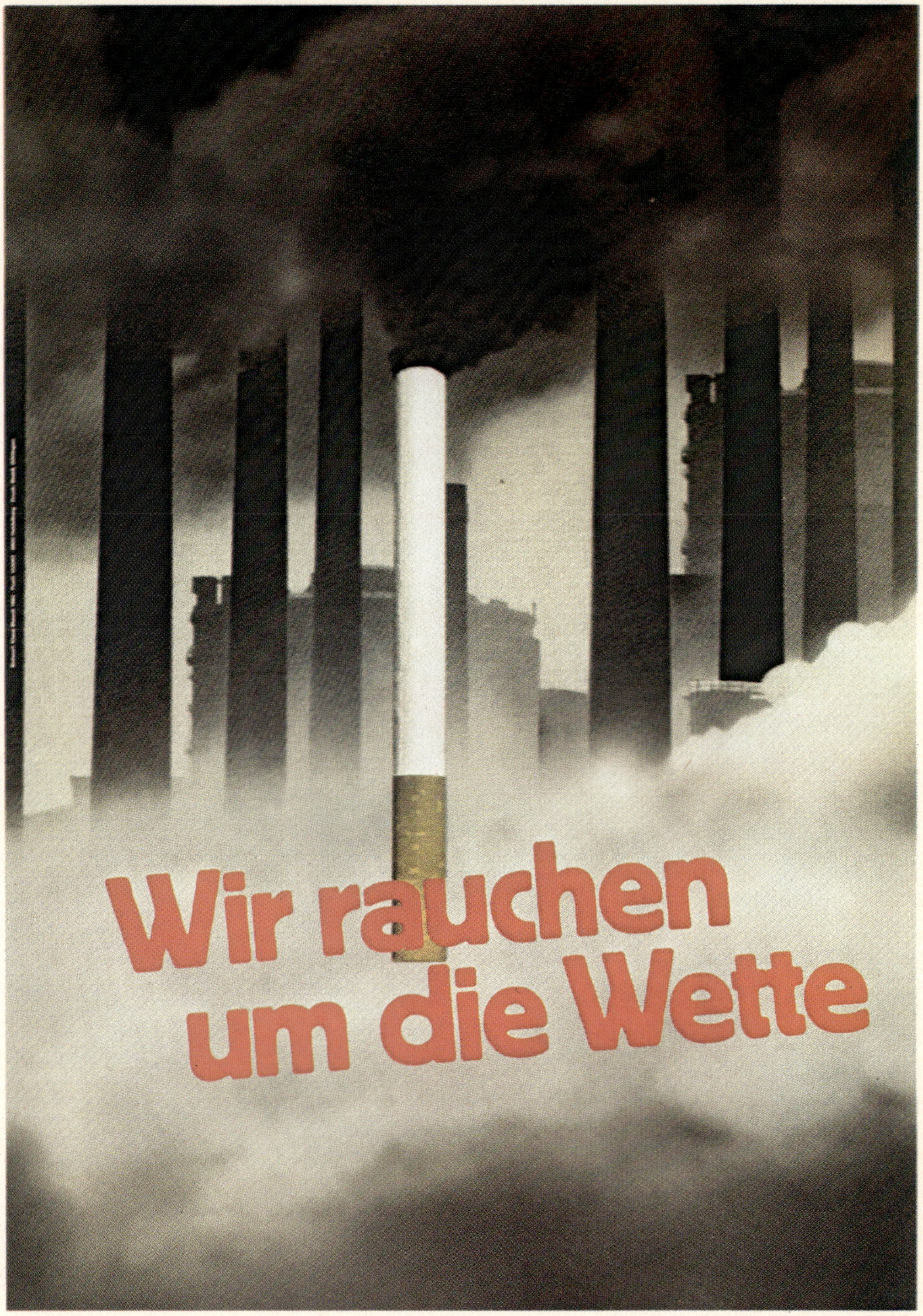

1974

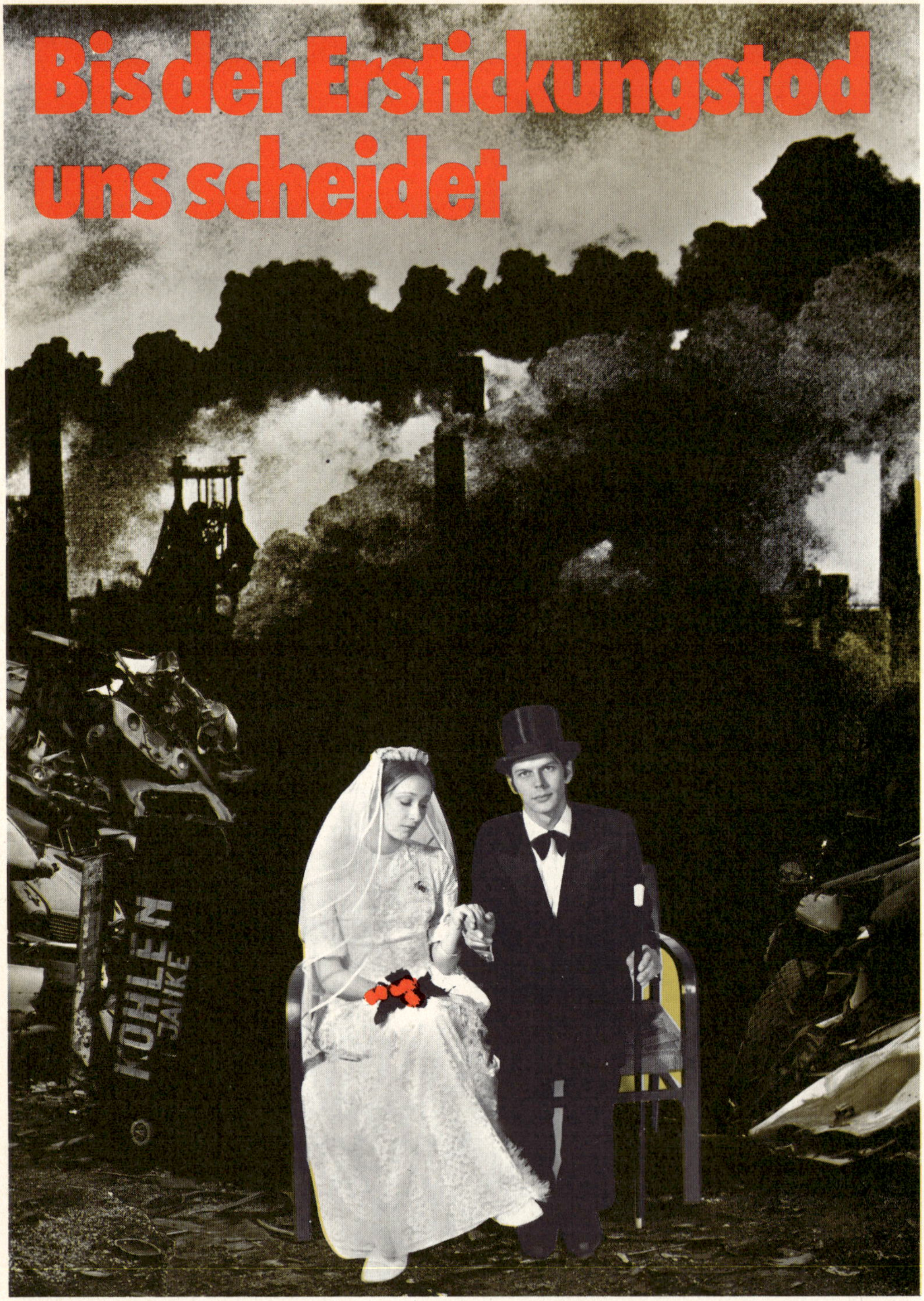

1976

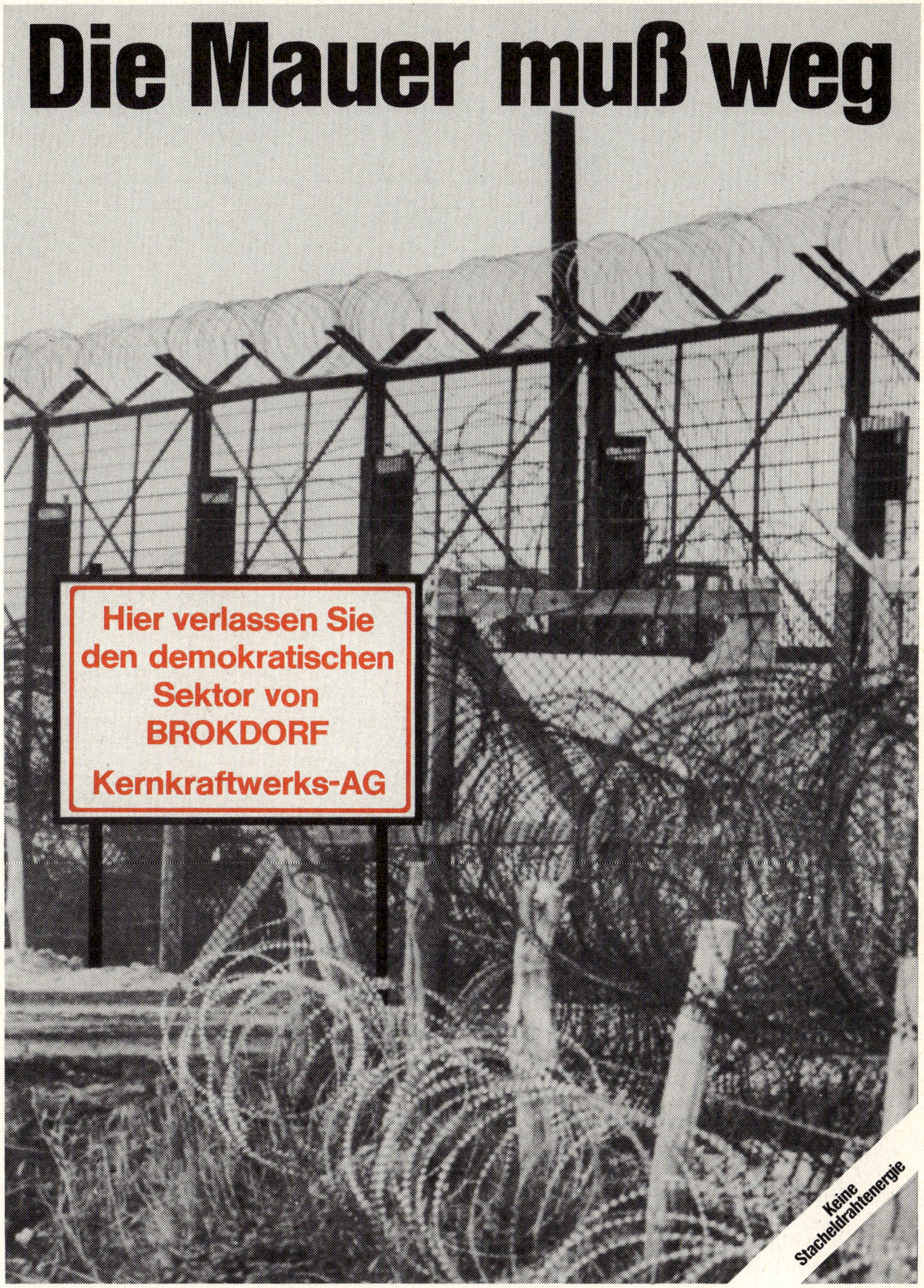
Die Mauer muß weg
Hier verlassen Sie den demokratischen Sektor von BROKDORF
Kernkraftwerks-AG
Keine Stacheldrahtenergie

1977

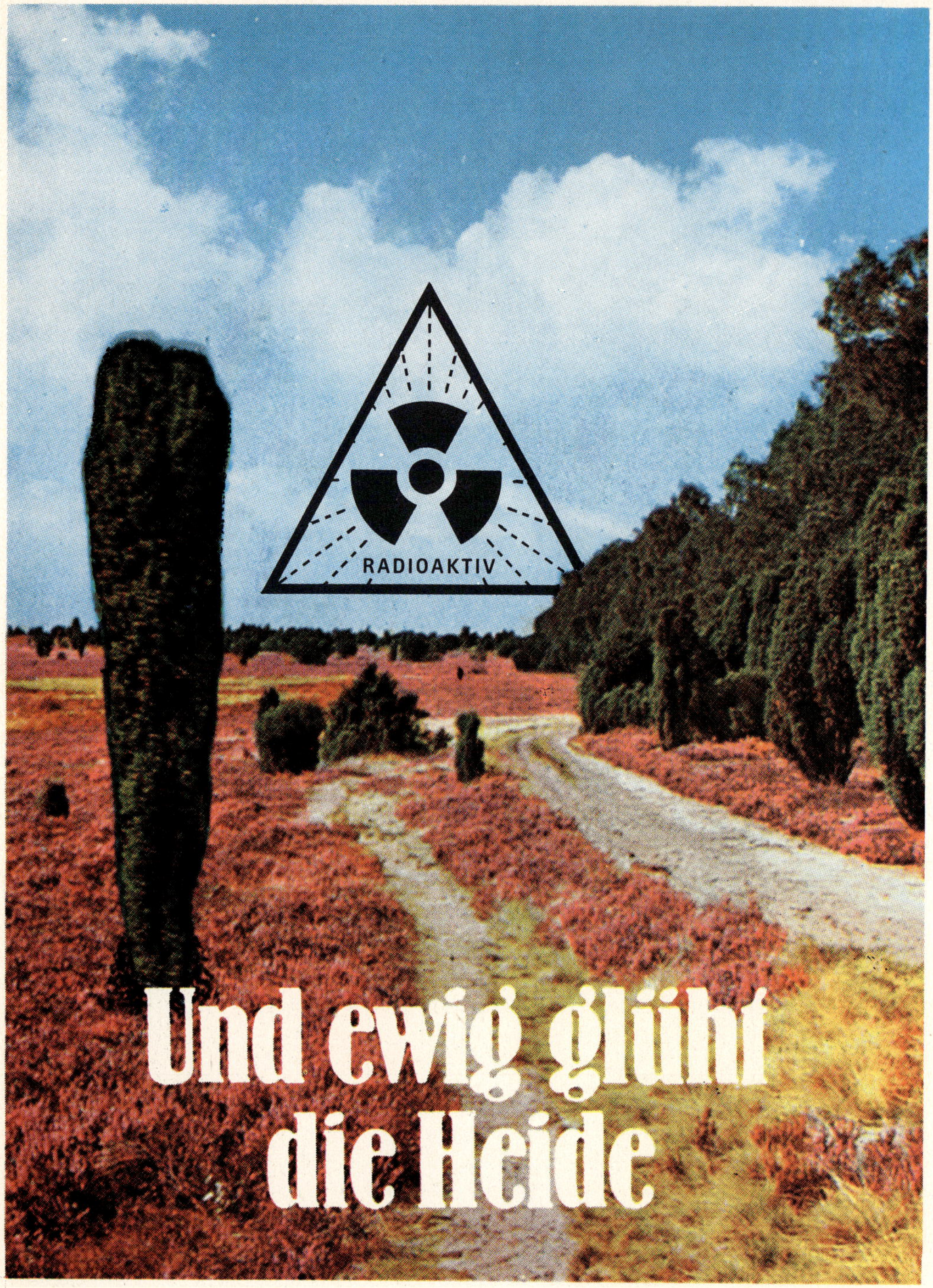

1984

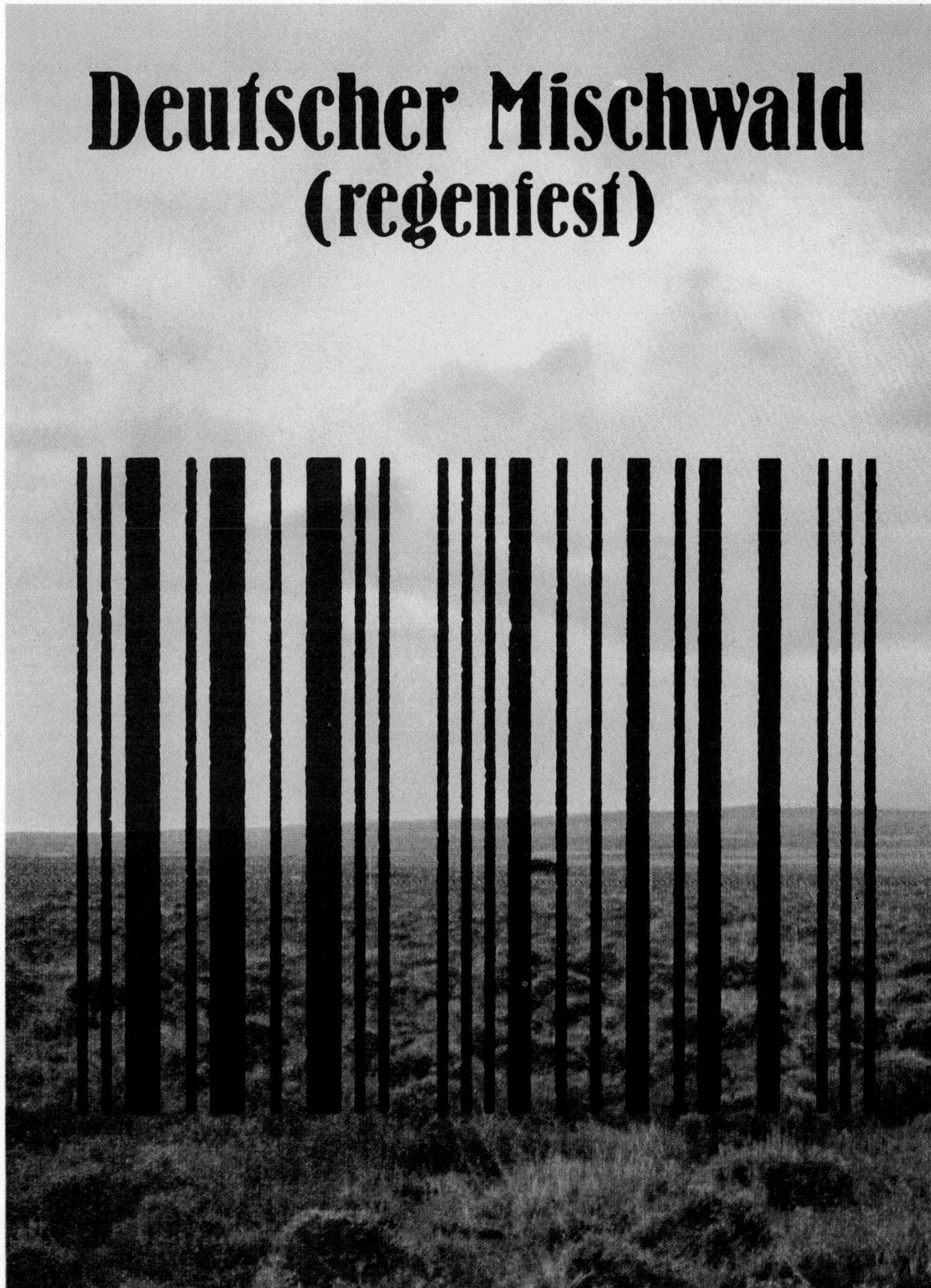

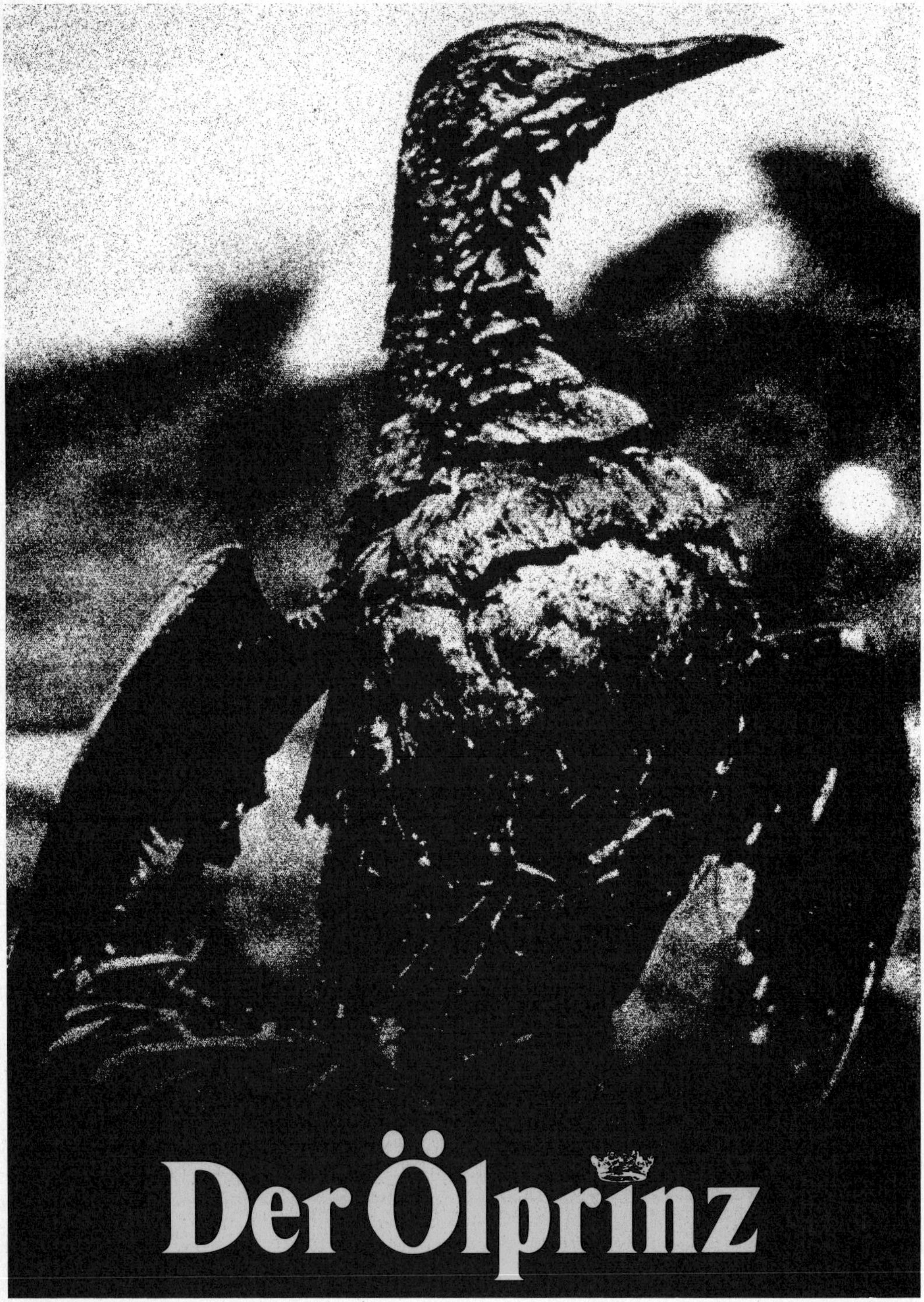

1982

1978

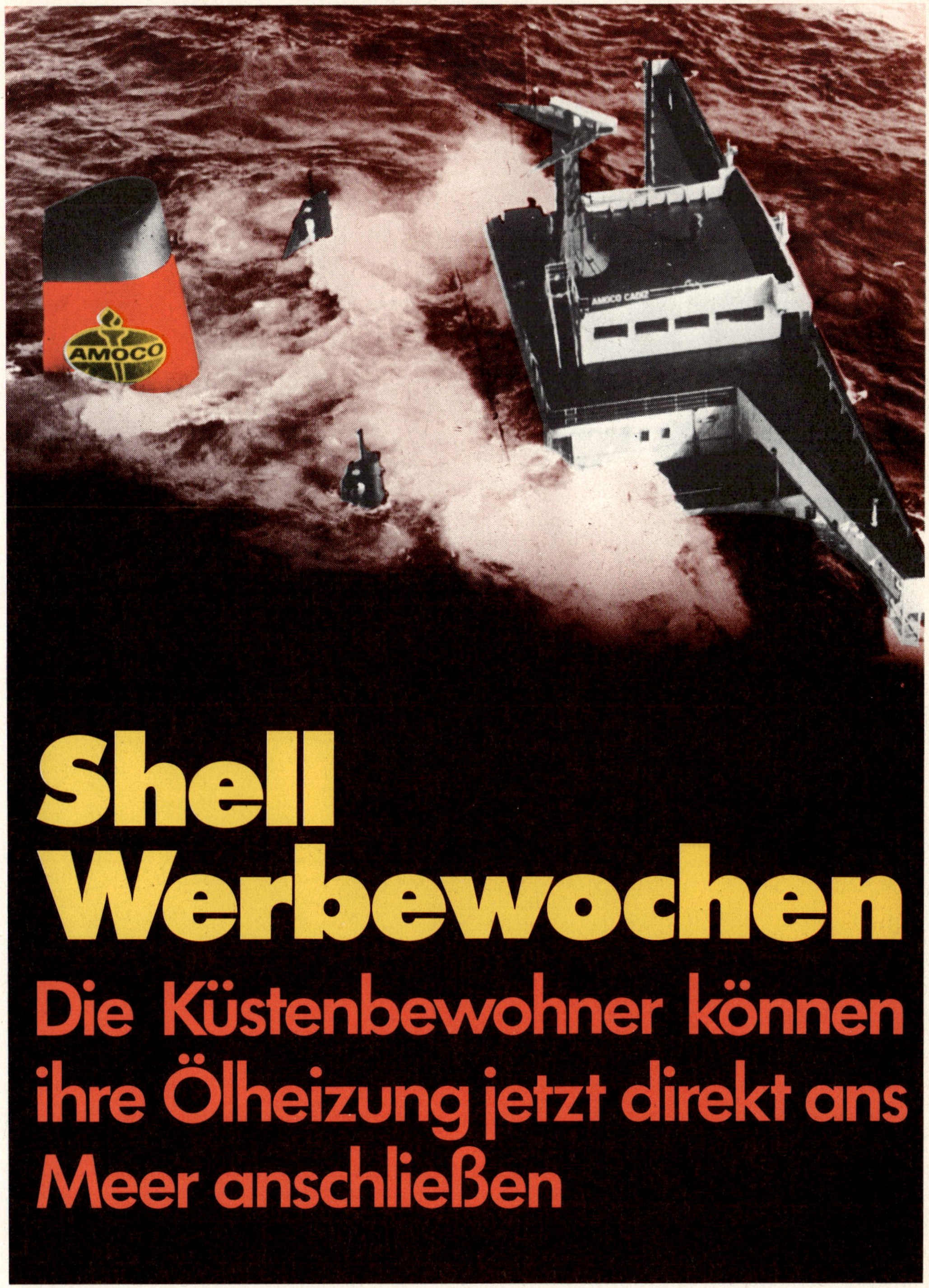
AMOCO
AMOCO CADIZ
Shell
Werbewochen
Die Küstenbewohner können
ihre Ölheizung jetzt direkt ans
Meer anschließen

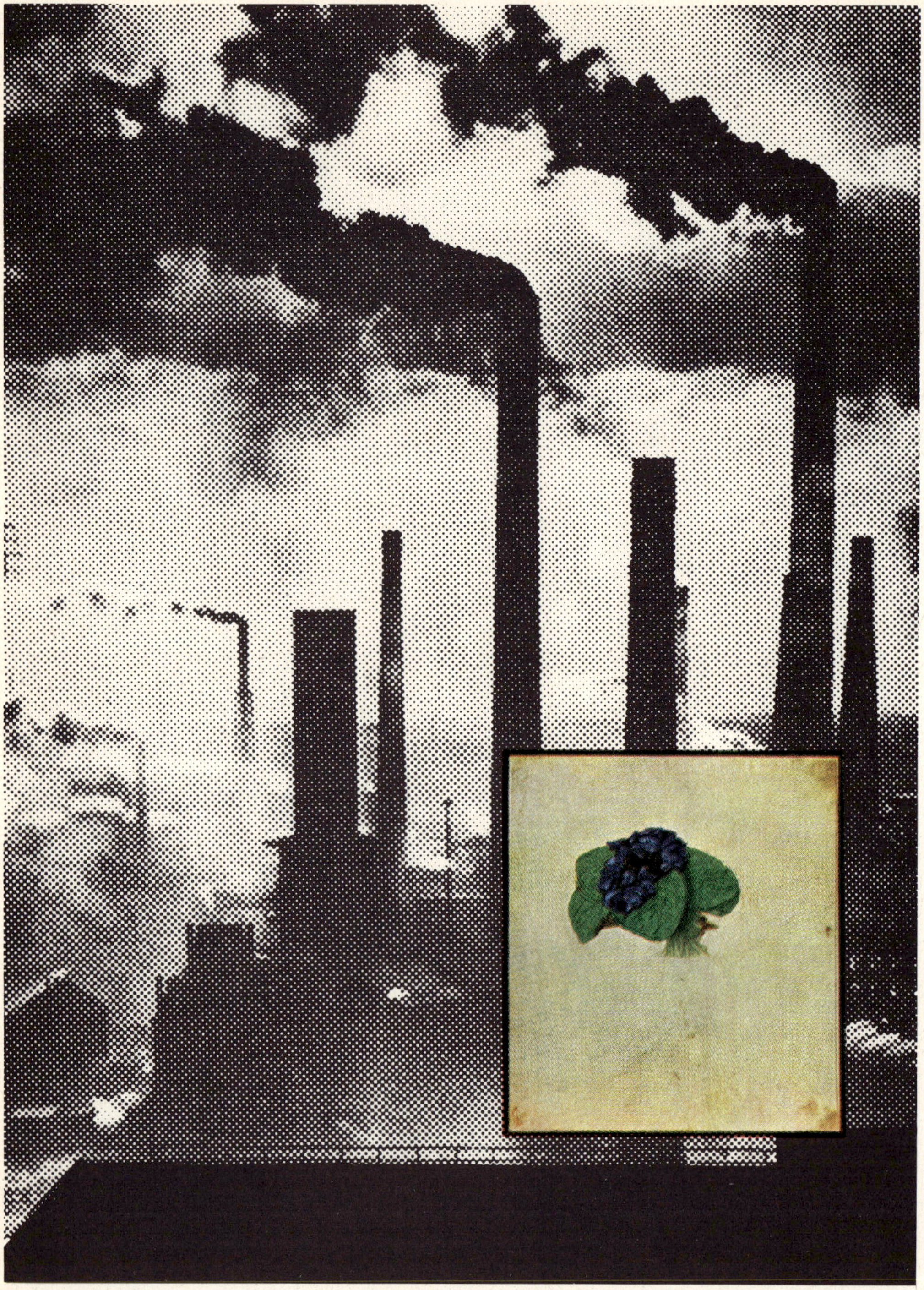

1978

1972

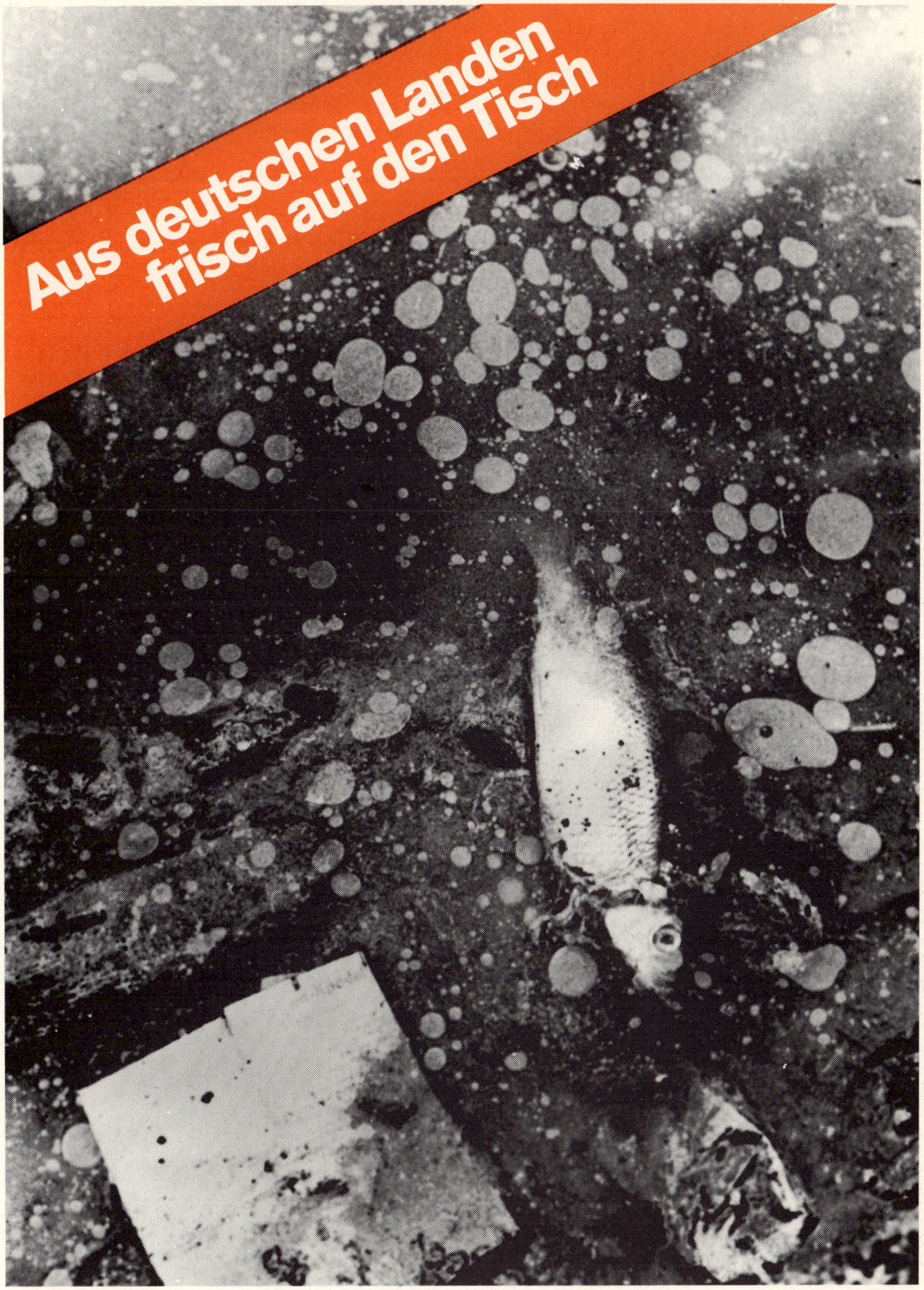

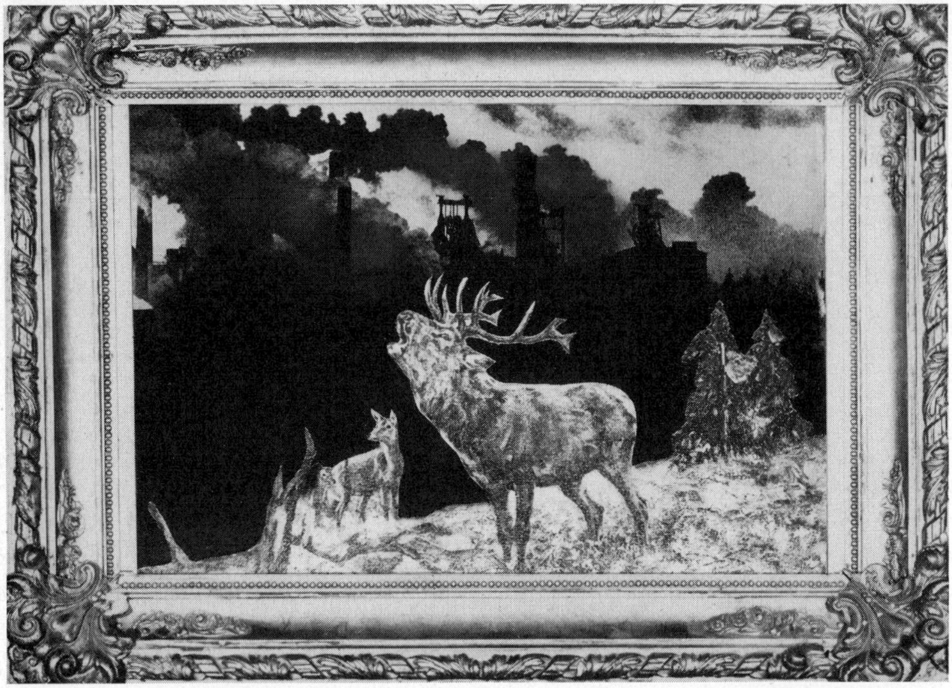

1974

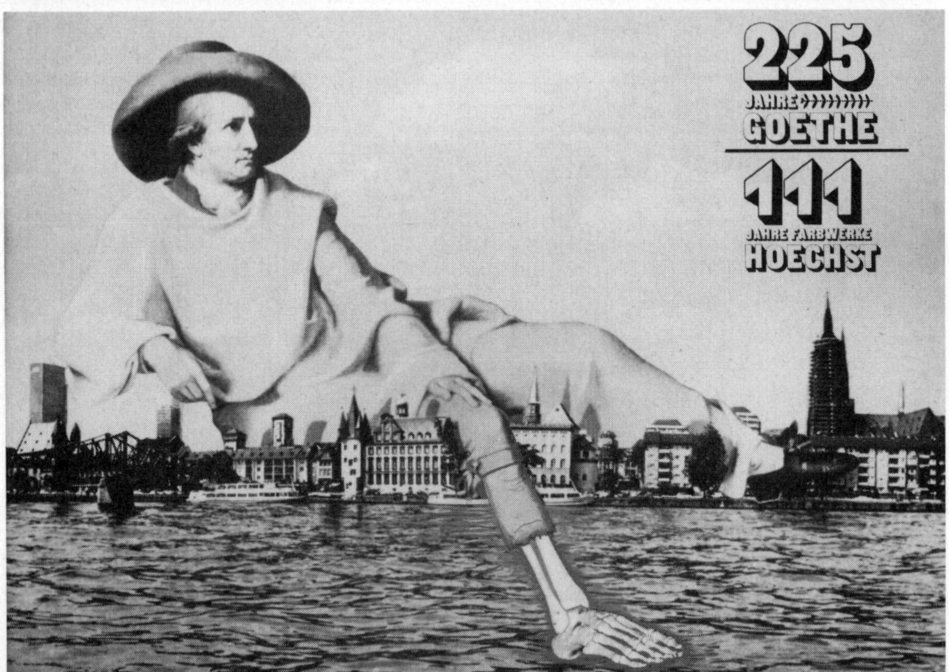

1974

1984

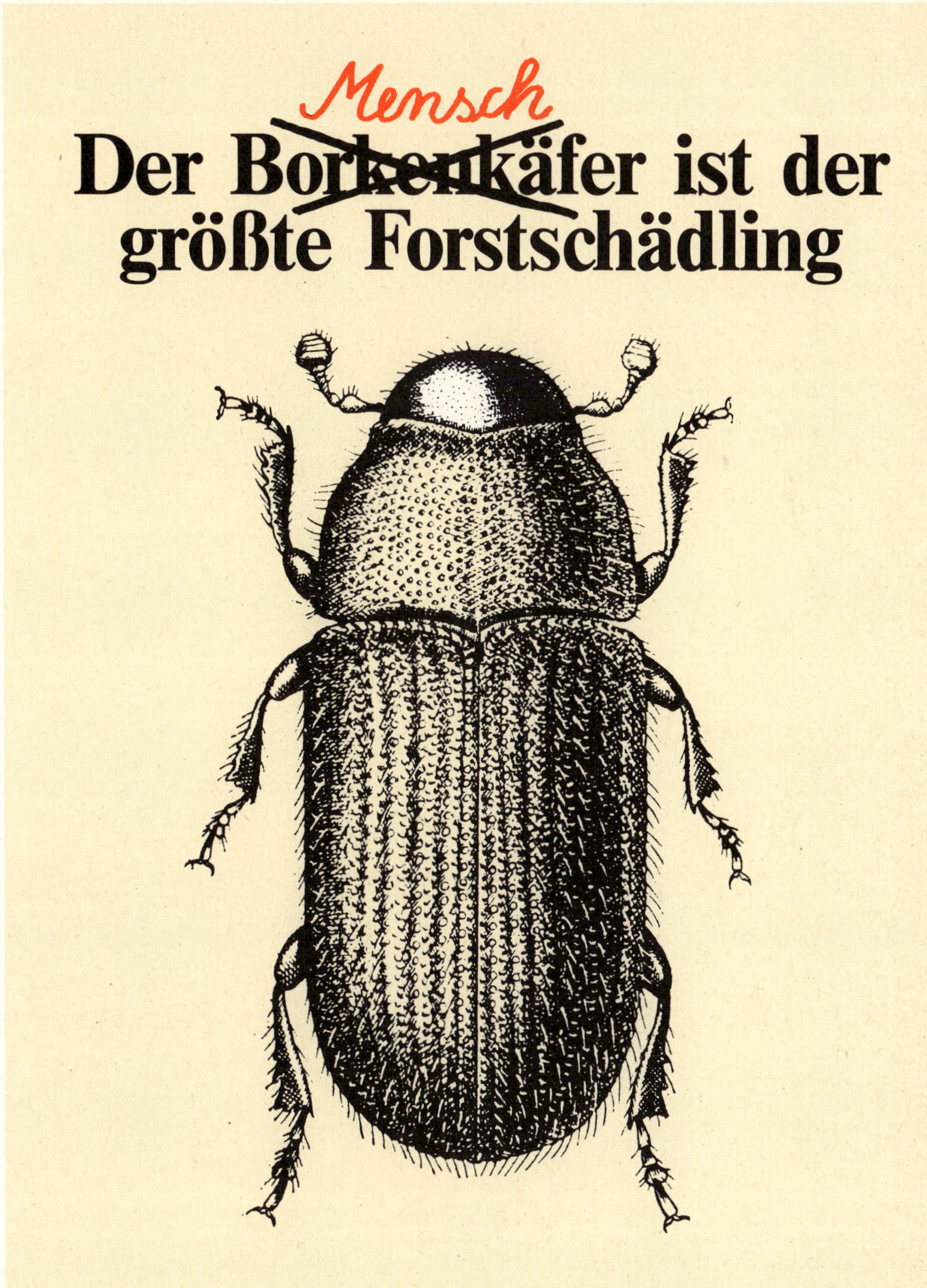

1983

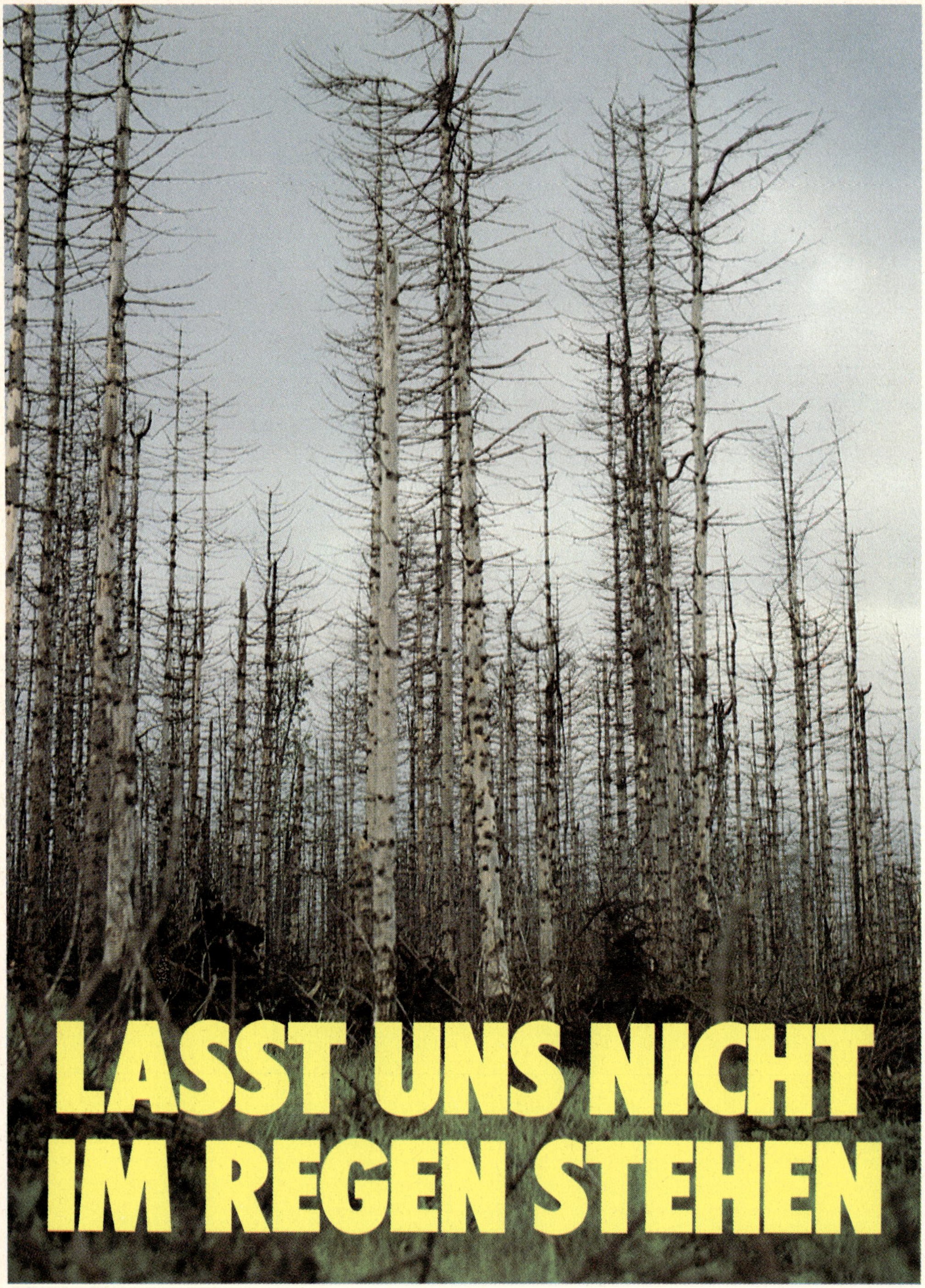

1981

1977

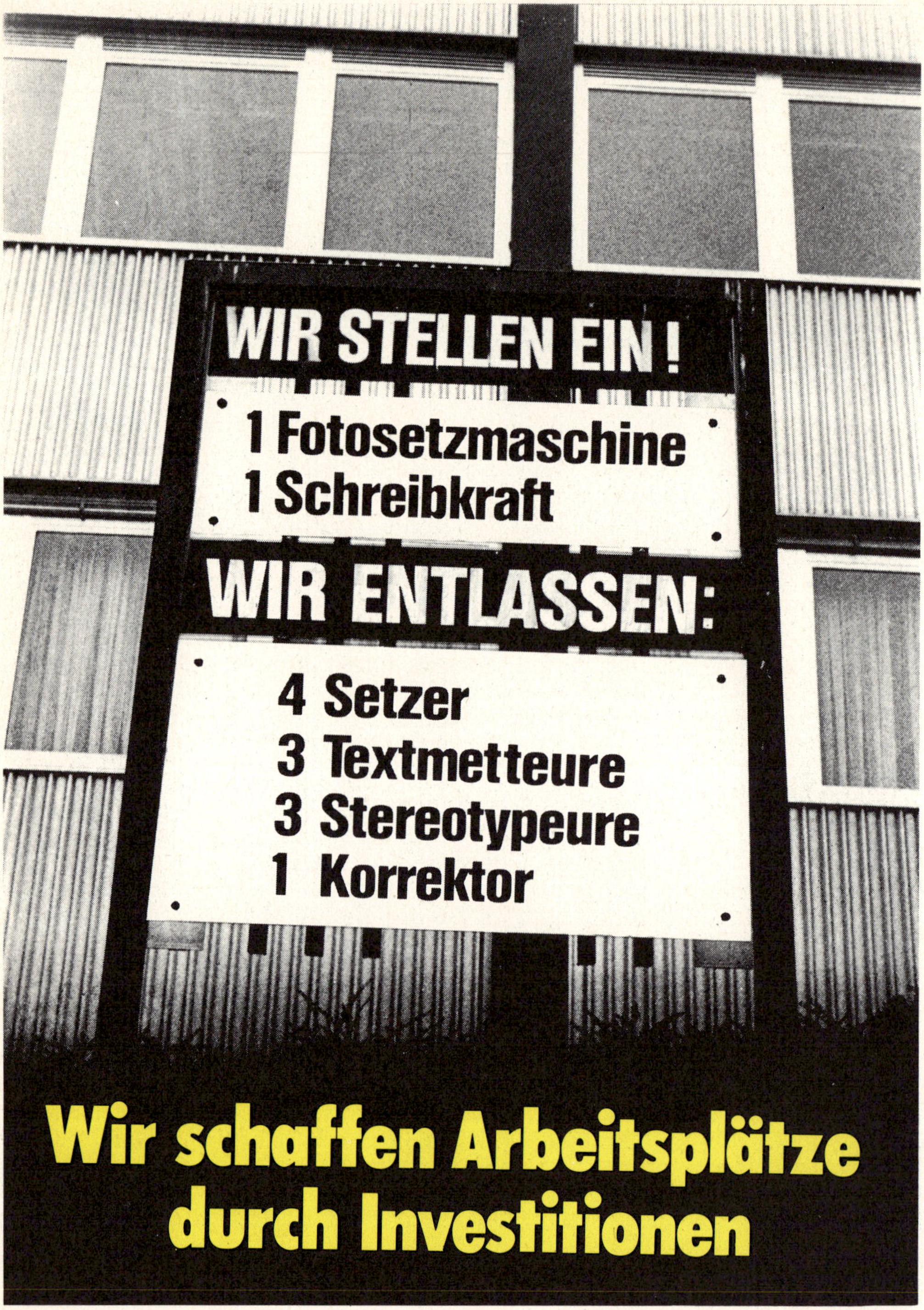
WIR STELLEN EIN!
1 Fotosetzmaschine
1 Schreibkraft
WIR ENTLASSEN:
4 Setzer
3 Textmetteure
3 Stereotypeure
1 Korrektor
Wir schaffen Arbeitsplätze
durch Investitionen

1984

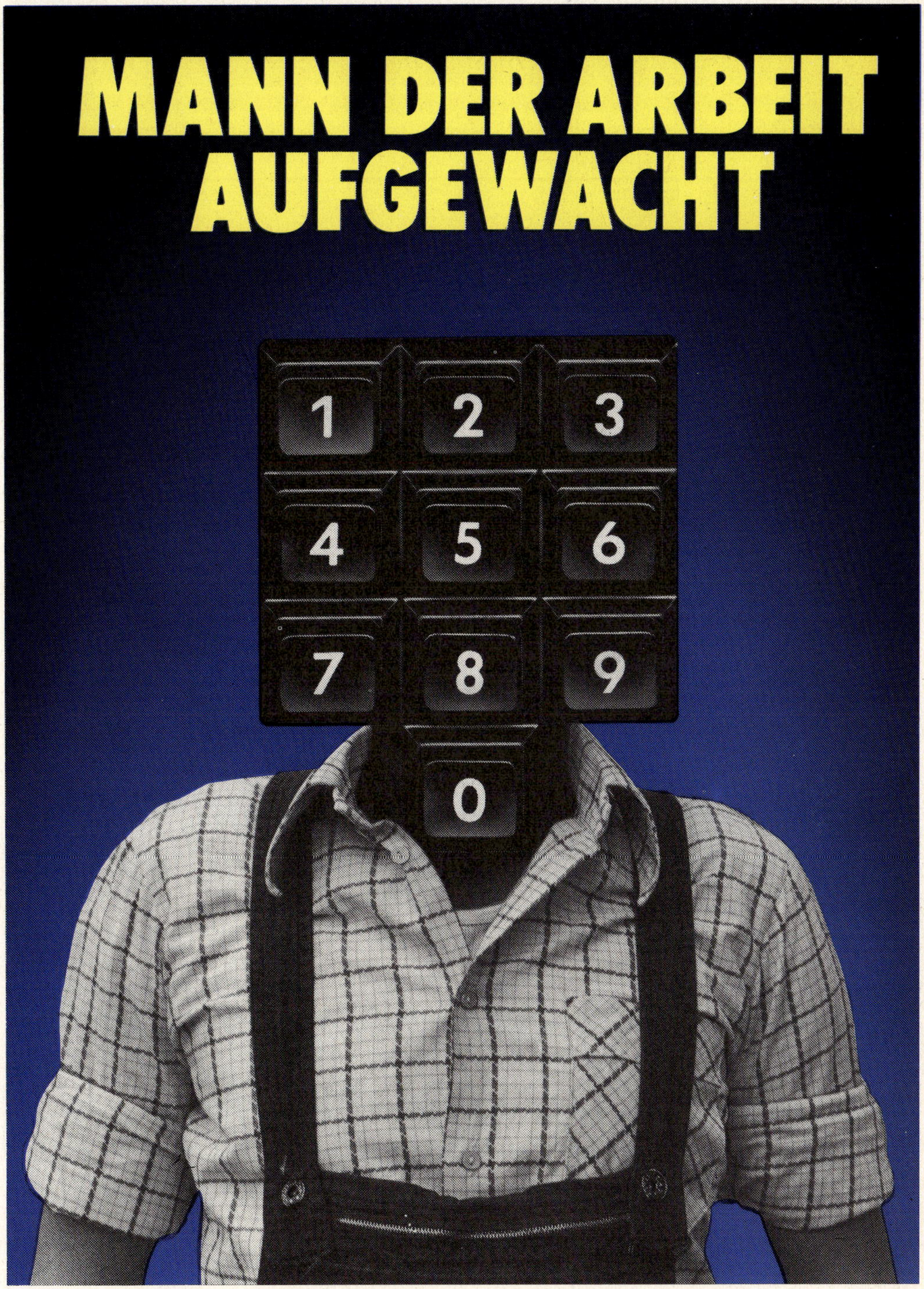

1983

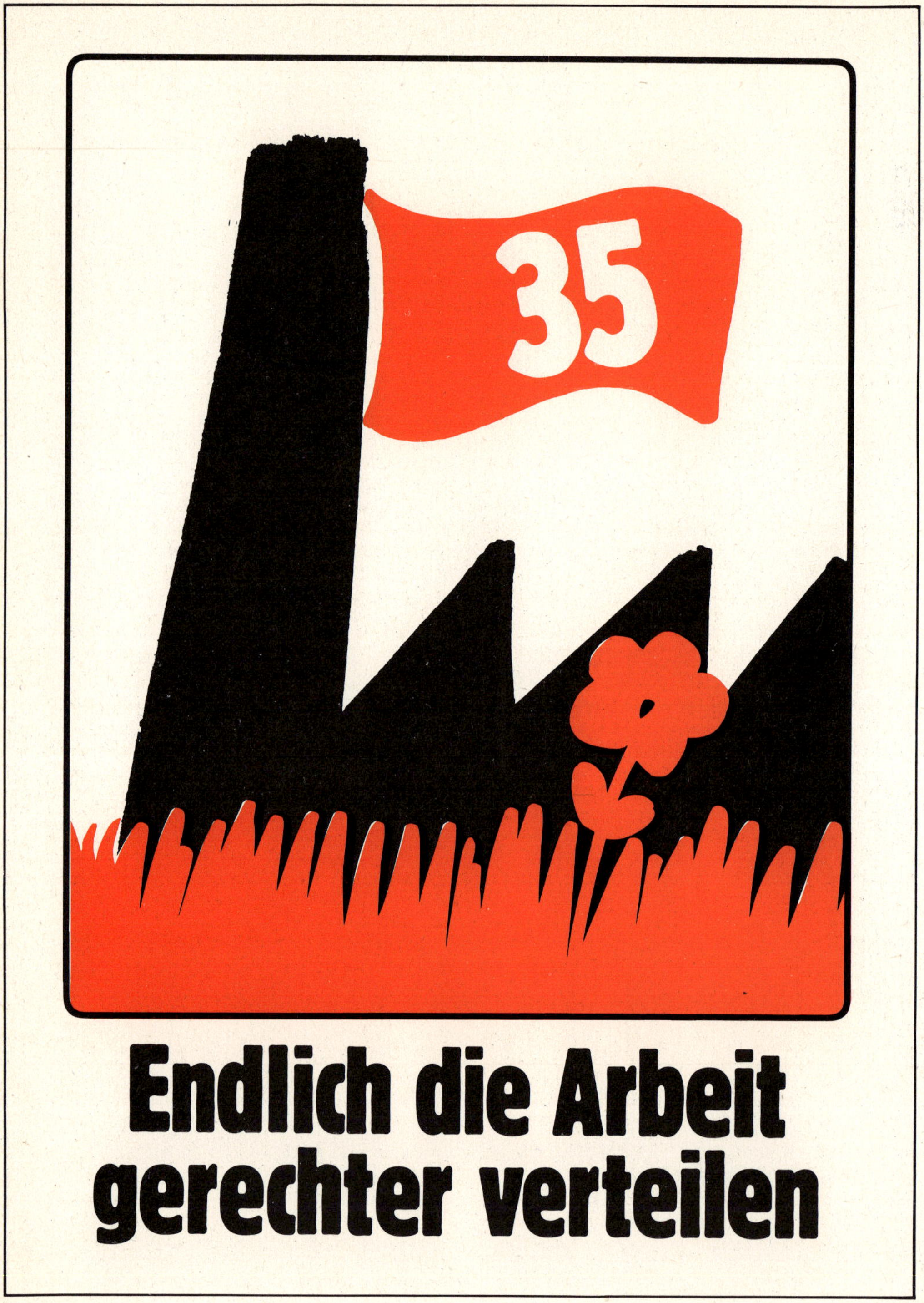

1982

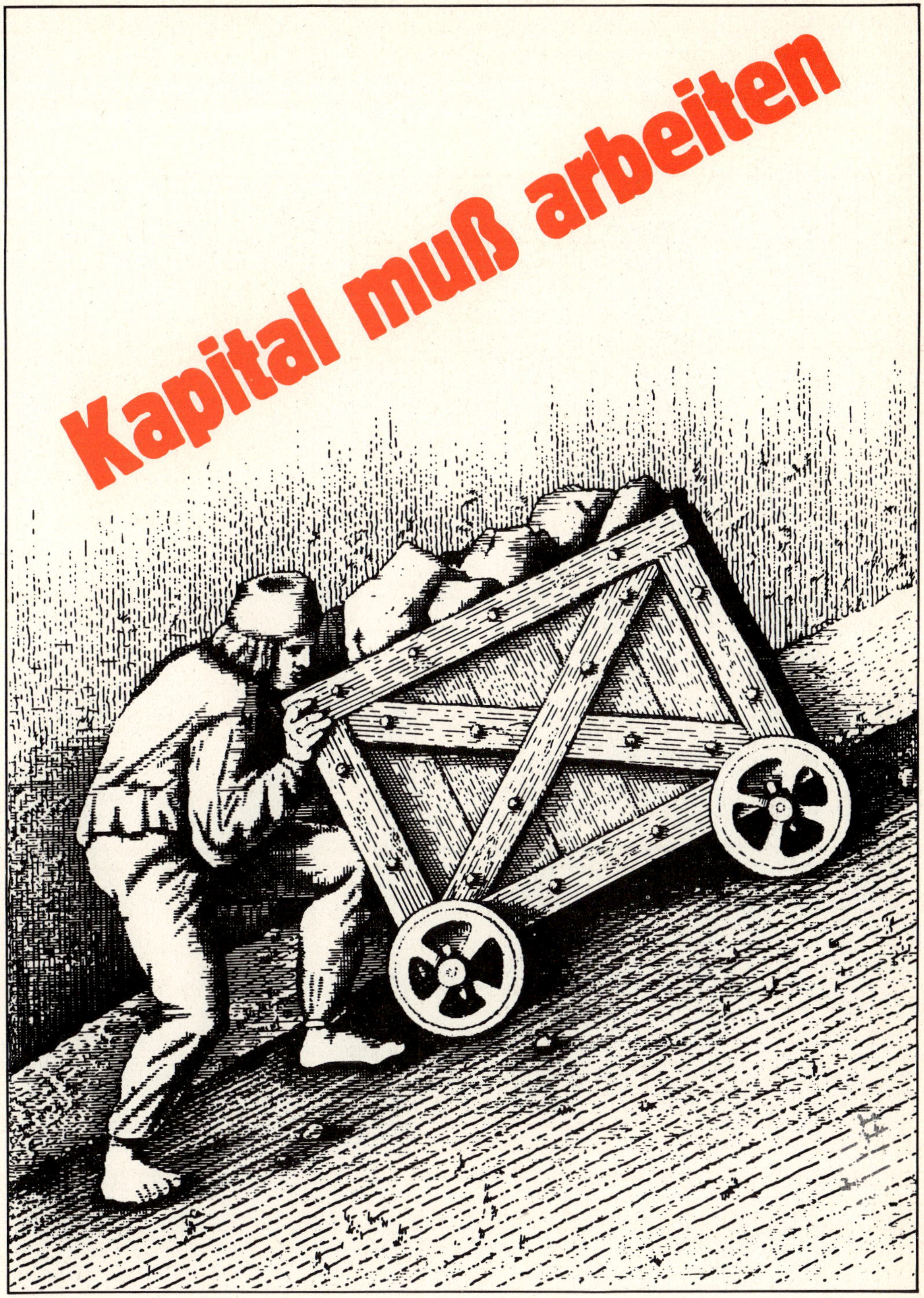

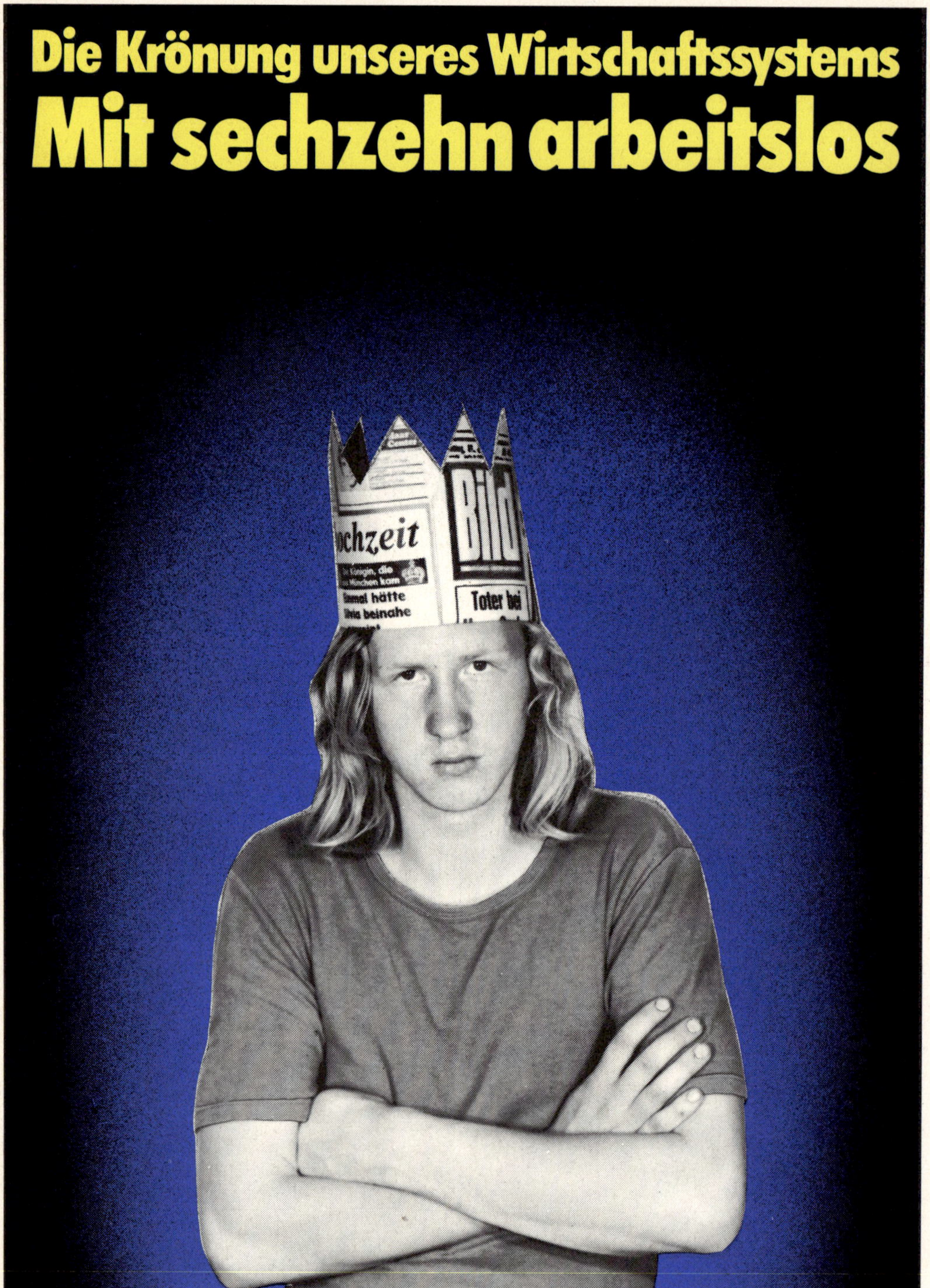
Die Krönung unseres Wirtschaftssystems
Mit sechzehn arbeitslos
Bild
ochzeit
Einmal hätte
Silvia beinahe
Toter bei

1977

1983

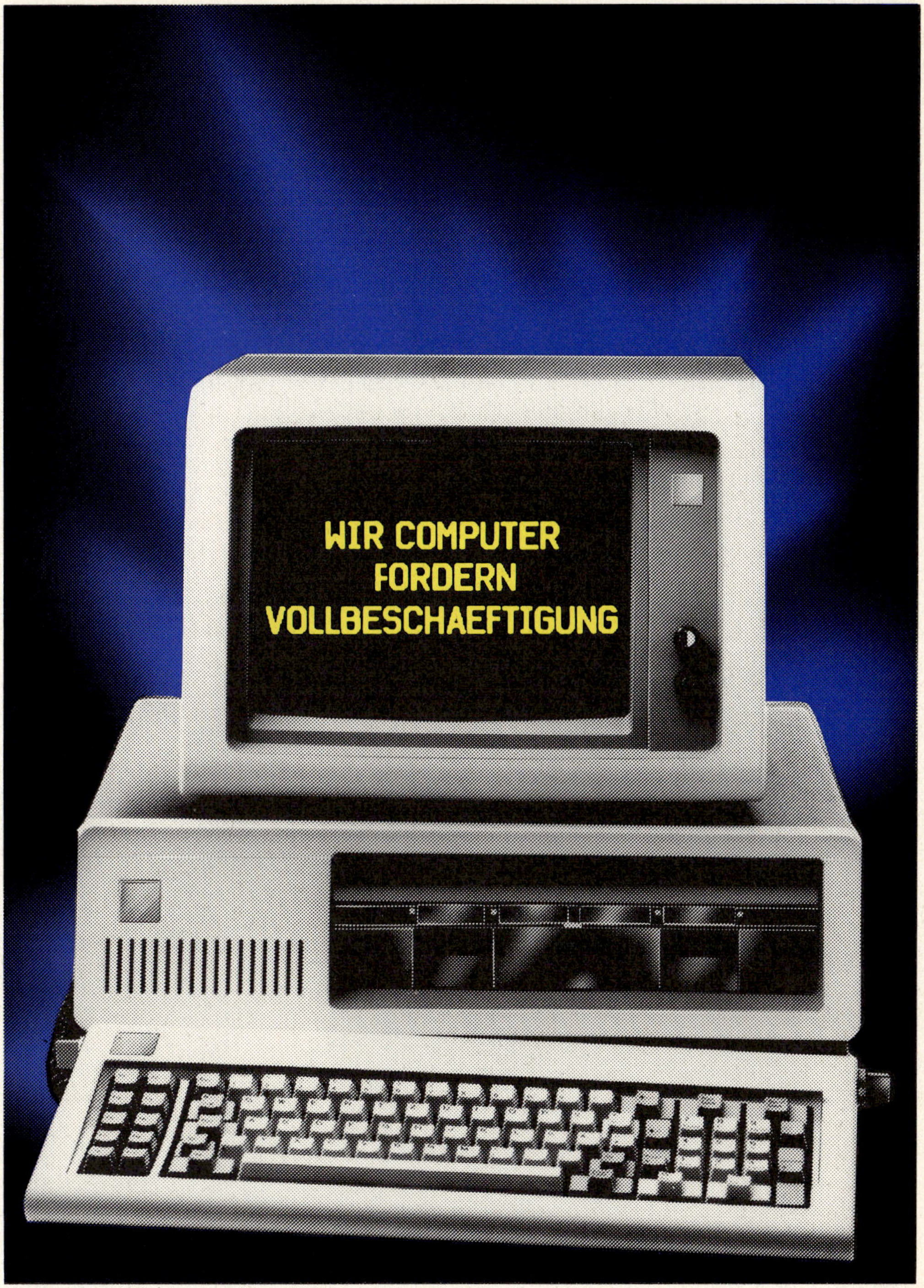

1973

Unternehmer!

Macht euch die Erde untertan

Und Gott segnete sie und sprach zu ihnen: seid fruchtbar und mehret euch und füllet die Erde, und macht sie euch untertan, und herrschet über Fische im Meer, und über Vögel unter dem Himmel, und über alles Tier, das auf Erden keucht.

1. Mose 1. 1. 28

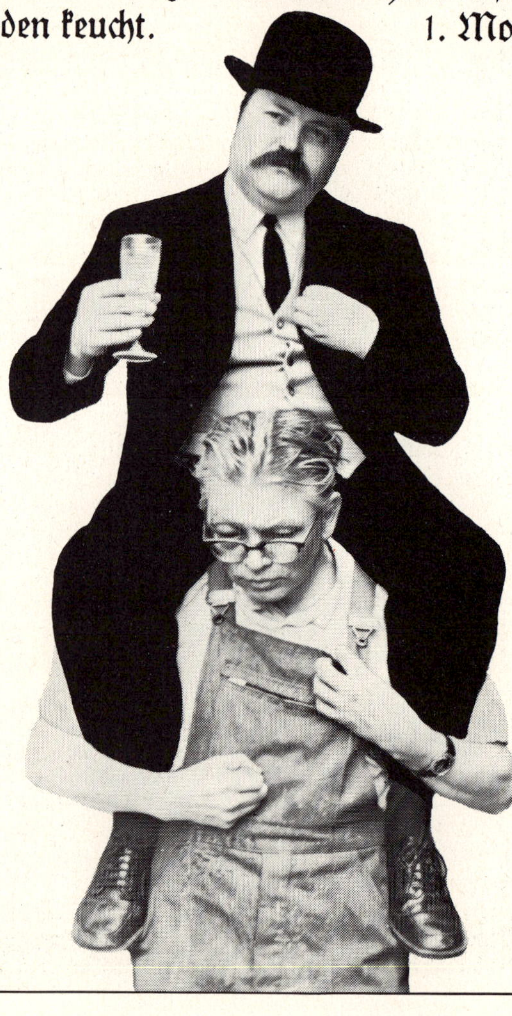

1978

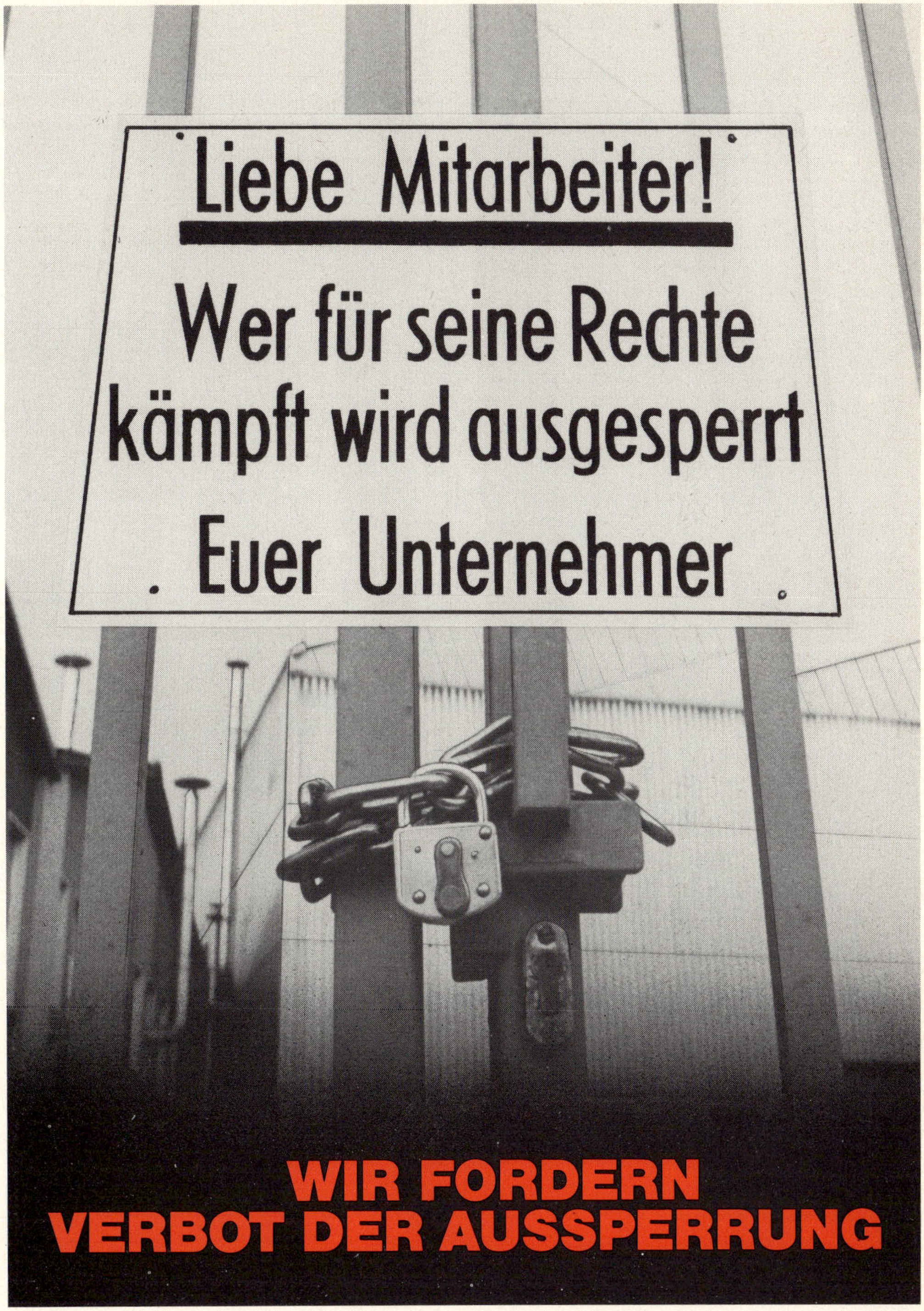
Liebe Mitarbeiter!
Wer für seine Rechte kämpft wird ausgesperrt
Euer Unternehmer
WIR FORDERN
VERBOT DER AUSSPERRUNG

1981

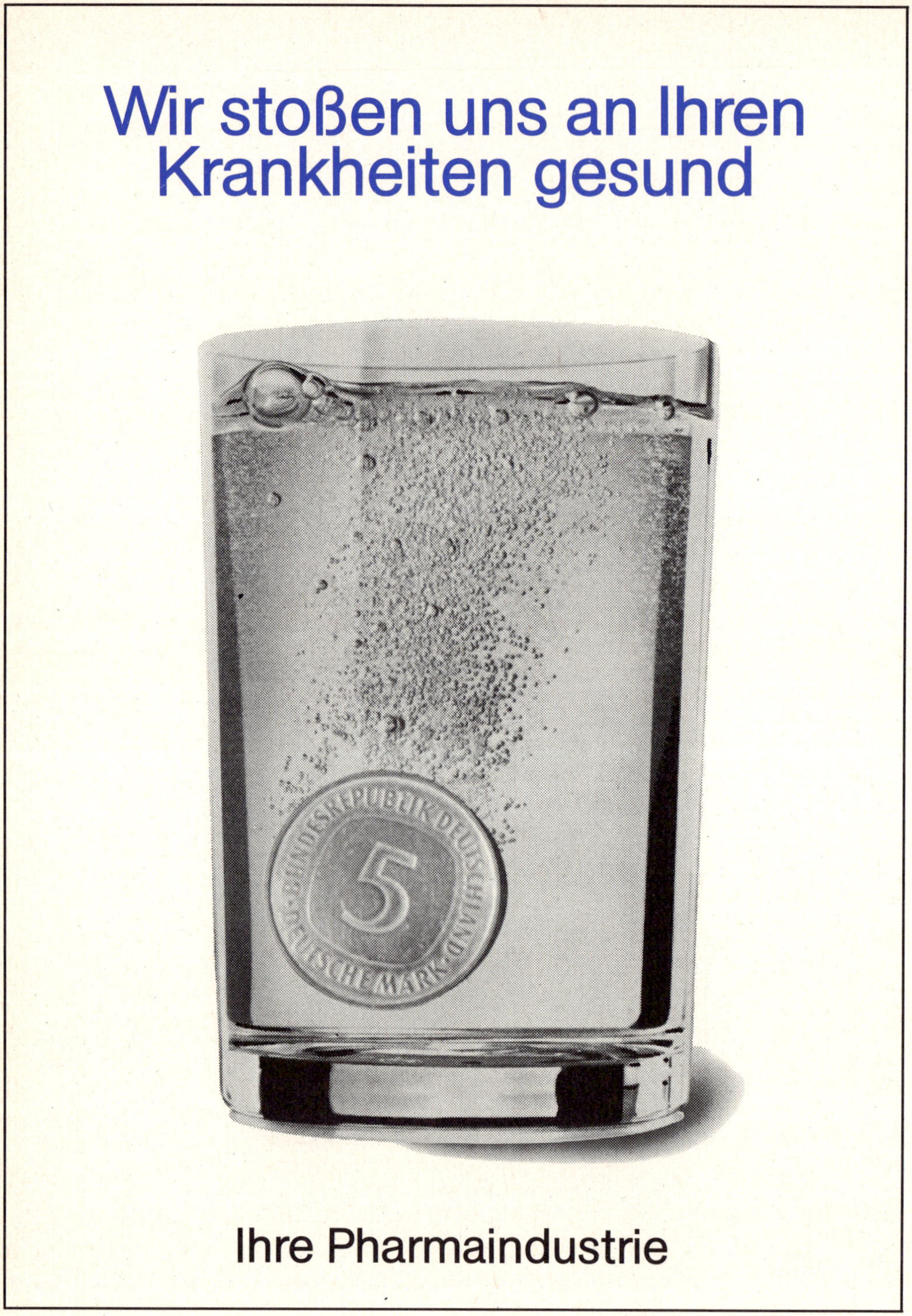
Wir stoßen uns an Ihren
Krankheiten gesund
BUNDESREPUBLIK DEUTSCHLAND
5
DEUTSCHE MARK
Ihre Pharmaindustrie

1981

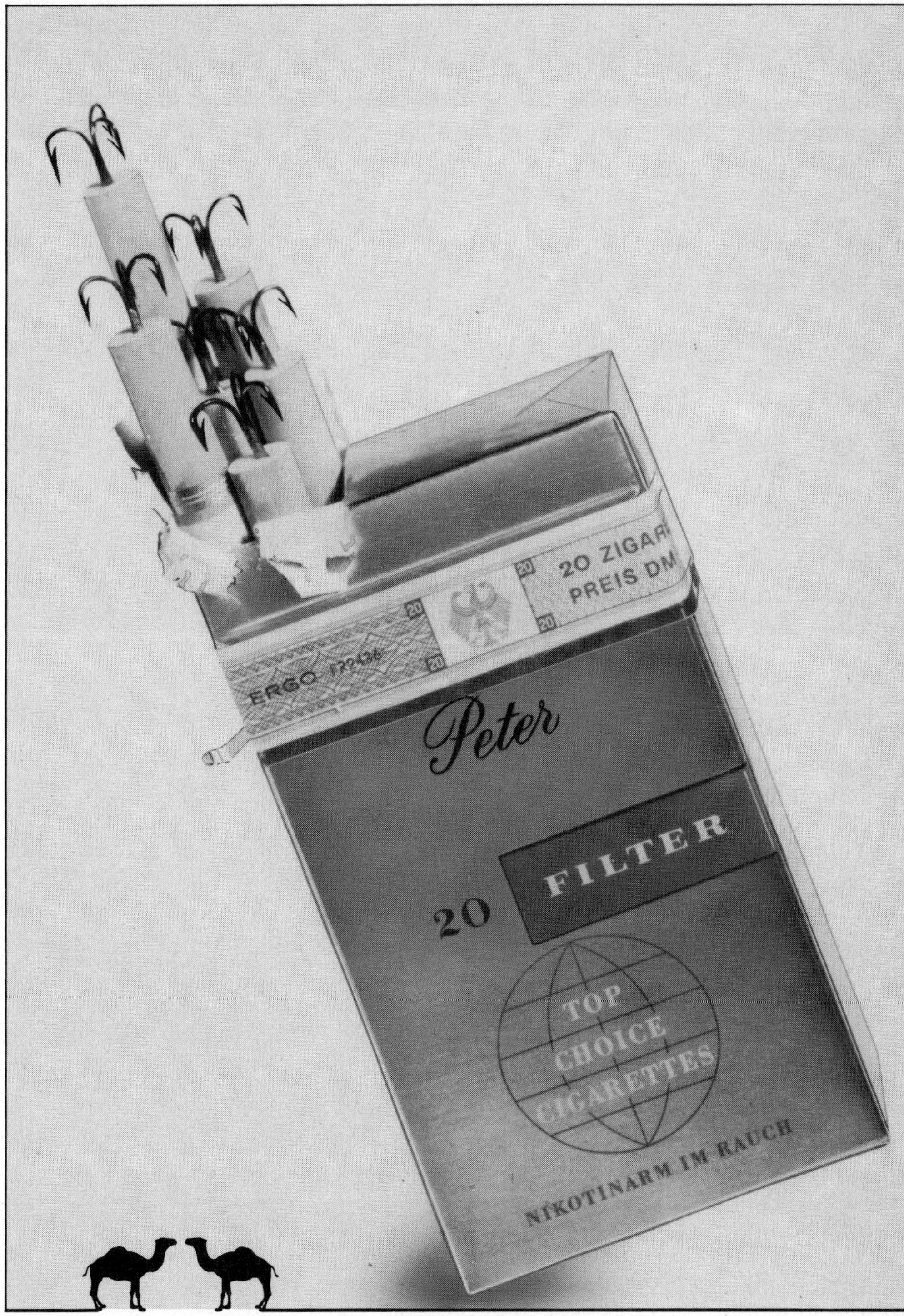
20 ZIGAR
PREIS DM
ERGO
Peter
FILTER
20
TOP
CHOICE
CIGARETTES
NIKOTINARM IM RAUCH

1975

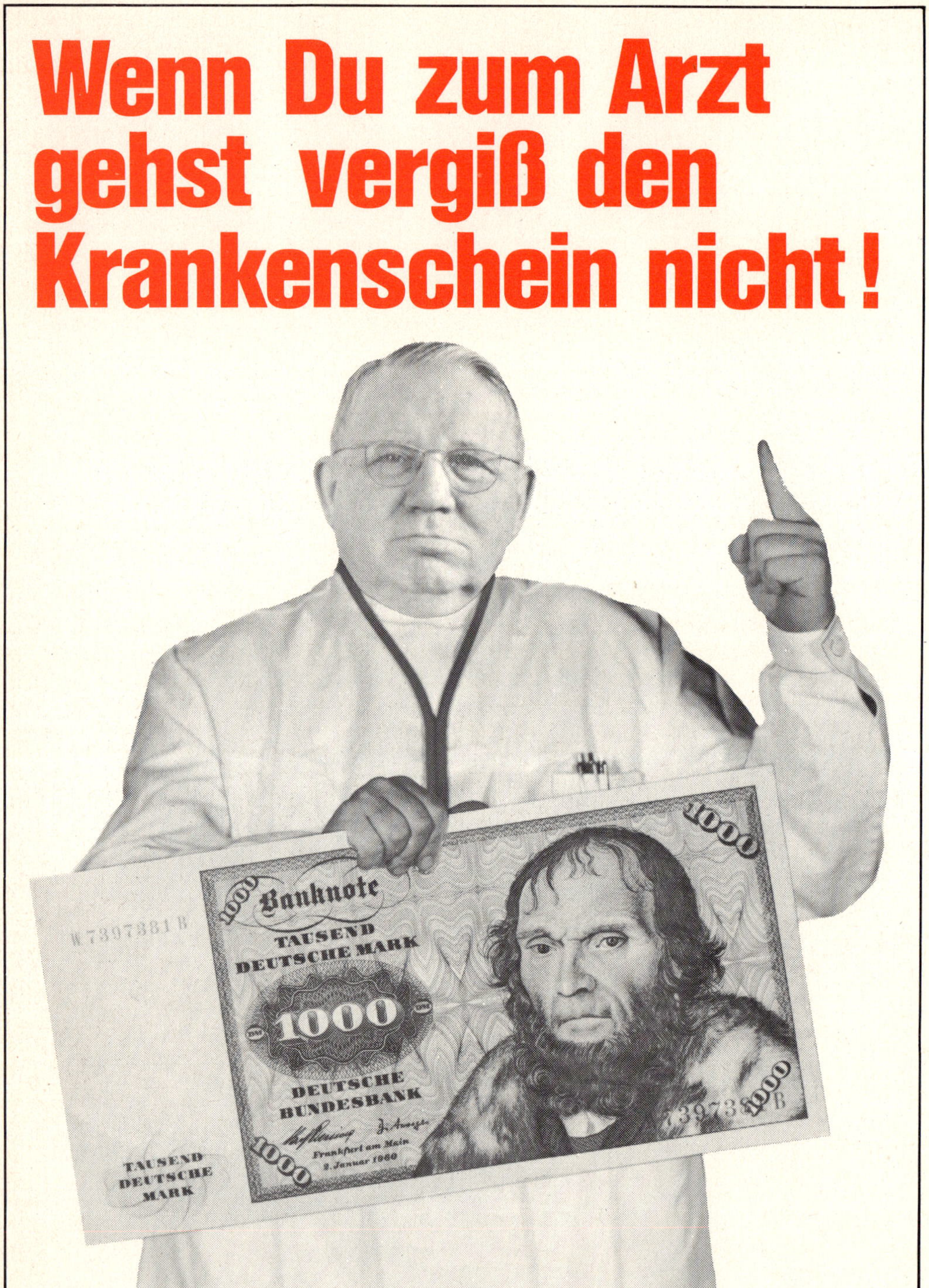
Wenn Du zum Arzt
gehst vergiß den
Krankenschein nicht!
Banknote
TAUSEND
DEUTSCHE MARK
1000
DEUTSCHE
BUNDESBANK
Frankfurt am Main
2. Januar 1960
TAUSEND
DEUTSCHE
MARK

1977

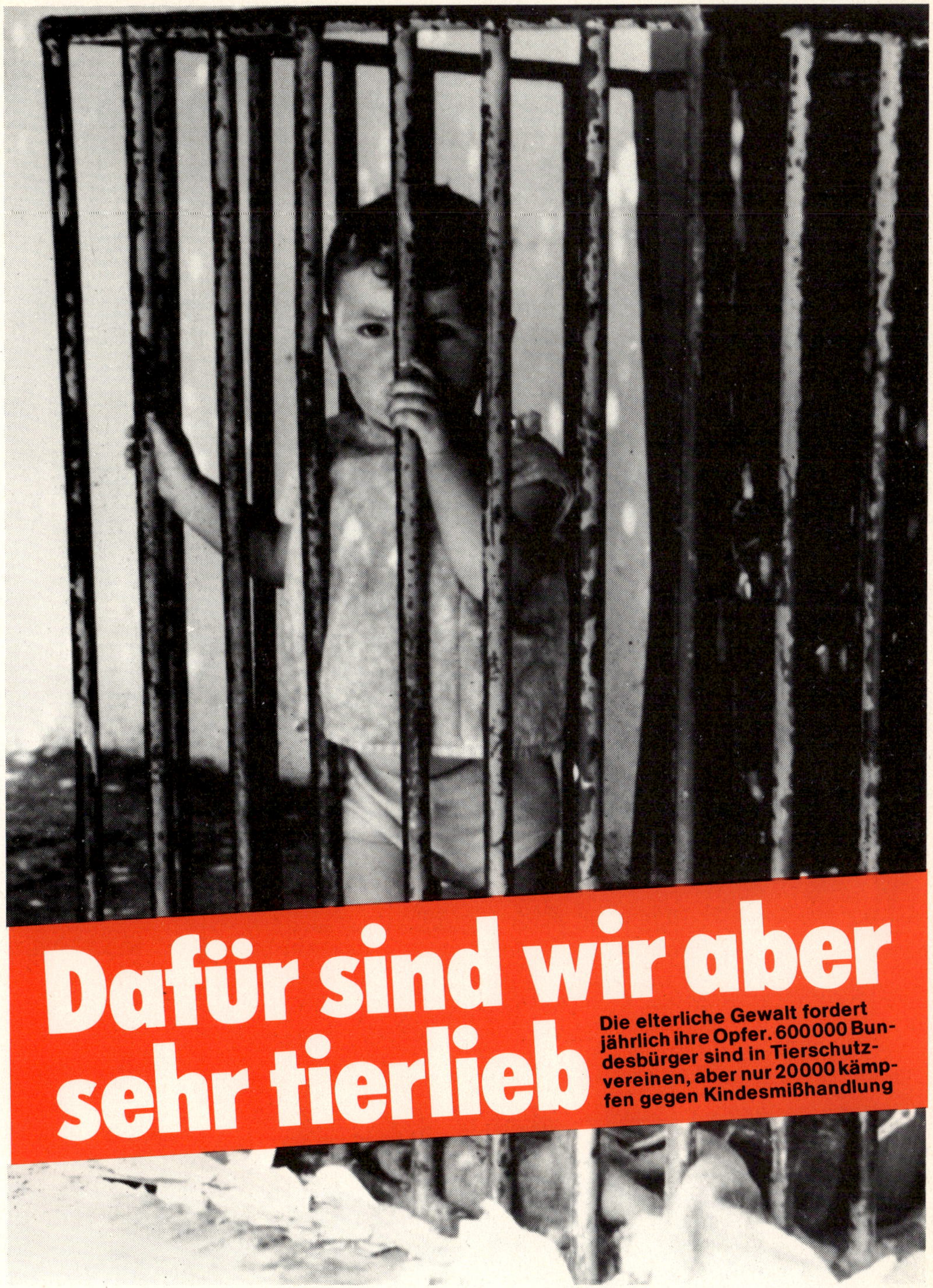
Dafür sind wir aber sehr tierlieb
Die elterliche Gewalt fordert jährlich ihre Opfer. 600000 Bundesbürger sind in Tierschutzvereinen, aber nur 20000 kämpfen gegen Kindesmißhandlung

1974

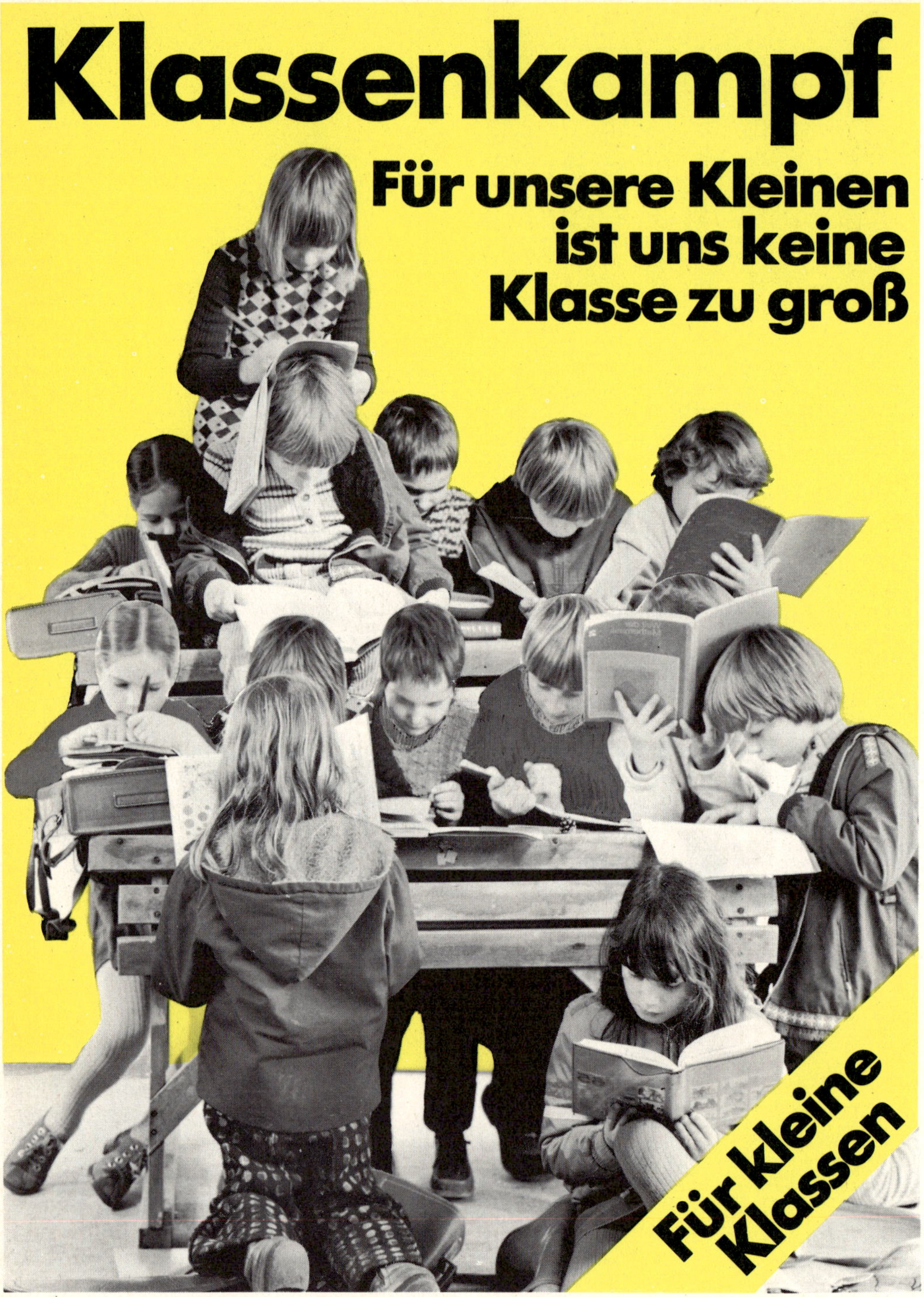
Klassenkampf
Für unsere Kleinen
ist uns keine
Klasse zu groß
Für kleine
Klassen

1974

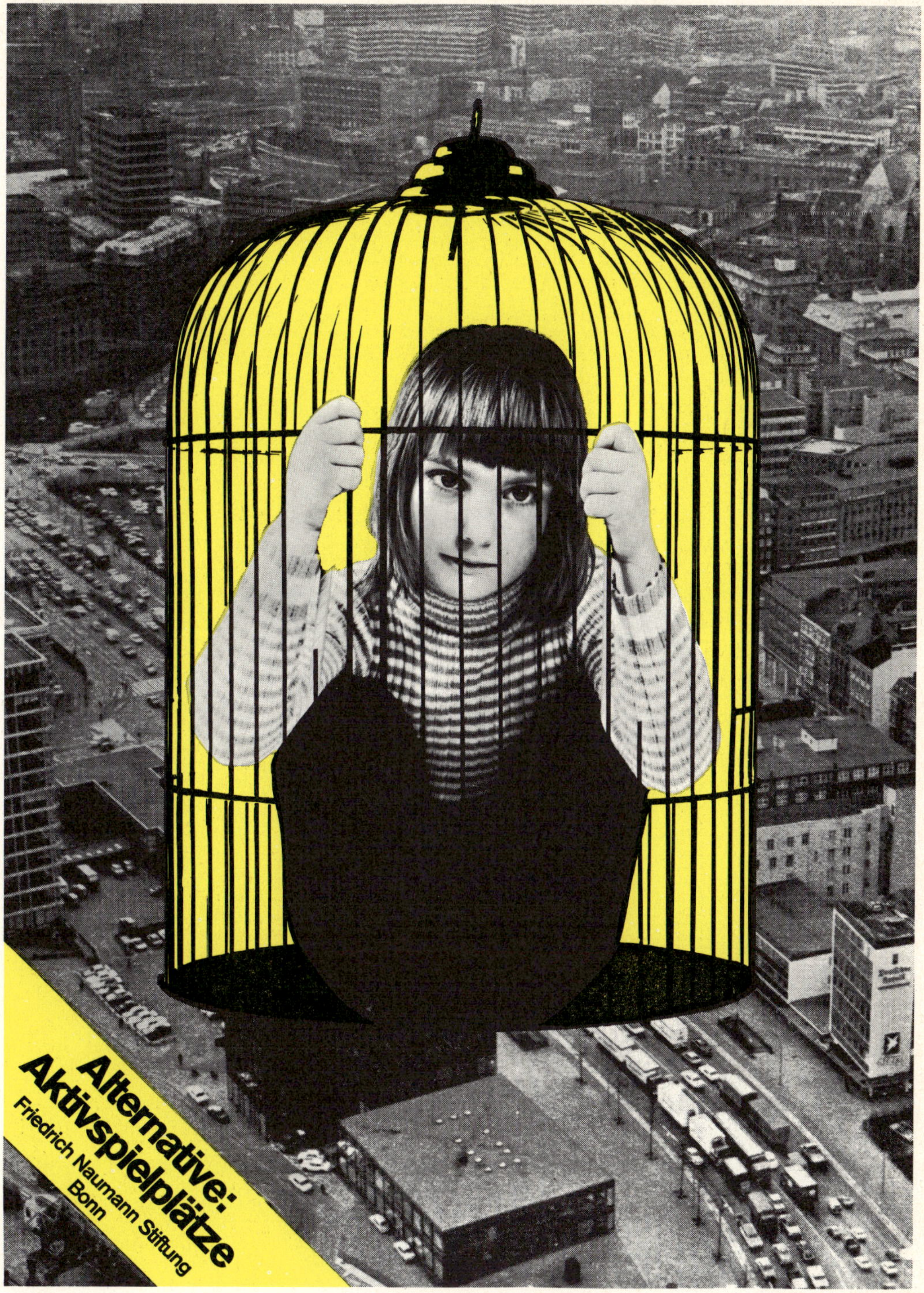
Alternative:
Aktivspielplätze
Friedrich Naumann Stiftung
Bonn

1974

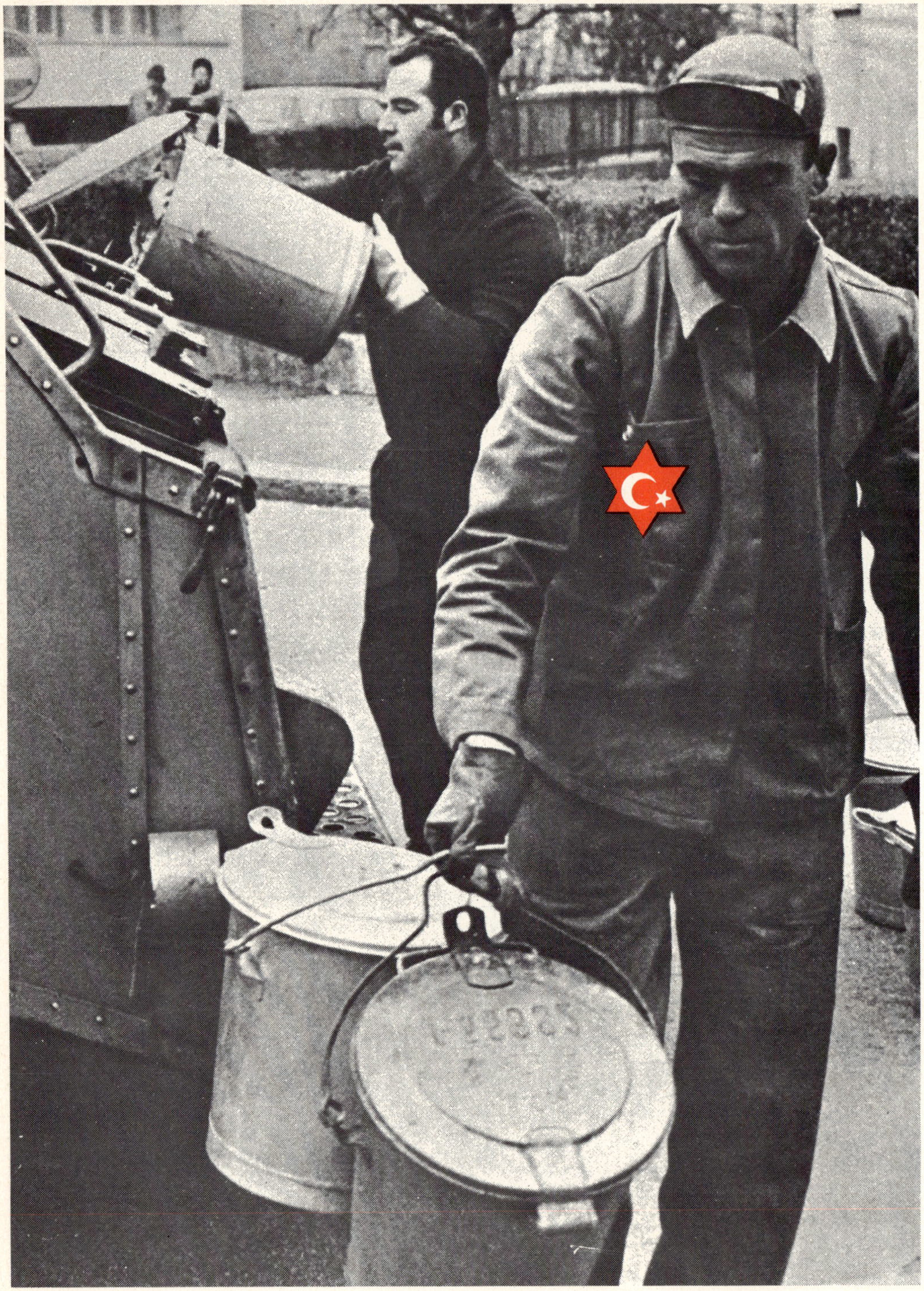

1981

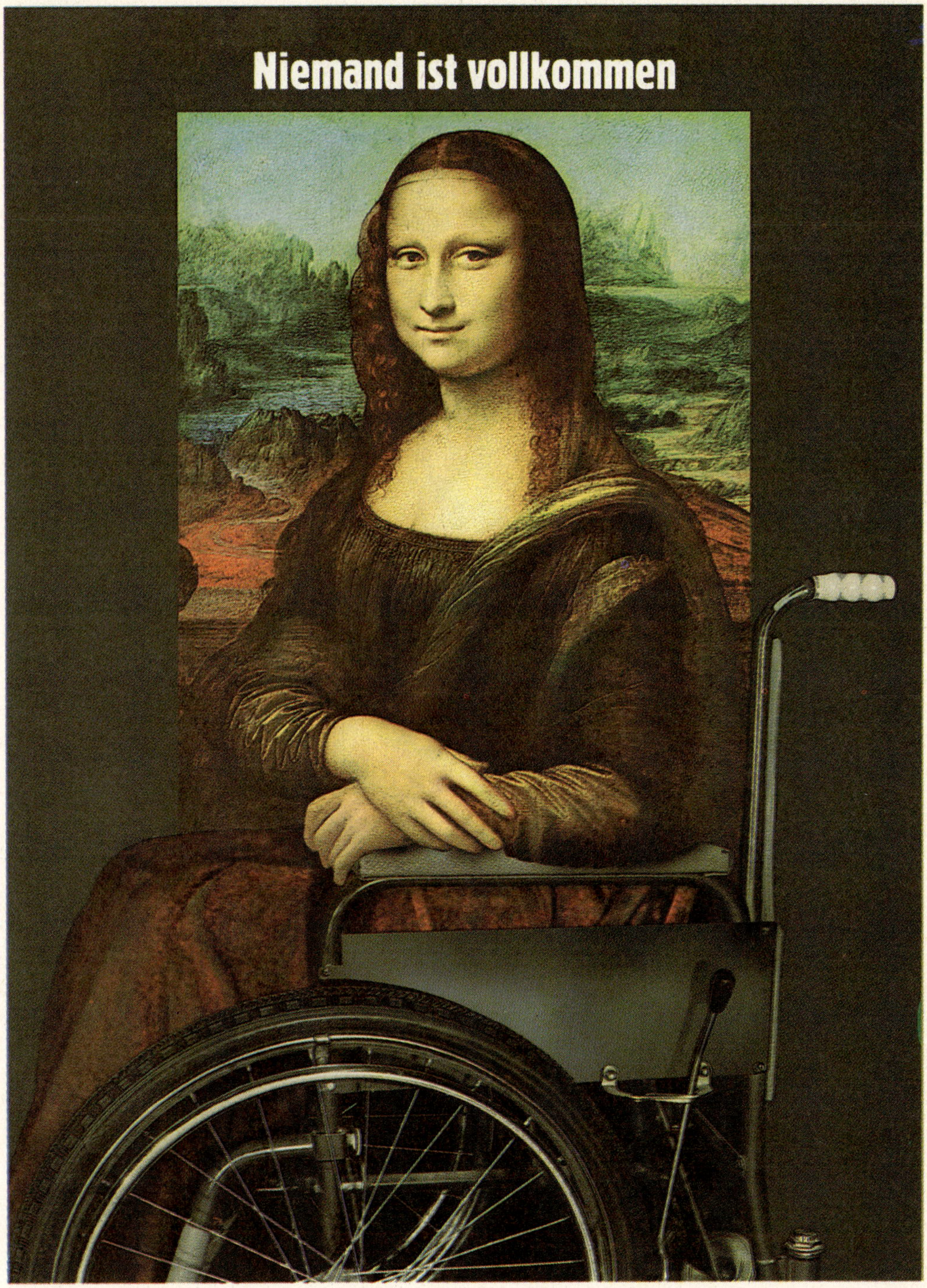

1971

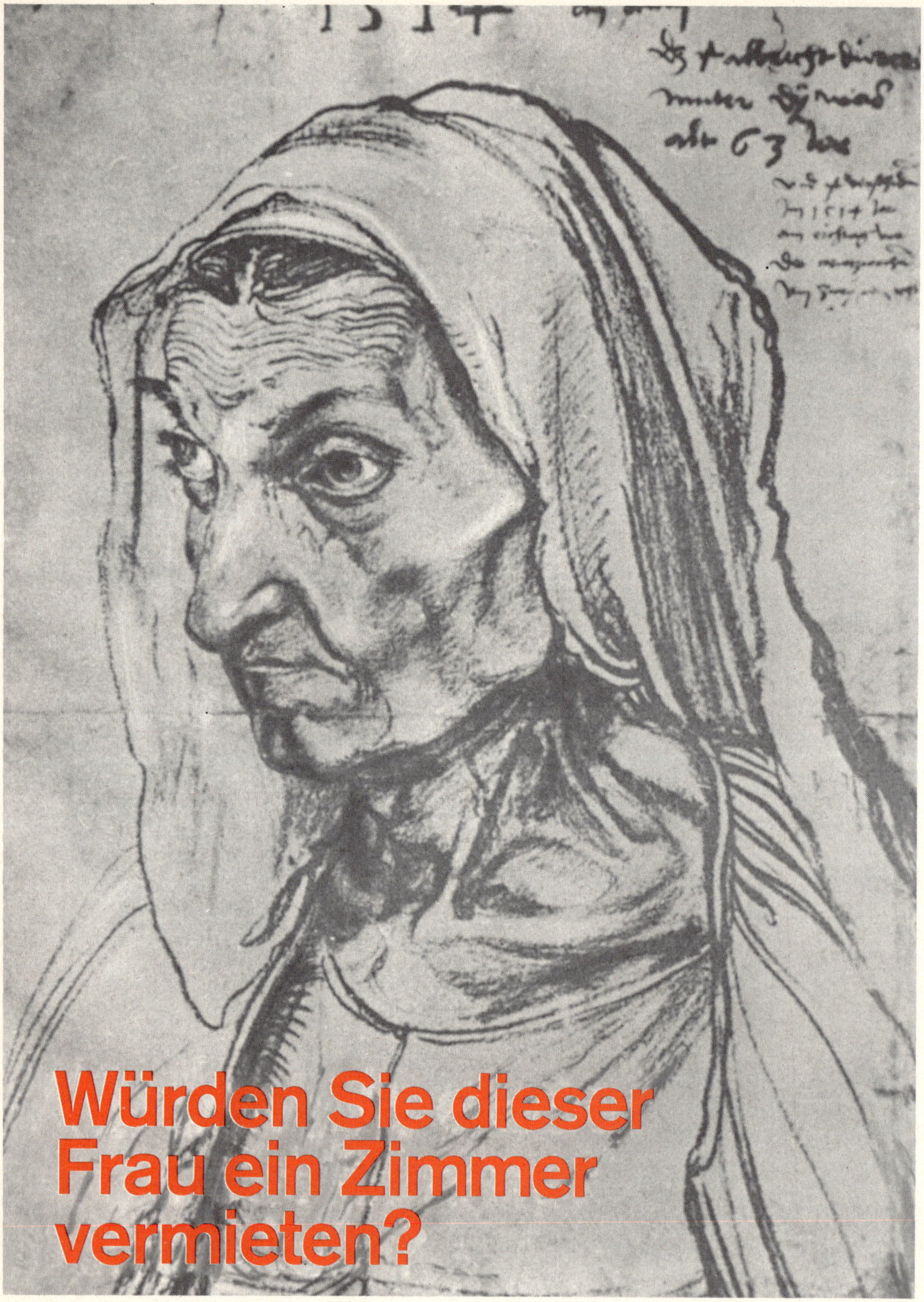

1979

DEMNÄCHST WIEDER

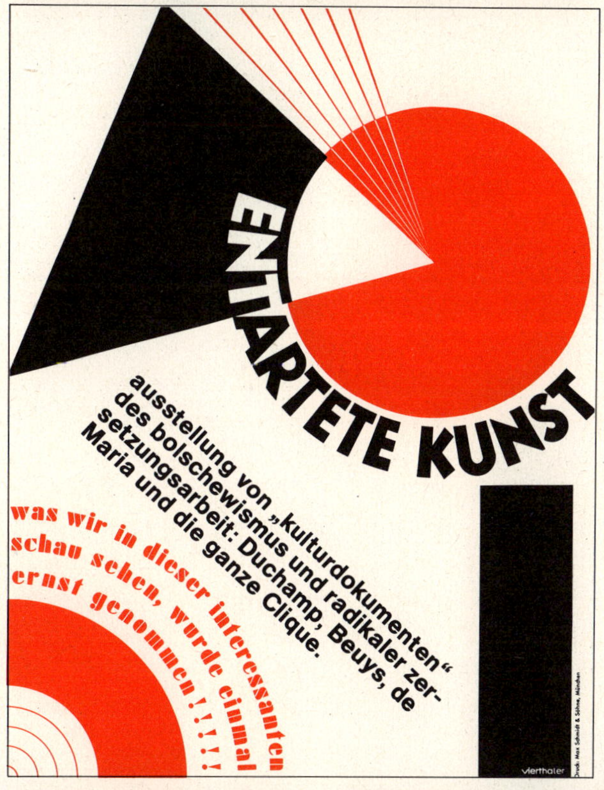

IN DIESEM THEATER

In Sachen Kunst und Kultur war
München schon immer führend

1979

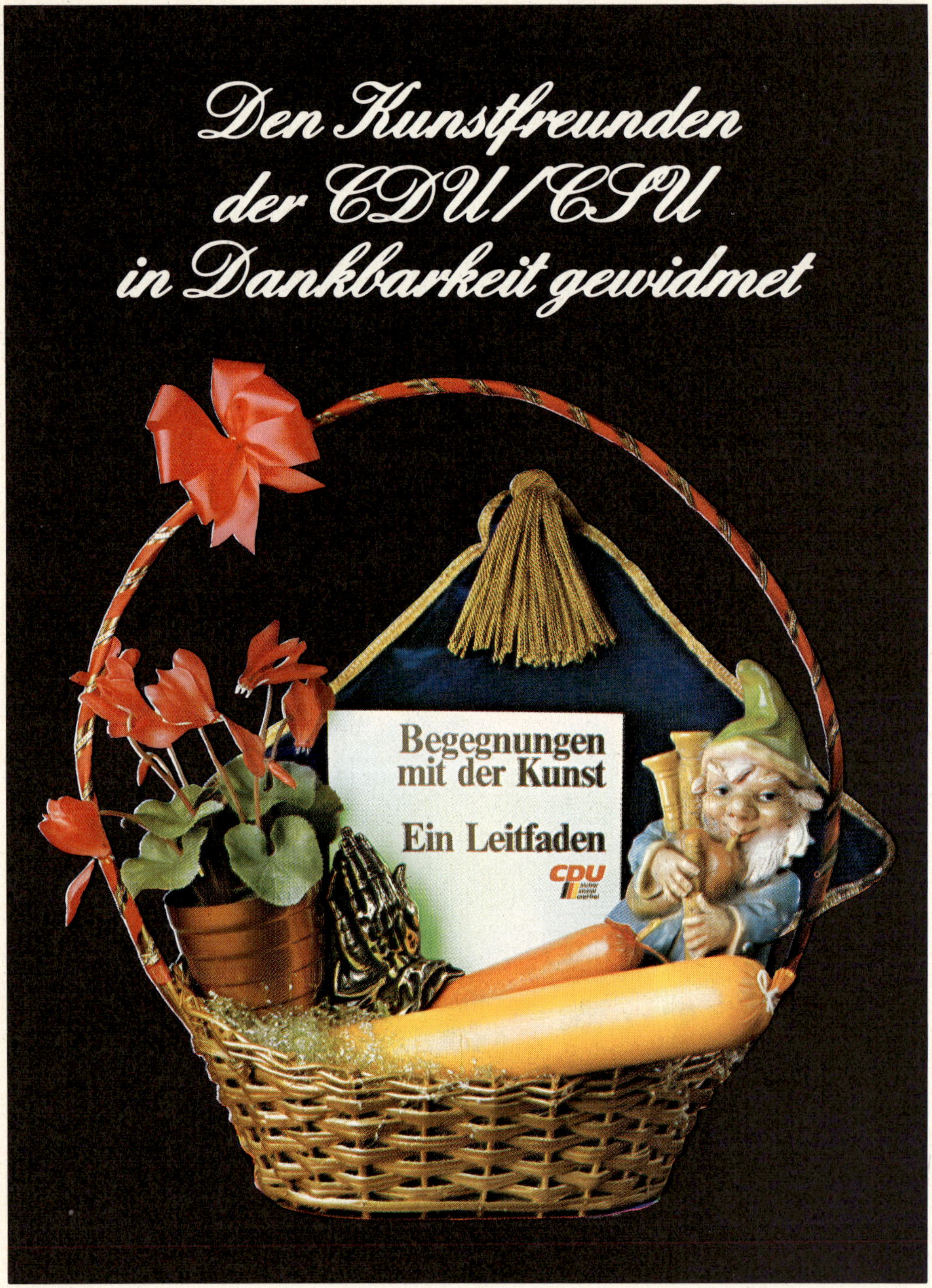
Den Kunstfreunden
der CDU/CSU
in Dankbarkeit gewidmet
Begegnungen
mit der Kunst
Ein Leitfaden
CDU

1982

ZEITGEIST

=Wanderungen durch die Mark Brandenburg mit Karl Carstens

=beim Wackelpudding essen auf den Untergang warten mit Dietrich Genscher

=in diesem unserem Lande den Amerikanern in einen Körperteil kriechen mit Helmut Kohl

=hoch auf dem gelben Wagen auf den Bundespräsidentenstuhl zurück drängen mit Walter Scheel

=für das Streikrecht in Polen demonstrieren mit Ernst Albrecht und Alfred Dregger

=bei Oberst Gadhafi grünen Tee trinken mit Roland und Otto

=das Deutschlandlied laut und vollständig singen mit Heino

=Ernst Jünger für die Verachtung der Demokratie lobpreisen mit Walter Wallmann

=auf die Anerkennung als Widerstandskämpfer warten mit Arno Breker

=Asylanten Straßenkehren beibringen mit Jodokus Lummer

=über Poona alle Vernunft fahren lassen mit Jörg Andrees Elten

=bei Planspielen sich im Atomkrieg Überlebenschancen ausrechnen mit Ronald Reagan

=nach dem Langemann-Prinzip nach Bayern die Bundesrepublik in den Griff kriegen mit Tandler und Strauß

=HEIMWEH

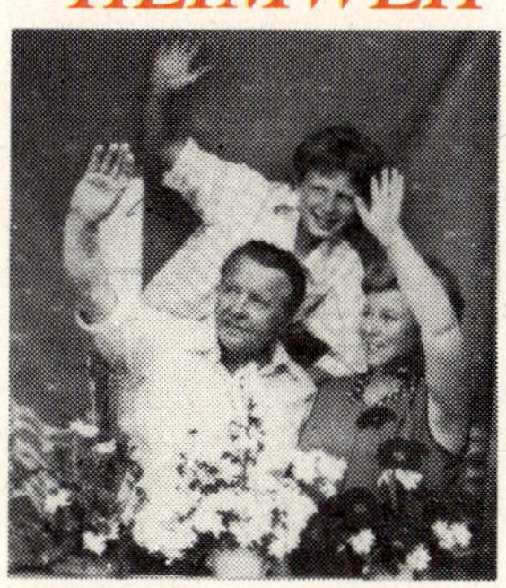

Berlin grüßt Reagan mit Blumen

Froh und dankbar – so wollen die Berliner am Freitag dem amerikanischen Präsidenten Ronald Reagan ein herzliches Willkommen in dieser Stadt bereiten. Der Berliner Bürgerverein hatte die Idee, zum Gruß Blumen in die Fenster zu stellen, um dem hohen Gast und seinen Landsleuten zu zeigen, daß die große Mehrheit der Berliner den USA in Freundschaft verbunden ist. Wie hübsch der Gruß aussehen kann, demonstriert der bekannte Blumenhändler Rühl. Er wählte Blüten in den amerikanischen Sternenbanner-Farben Blau, Weiß, Rot für die Dekoration des Fensters seiner Familie. Eine prächtige Kulisse – die nicht einmal viel kosten muß. (Bitte lesen Sie auch „Berlin grüßt Amerika" auf Seite 7.) Foto: Kasperski

Graf Lambsdorff, Hoffie, Gries, Möllemann, Genscher, Oxfort, Rasch, Scheel, Ertl, Riedl, Carstens, Strauß, Kohl, Stücklen, Dregger, Stoltenberg, Leisler Kiep, Barschel, Tandler, Hasselmann, Kanther, Abelein, Jenninger, Lenz, Wallmann, Spranger, Graf Huyn, Mayer-Vorfelder, Späth, Blüm, Hupka, Laurien, Habsburg, Wohlrabe, Barzel, Stoiber, Lummer, Langemann, Winfried Böhm, Friedrich Zimmermann, Filbinger, Biedenkopf, Stingl, Thatcher, Reagan, Weinberger, Begin, Löwenthal, Springer, Walden, Joachimides, Loewenstern, Paul C. Martin, Gruber, Räuker, Fest, Jürgen Busche, F. K. Fromme, Mühlfenzl, Schönhuber, XY Zimmermann, Dieter Thomas Heck, Lembke, Johannes Gross, Fuchsberger, Kuhlo, Vilain, Schoeck, Ziesel, Grau, Eckes, Bossle, Christa Meves, Steinbuch, Elisabeth Motschmann, Scheuch, Höffner, Bagwan, Mun, Esser, Rodenstock, Brauchitsch, Abs, Ludwig, Friedrich Jahn, Horten, Flick, Springmann, Haverbeck, Schmidt-Kaler, Haußleiter, Roeder, Kühnen, Rudel, Frey, Paul Carell, Irving, Riefenstahl, Breker, Jünger, Luis Trenker, Grzimek, Steingräber, Köhnlechner, Sewering, Heino, Juhnke, Teissier, Buchela, Roberto Blanco, Konsalik, Karajan, Seyppel, Vilar, Noelle-Neumann, Vietor, Konsul Weyer, Seewald, Hermann Neuberger, Jupp Derwall

=ORDNUNG

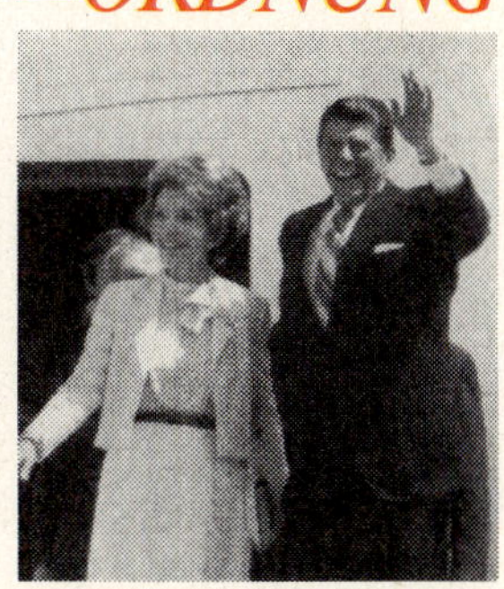

Nancy und Ronald Reagan beim Verlassen der Präsidenten-Maschine „Air Force One" (sie steht im Schatten, die weißen Stellen an Tür und Rumpf werden von der Sonne beschienen). Es handelt sich um eine vierstrahlige Boeing 707-320B, Baujahr 1974. Ausgestattet ist sie mit Arbeits-, Aufenthalts- und Schlafkabinen sowie eigener Bordküche. Die Besatzung besteht aus Luftwaffen-Offizieren. An Bord sprach H. Sidey mit Reagan.

Verklappung, Lichtschranke, Zentralverriegelung, Vernetzung, Terminal, Datenbank, Mikrofilm, Chips, Sammellager, Radarkontrolle, Zielfahndung, Knautschzone, Richtgeschwindigkeit, Teststrecke, Esso, Shell, Landrover, Video, Stereo, Hifi, Kabelpilotprojekt, Radio Luxemburg, Satellit, Bigfon, Codierung, AEG, Wienerwald, McDonalds, Nestlé, Neue Heimat, Wärmepumpe, Erdgas, Computer, Endlagerung, Schneller Brüter, Herbizide, Saurer Regen, Baustopp, Recycling, Einwegflasche, Dünnsäure, Asbest, Pommes frites, Hamburger, Intimspray, Müsli, Nikotin, Polaroid, Boutique, Bestseller, Datei, Unterschriftenautomat, Pershing, Cruise missile, Trident, AWACS, Phantom, Neutronenbombe, Overkill, Killerautomaten, Oktoberfest, Wehrsportgruppe, Asylanten, Türken, Heidelberger Manifest, Neonazis, Terrorismus, Mollie, Mafia, Vermummung, Hausbesetzer, Demo, Todesschuß, Kokain, Hasch, Entziehungskur, Raucherbein, Herzschrittmacher, Organbank, Östrogen, Intensivstation, Gen-Manipulation, Valium, Stress, Krebs, Herpes, Infarkt, Sterbehilfe, Vertrauensbildende Maßnahmen, Hochzins, Röhrenembargo, Abschreibung, Robbenjagd, Mehrwertsteuer, Konjunkturbremse, Preisauftrieb, Trendsetter, Wühltisch, Sperrmüll, Staffelmiete, Sachzwang, Investitionsstau, Arbeitslosenzahlen, Rotstift, Konkursmasse, mittelfristig, Capital, Gold, Leistungsbilanz, Eckwerte, BaföG, Soziales Netz, Strohmann, Ergänzungsabgabe, Nummernkonto, Steuerflucht, Technologietransfer, BILD, Welt, FAZ, National-Zeitung, Neue Bildpost, ZDF-Magazin, Dallas, Momo, Zensur, Mindestumtausch, Transitwege, Kaderast, Swing, Sperrbrecher, Eskalation, Sanierung, Rationalisierung, Automatisierung, Mythos, Gefühl, Selbsterfahrung, Astrologie, Ausgewogenheit, Seele, Ehre, Wende, Hochmut, Würde, Märchen, Insel, Aussteiger, Kälte, Vaterland, Tag der Heimat, Hausfrau, Bischofskonferenz, Larmoyanz, Feeling, Beziehungsprobleme, Partnertausch, Peepshow, Poona, Altötting, Kreuth, Startbahn-West, Brokdorf, Wyhl, Frankenberg, Spendenaffäre, Punk, Beamte, da da da

=ANPASSUNG

1974

Die Kunst der 70er Jahre findet nicht im Saale statt

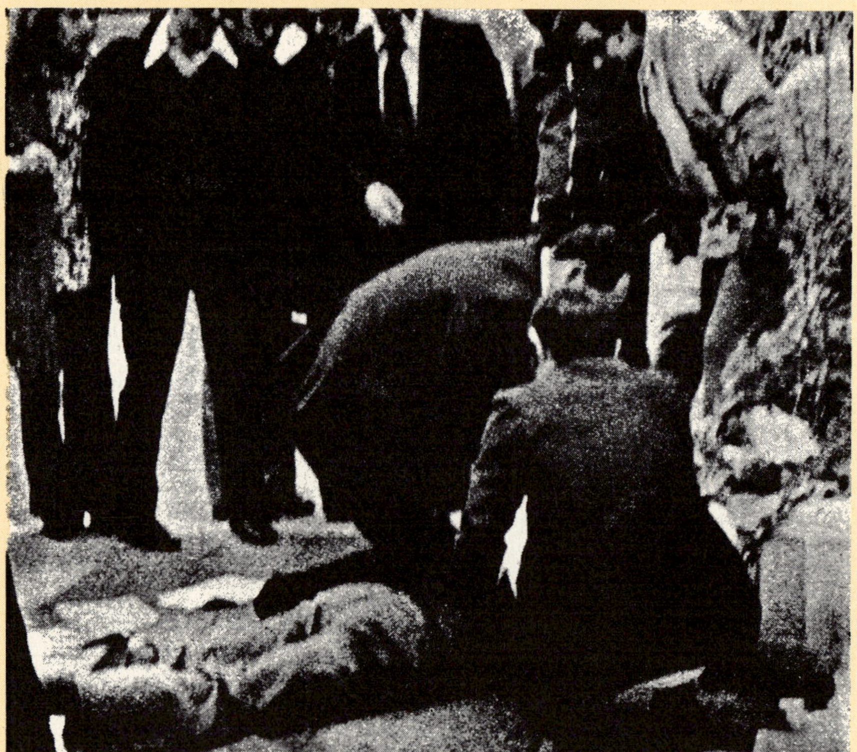

10. Mai 1974, 14.25 Uhr Athen Platz der Verfassung Geheimpolizisten haben den Kölner Schriftsteller und Journalisten Günther Wallraff während einer Flugblattaktion zu Boden geschlagen. Sein Gesicht ist völlig zugeschwollen. Er blutet aus einer klaffenden Wunde am Hinterkopf.

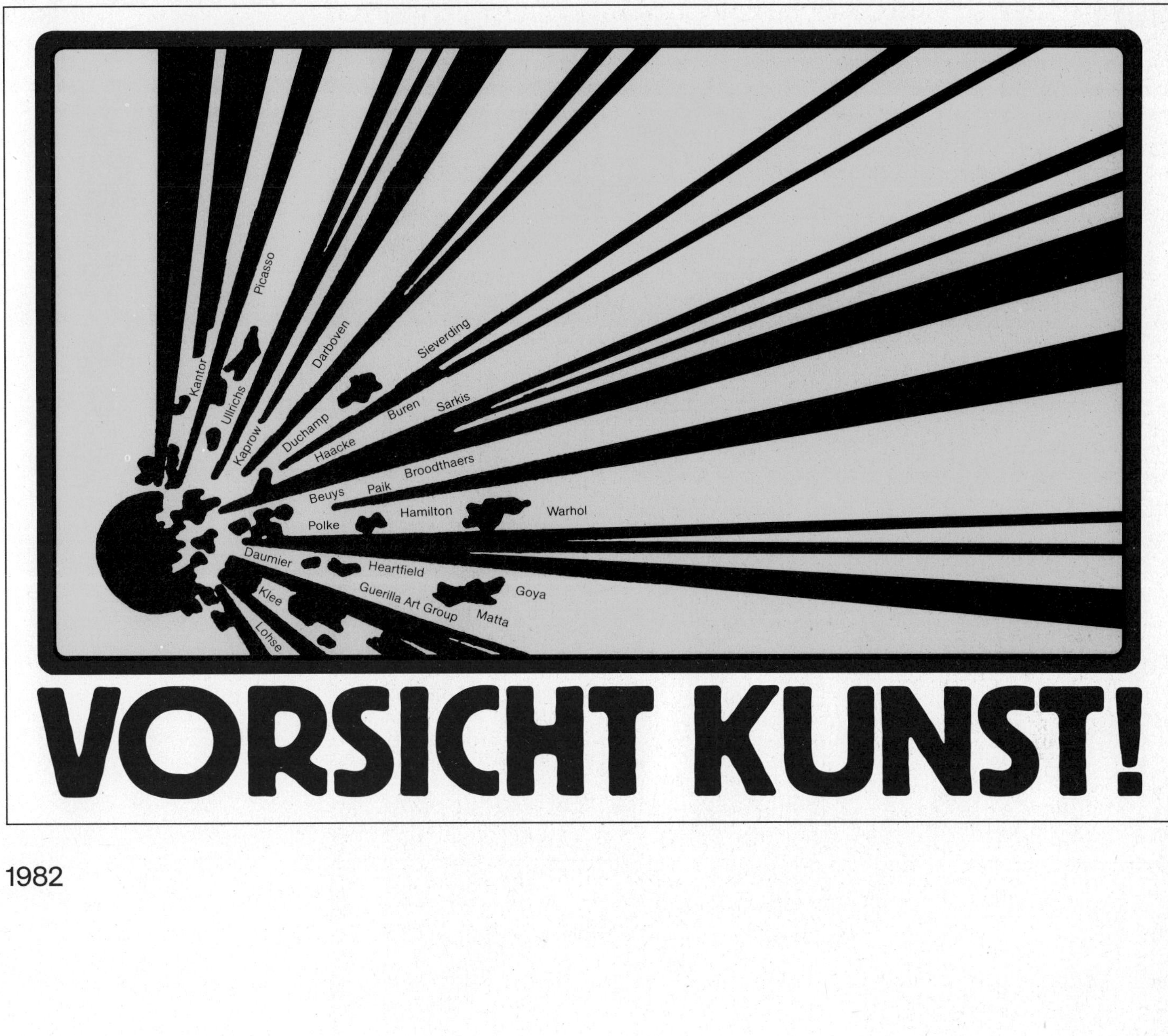
Picasso
Kantor
Ullrichs
Darboven
Sieverding
Kaprow
Duchamp
Buren
Sarkis
Haacke
Broodthaers
Beuys
Paik
Hamilton
Warhol
Polke
Daumier
Heartfield
Goya
Klee
Guerilla Art Group
Matta
Lohse
VORSICHT KUNST!

1982

1977

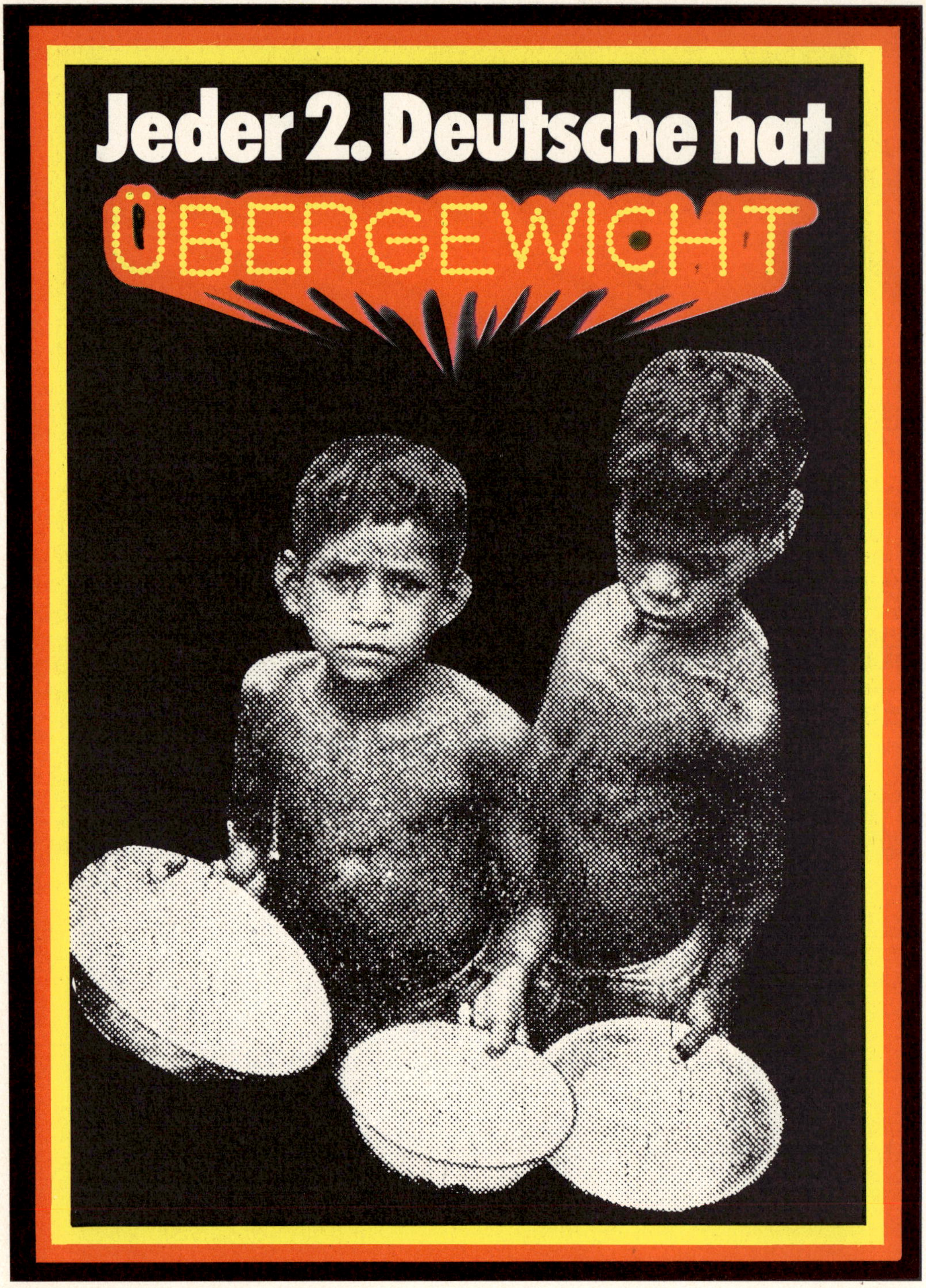

1979

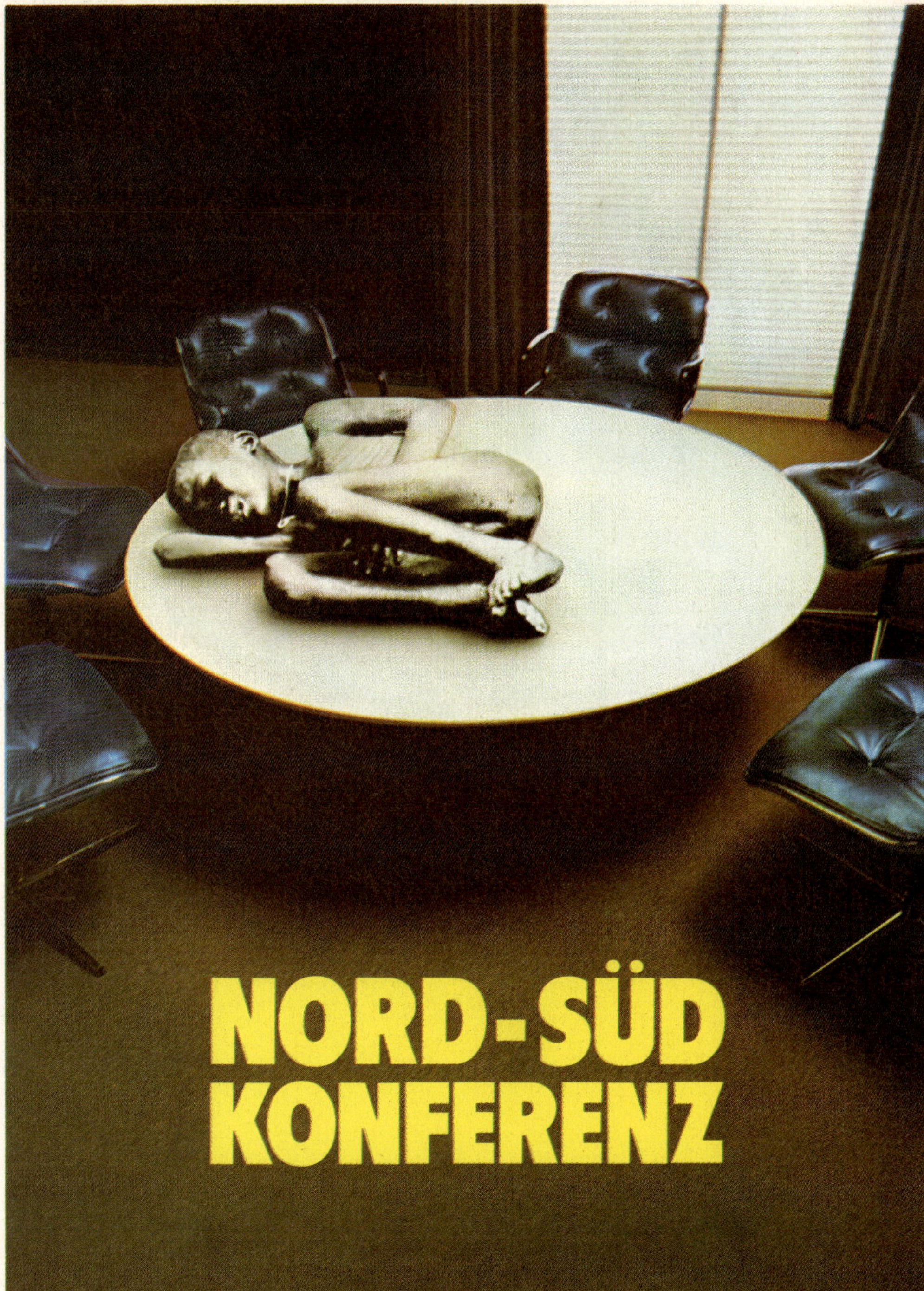

1971

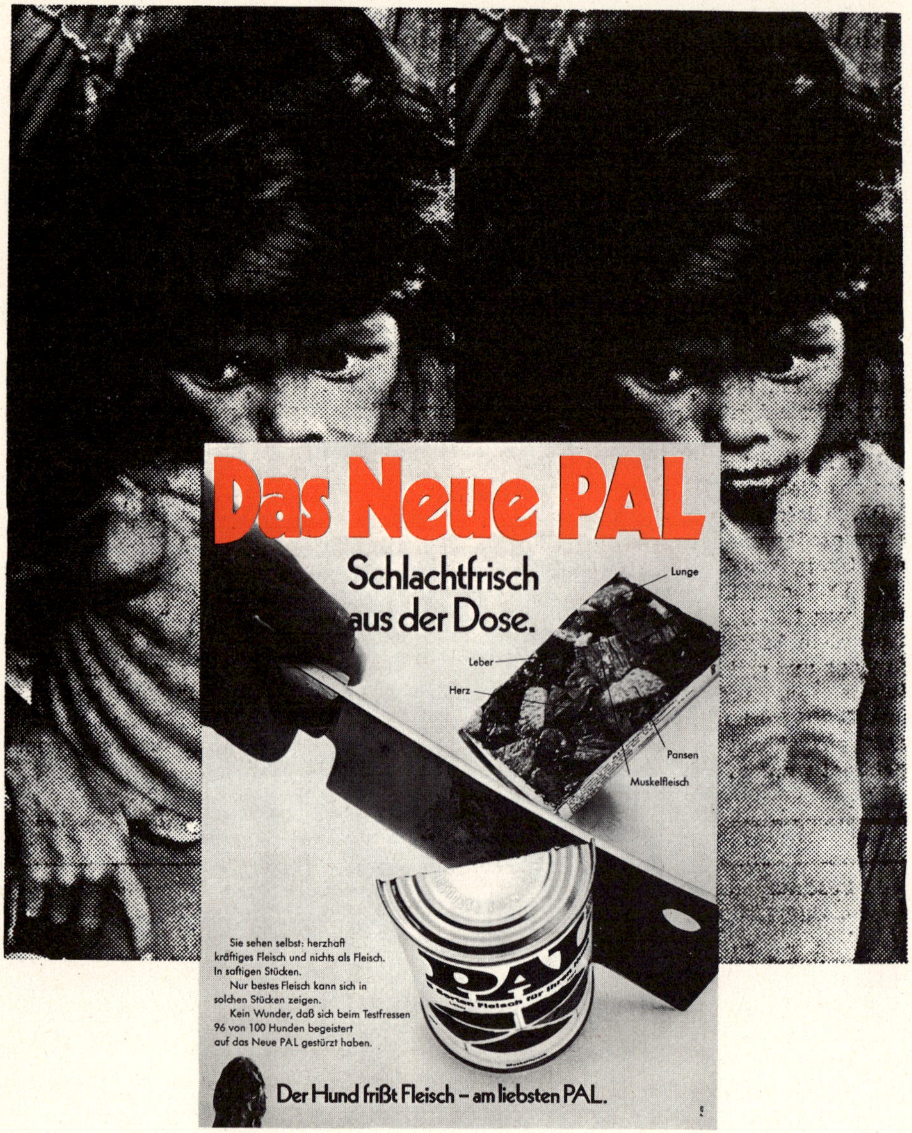
Das Neue PAL
Schlachtfrisch aus der Dose.
Lunge
Leber
Herz
Pansen
Muskelfleisch
Sie sehen selbst: herzhaft kräftiges Fleisch und nichts als Fleisch. In saftigen Stücken.
Nur bestes Fleisch kann sich in solchen Stücken zeigen.
Kein Wunder, daß sich beim Testfressen 96 von 100 Hunden begeistert auf das Neue PAL gestürzt haben.
Der Hund frißt Fleisch – am liebsten PAL.

1983

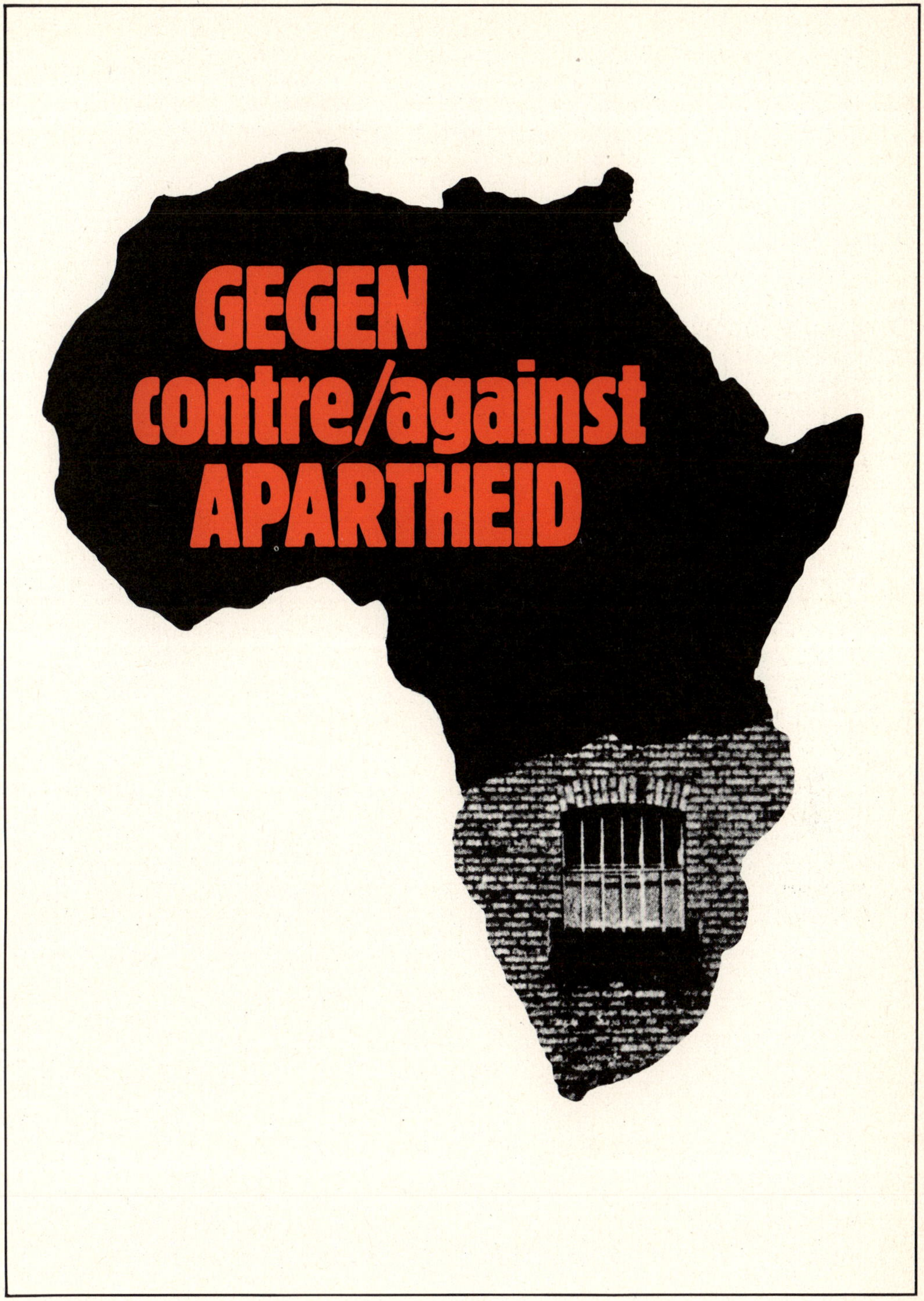

1982

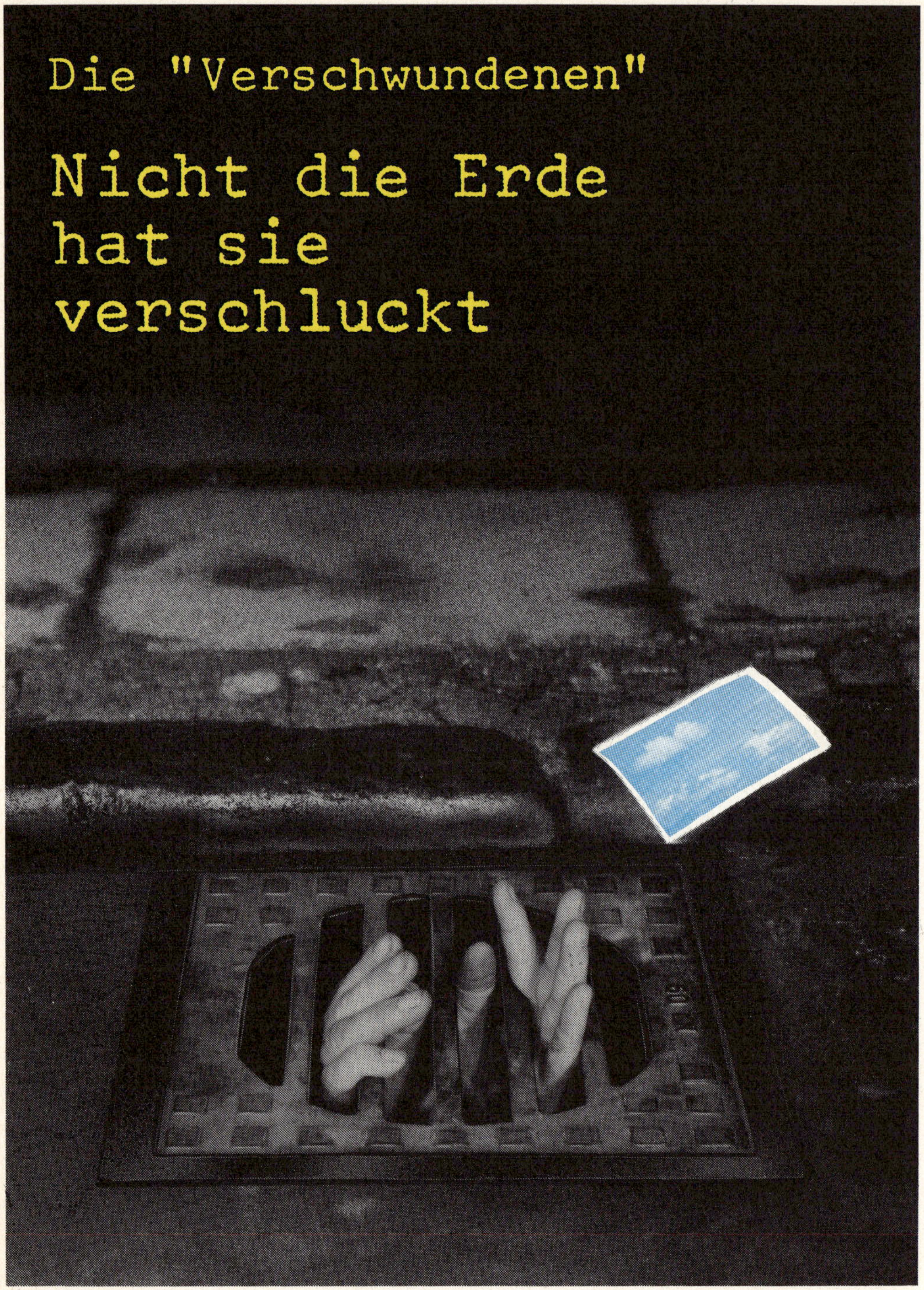

1983

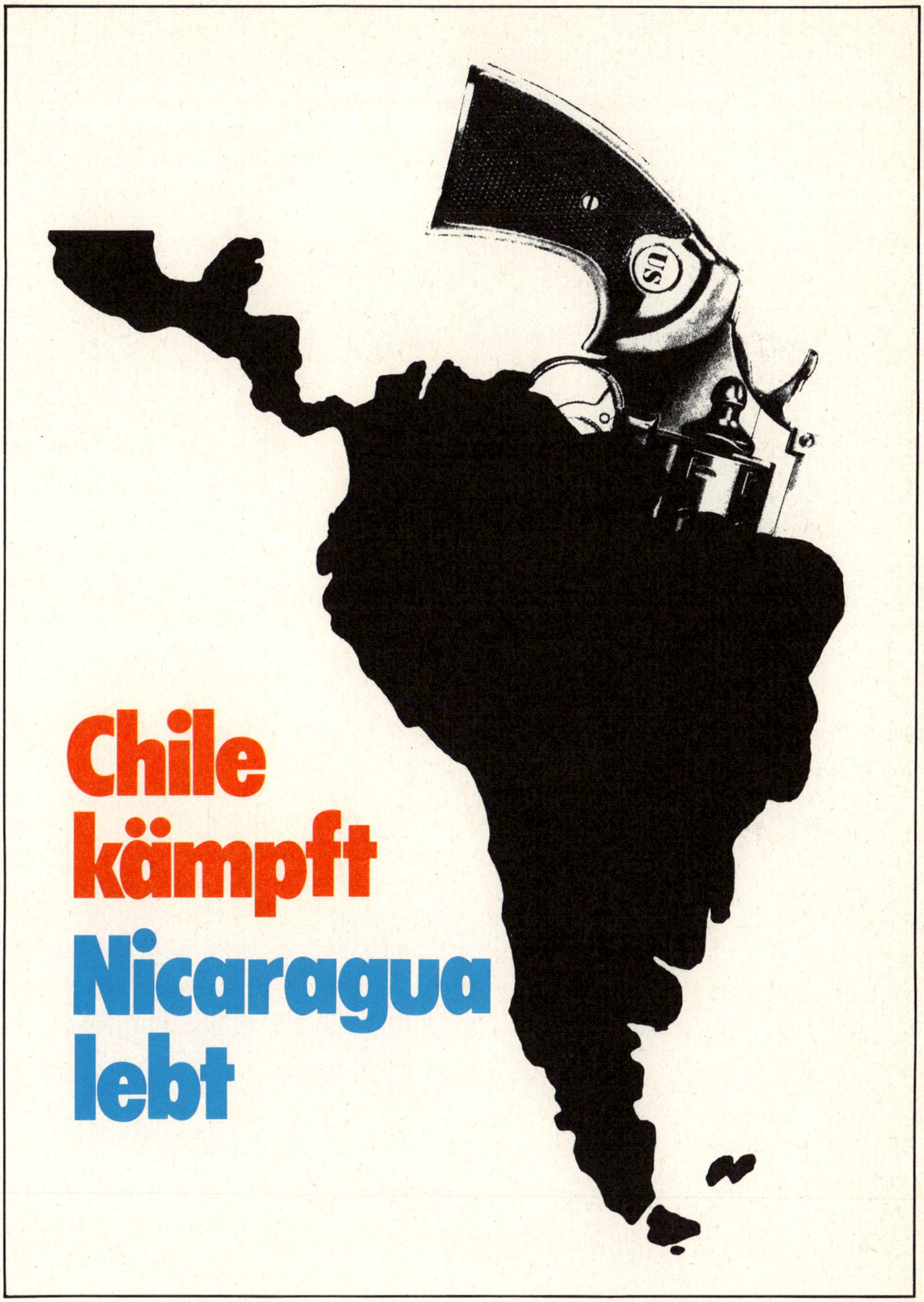

1973

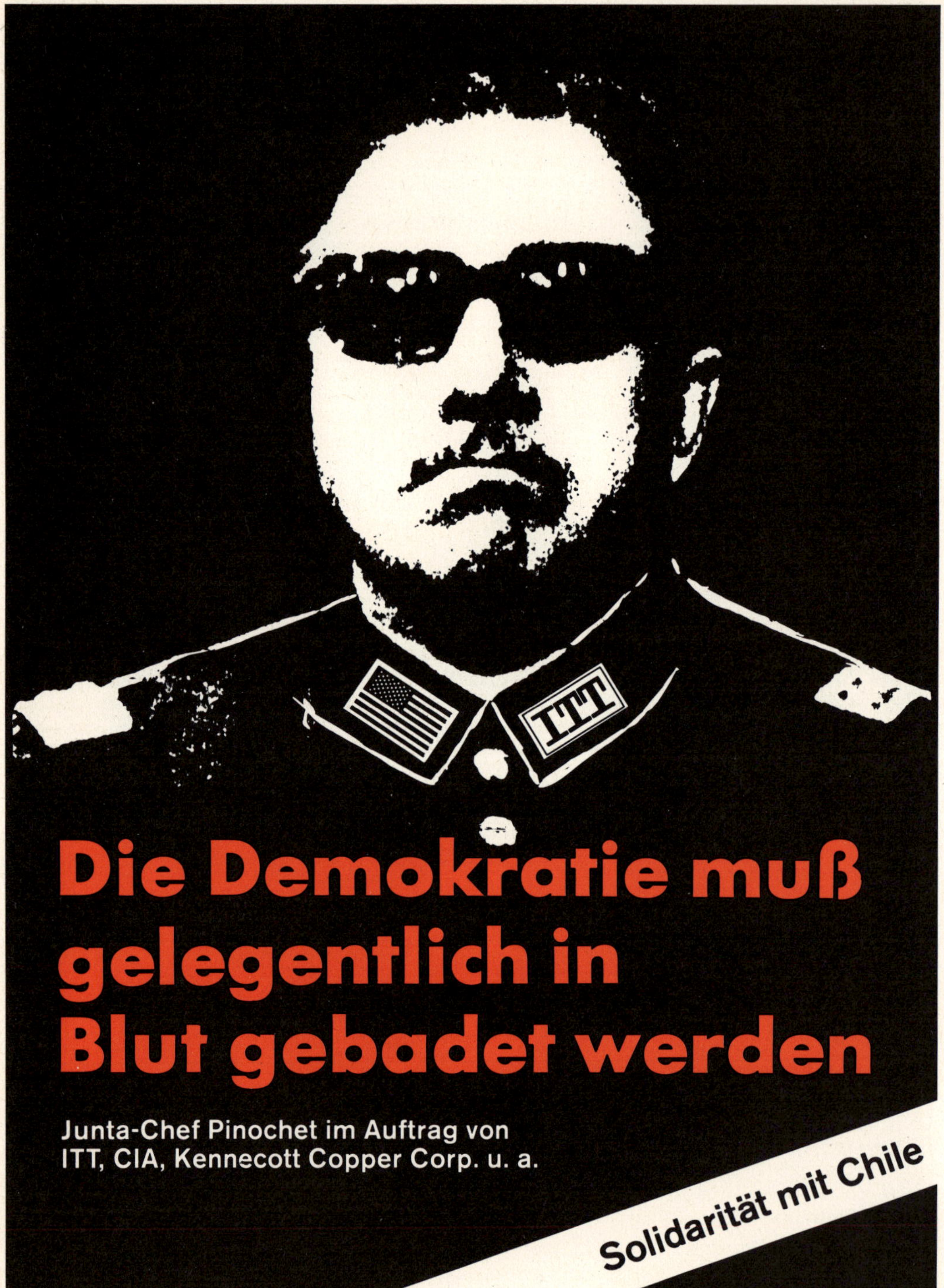
ITT
Die Demokratie muß gelegentlich in Blut gebadet werden
Junta-Chef Pinochet im Auftrag von
ITT, CIA, Kennecott Copper Corp. u. a.
Solidarität mit Chile

1976

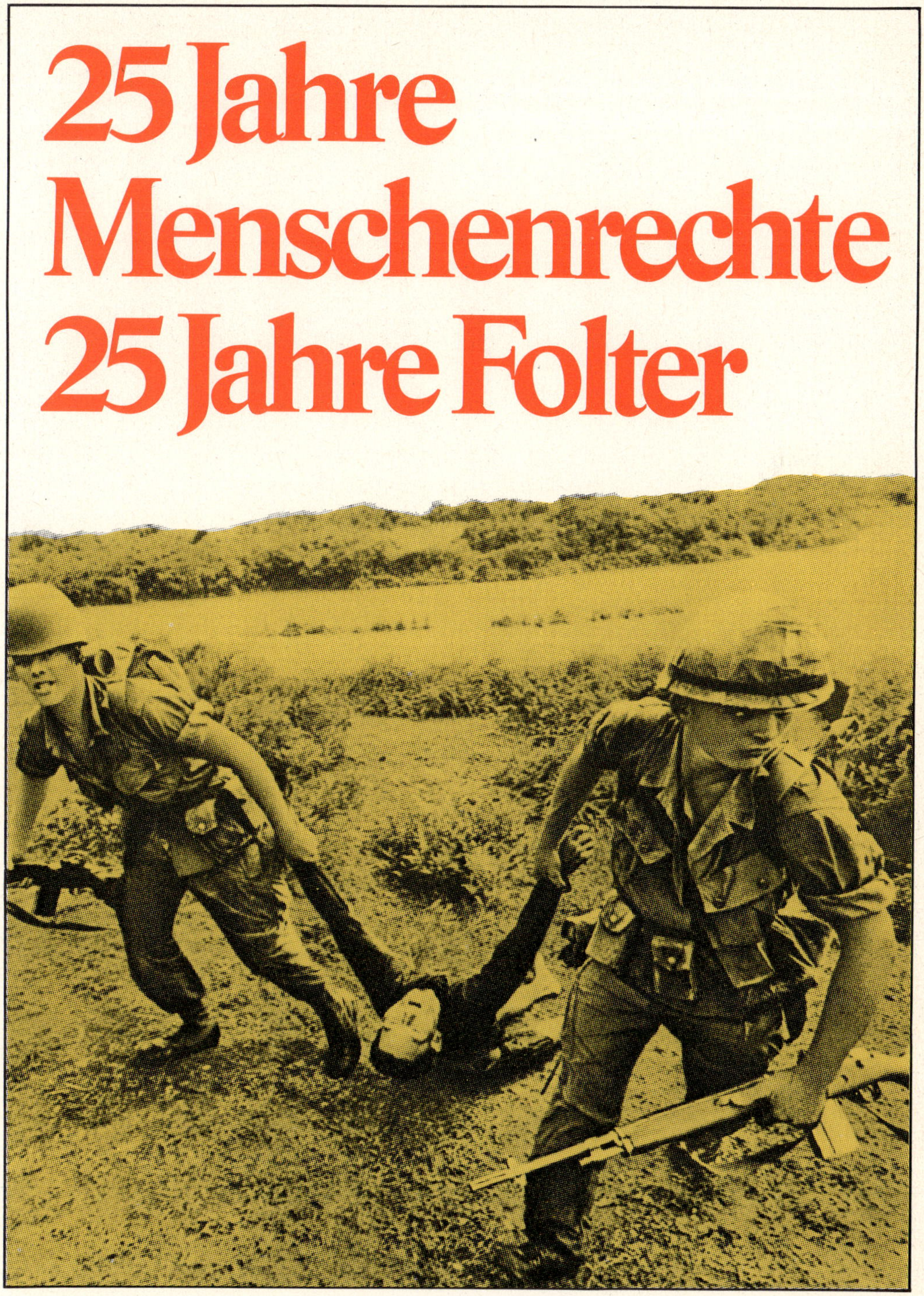

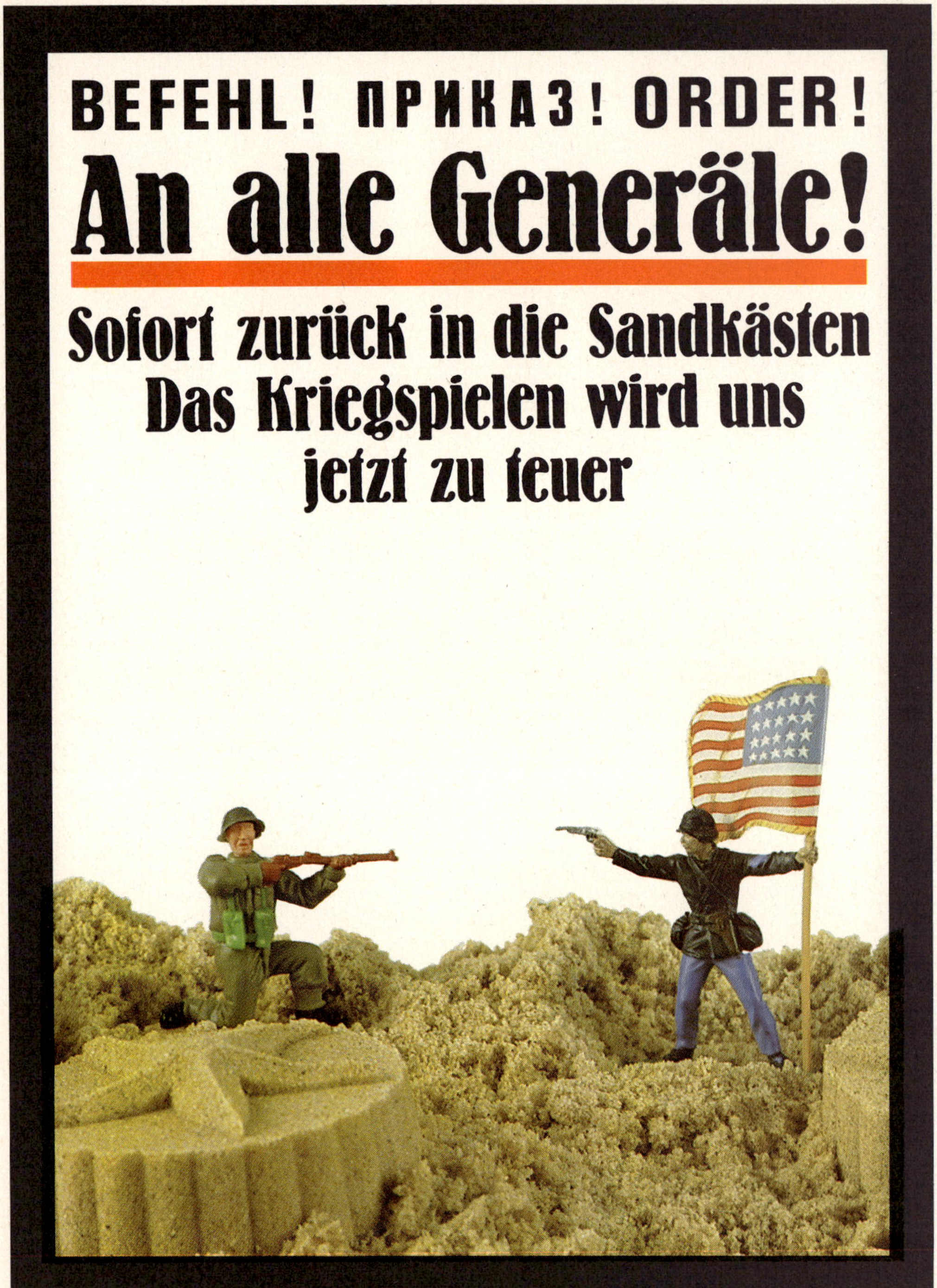
BEFEHL! ПРИКАЗ! ORDER!
An alle Generäle!
Sofort zurück in die Sandkästen
Das Kriegspielen wird uns
jetzt zu teuer

1981

1982

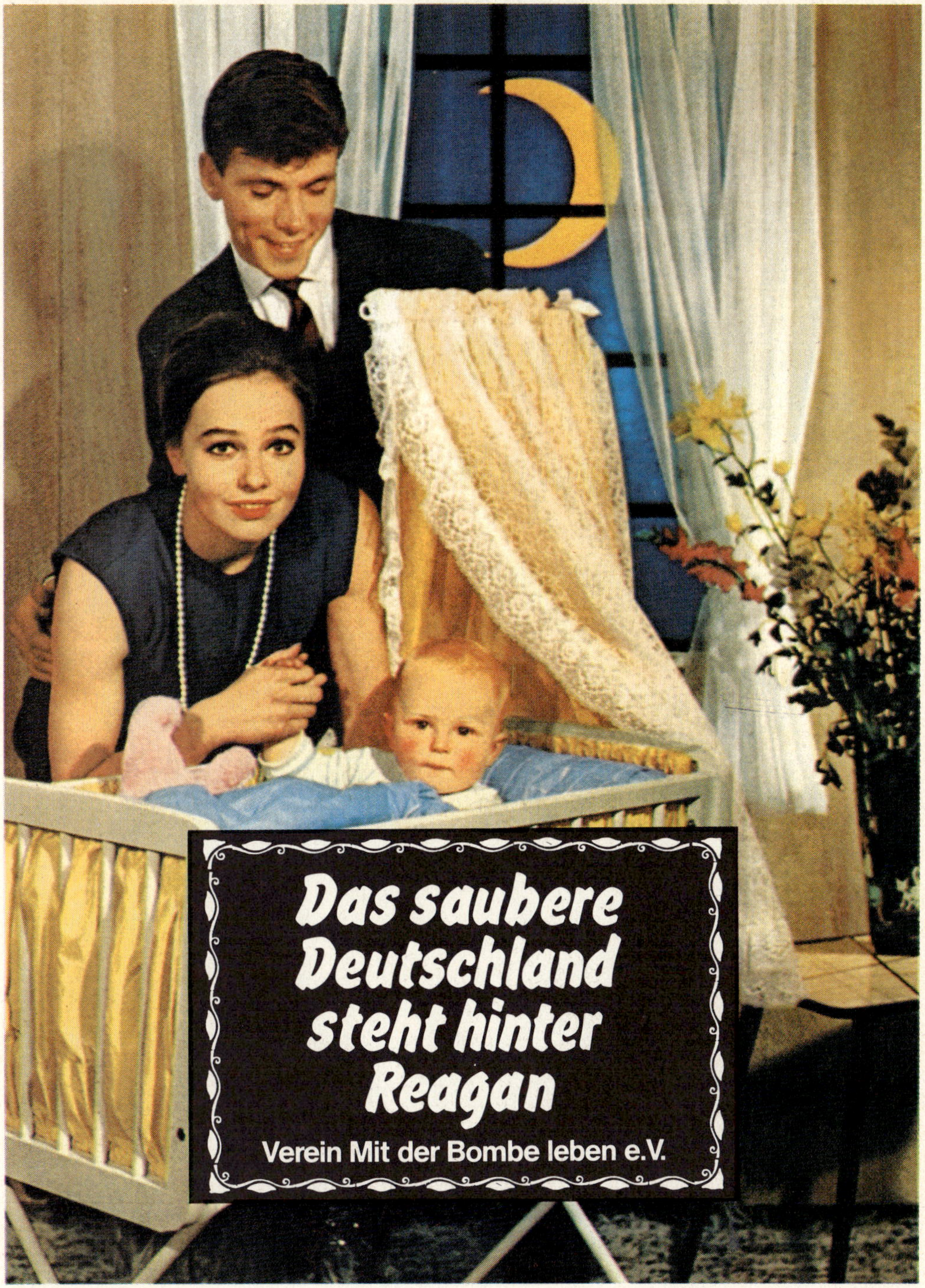
Das saubere Deutschland steht hinter Reagan
Verein Mit der Bombe leben e.V.

1983

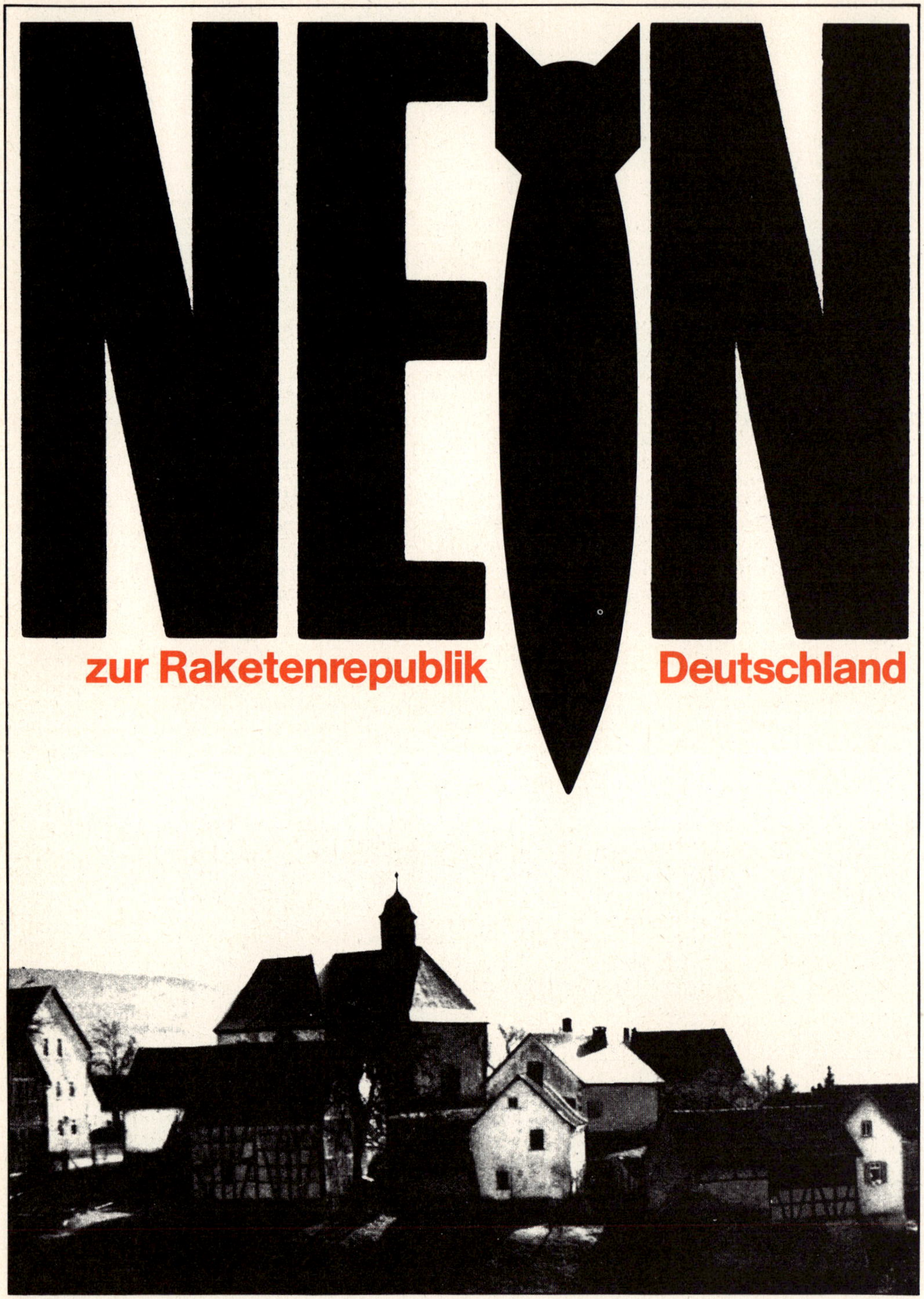

1977

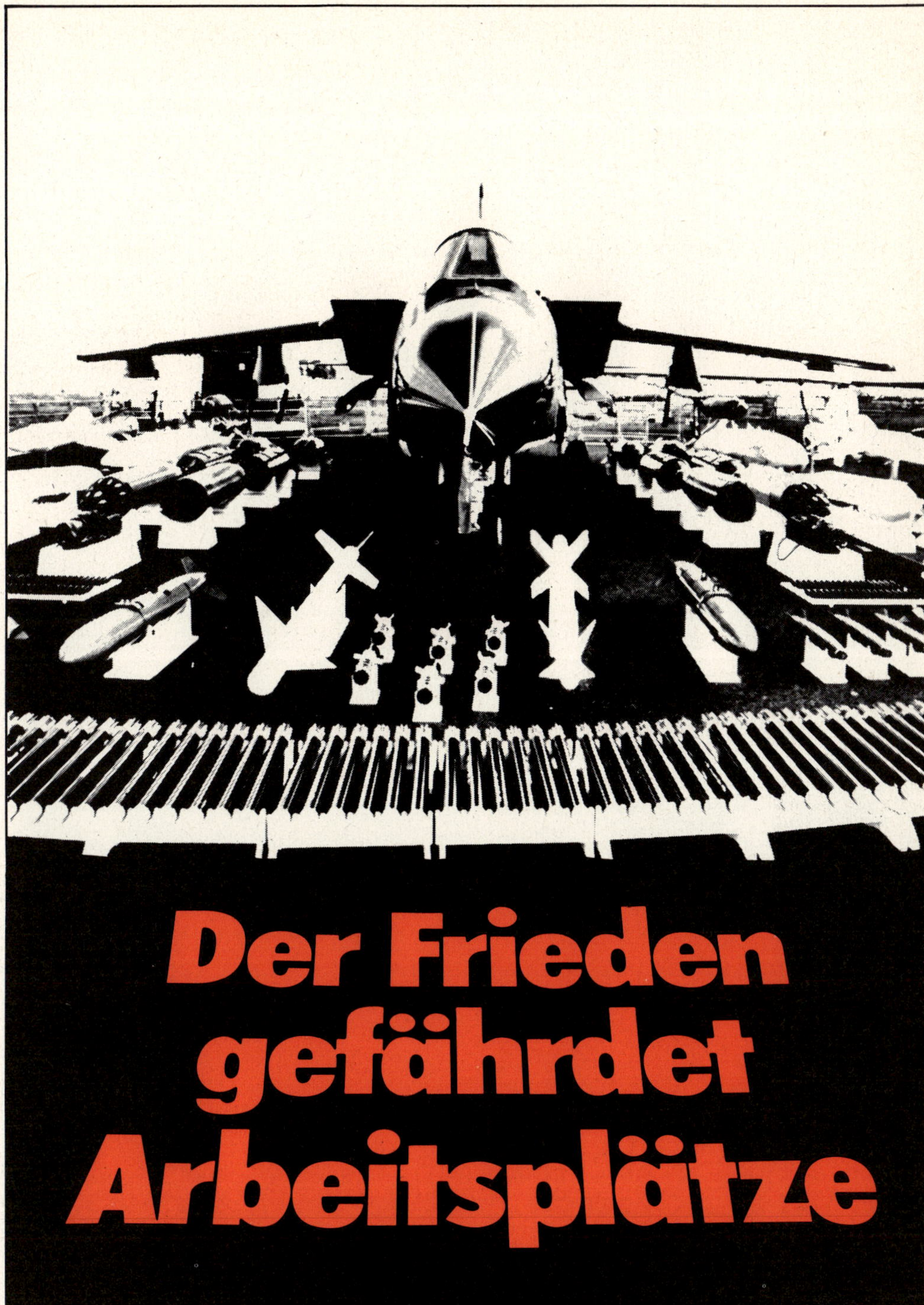

1981

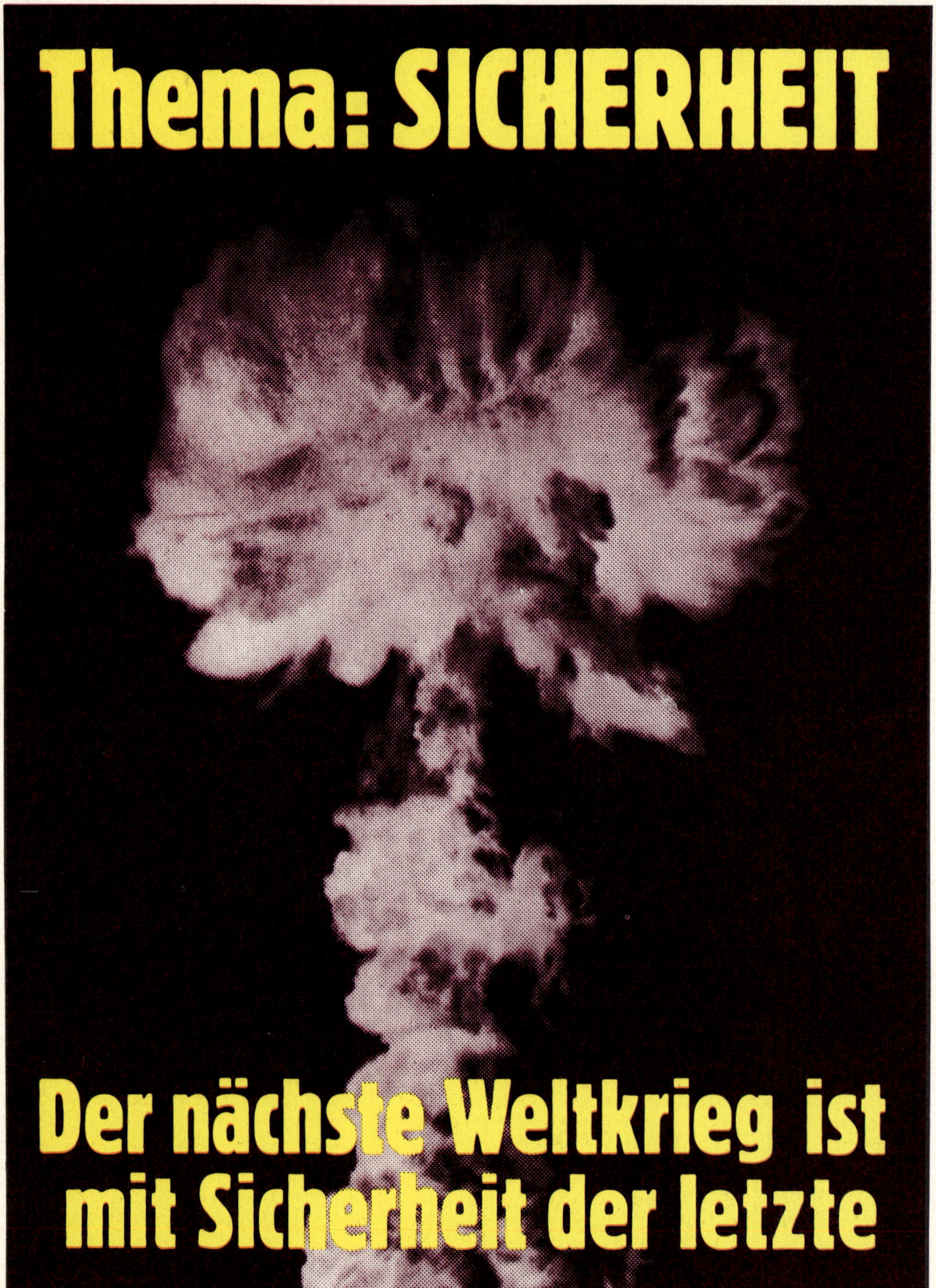
Thema: SICHERHEIT
Der nächste Weltkrieg ist
mit Sicherheit der letzte

1981

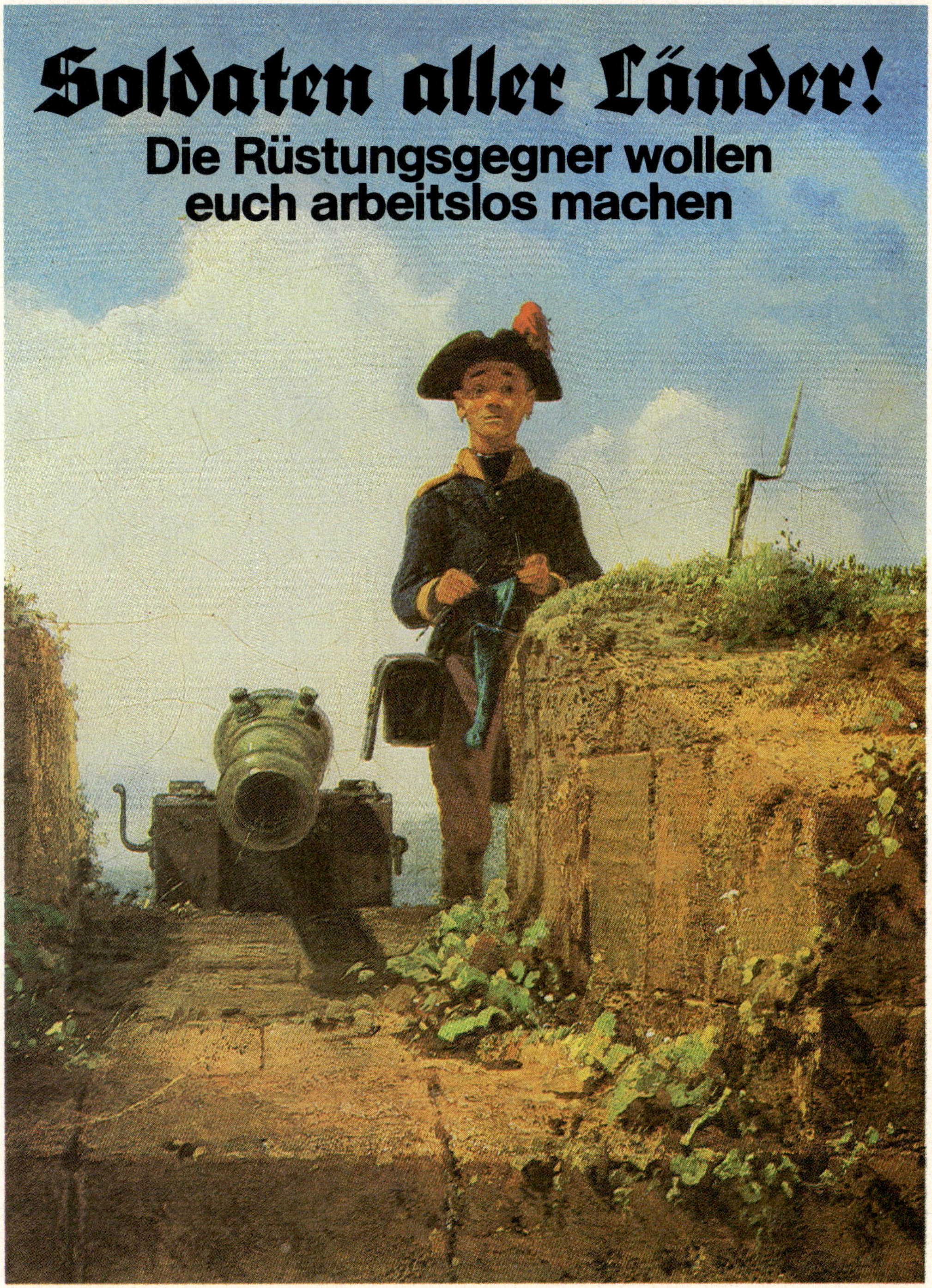
Soldaten aller Länder!
Die Rüstungsgegner wollen
euch arbeitslos machen

1981

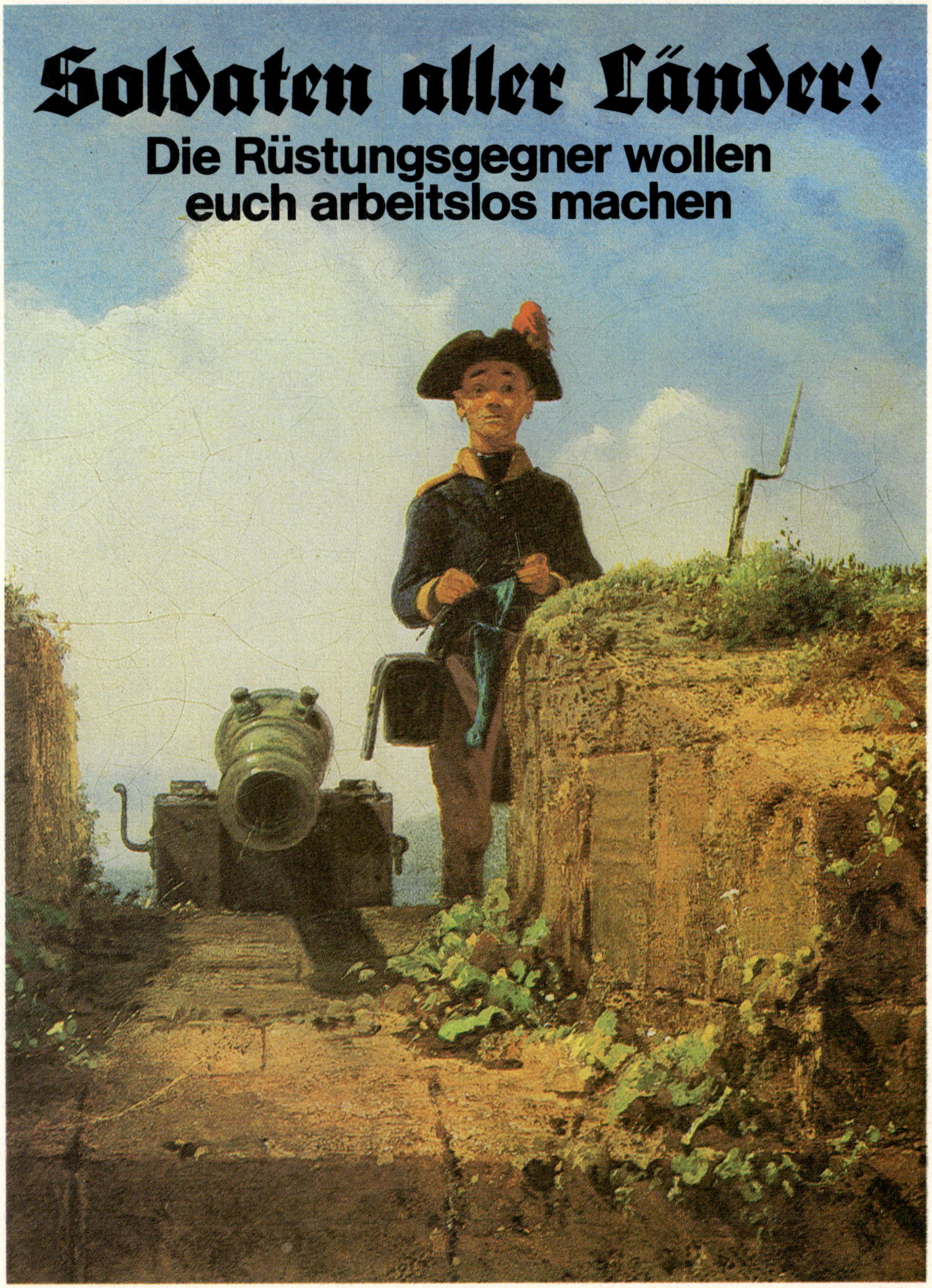
Soldaten aller Länder!
Die Rüstungsgegner wollen
euch arbeitslos machen

1981

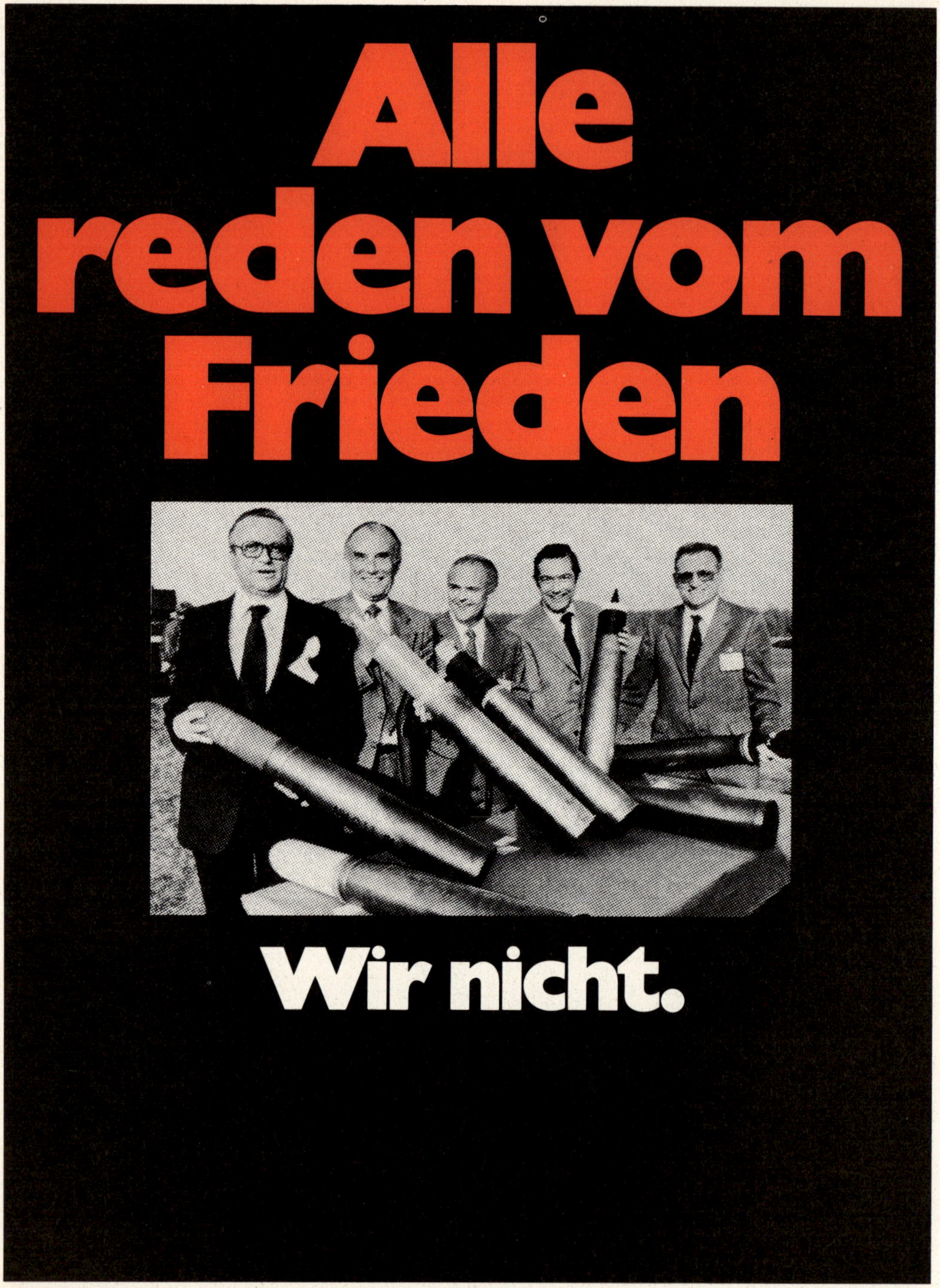

Zweckverband der Rüstungsindustrie

1981

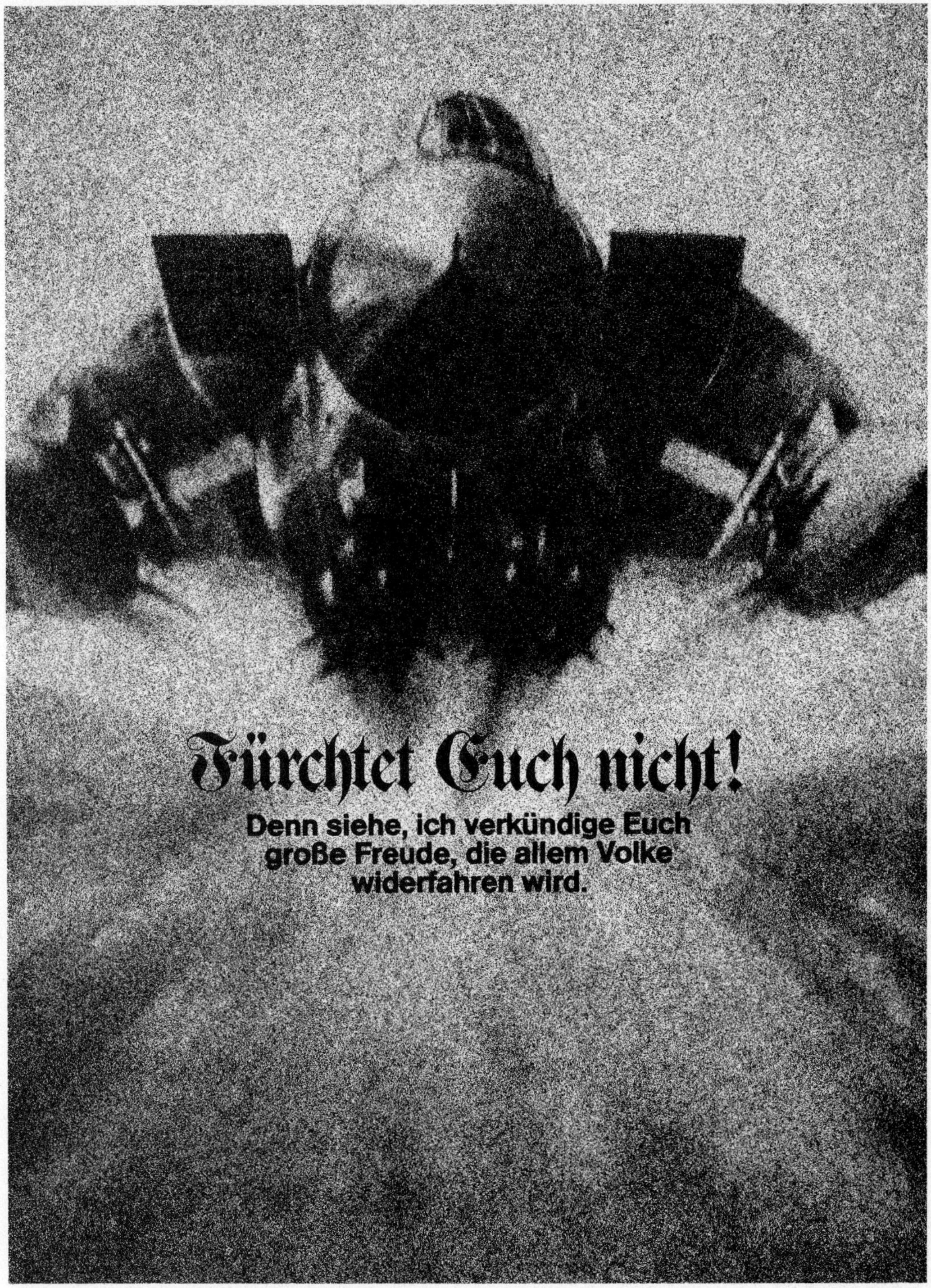
Fürchtet Euch nicht!
Denn siehe, ich verkündige Euch große Freude, die allem Volke widerfahren wird.

1983

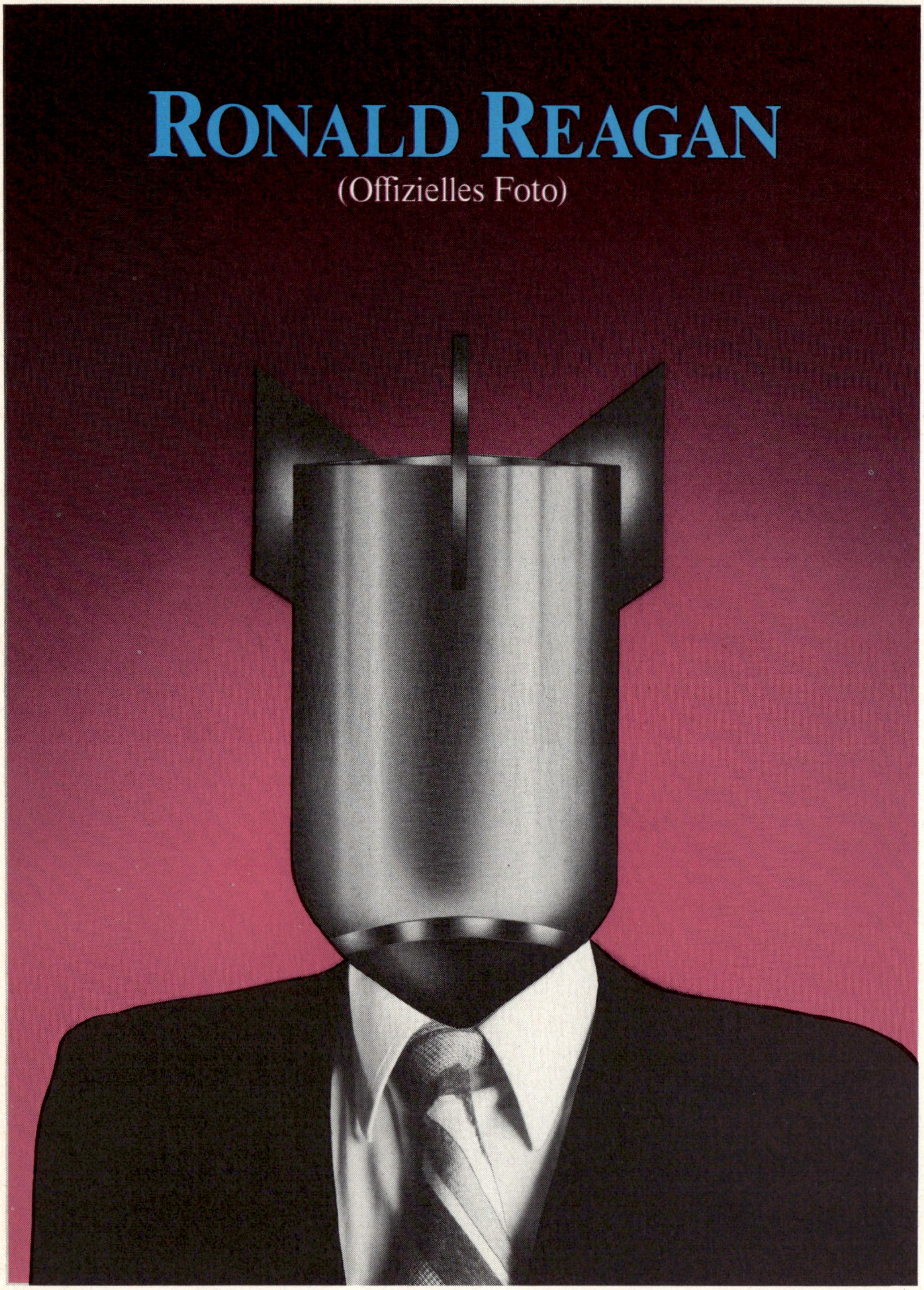

1982

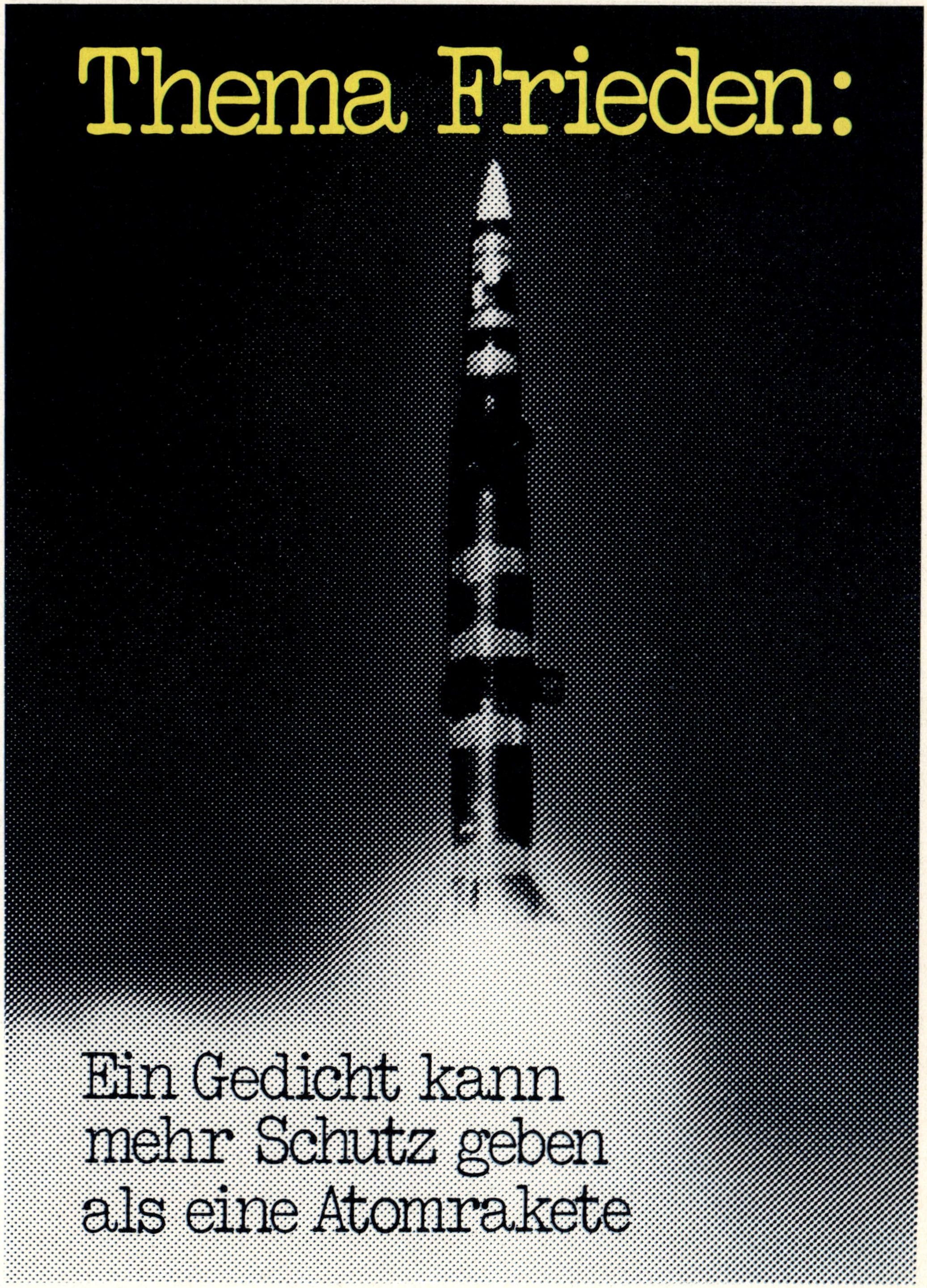
Thema Frieden:
Ein Gedicht kann
mehr Schutz geben
als eine Atomrakete

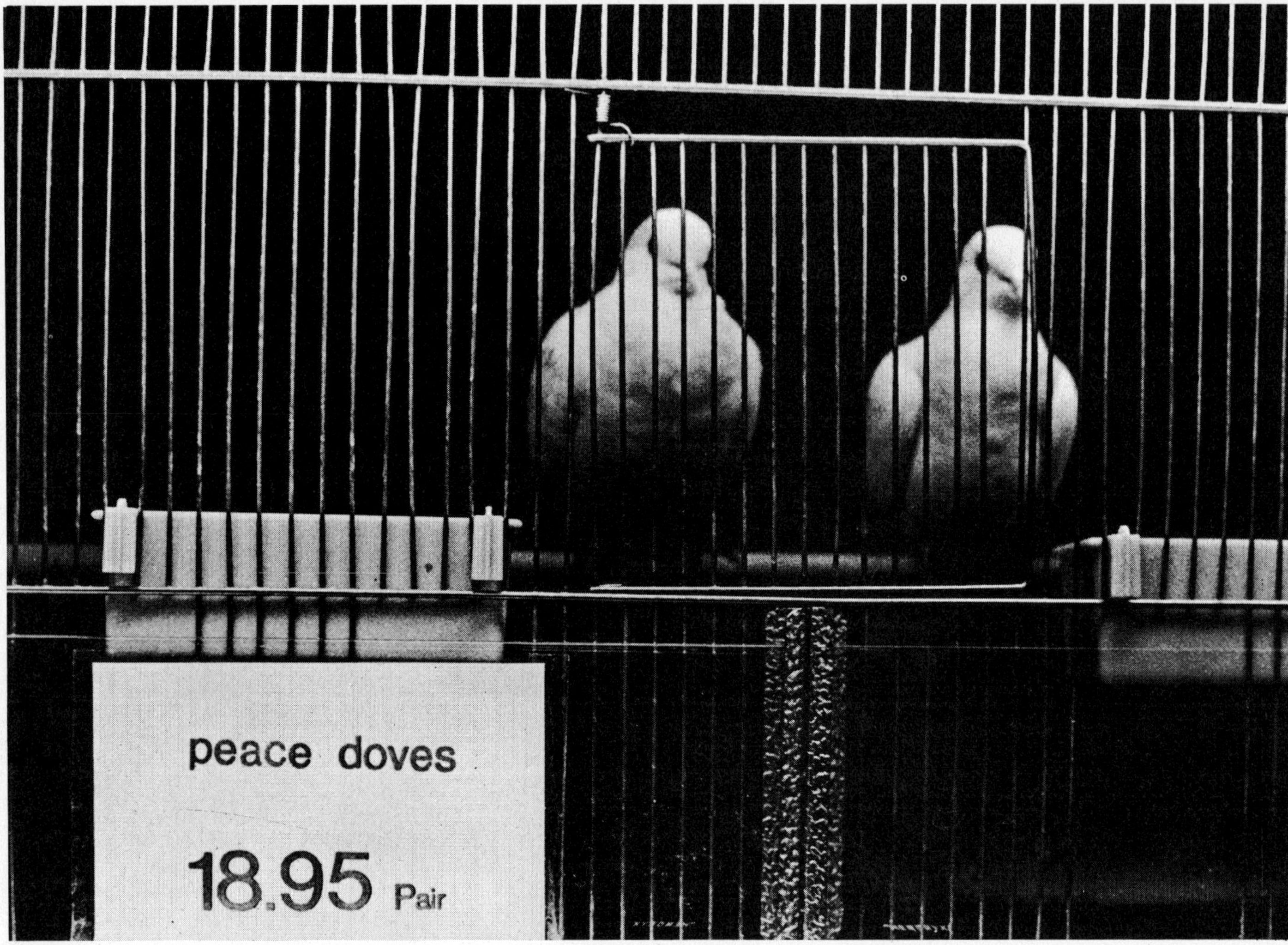

1975

1979

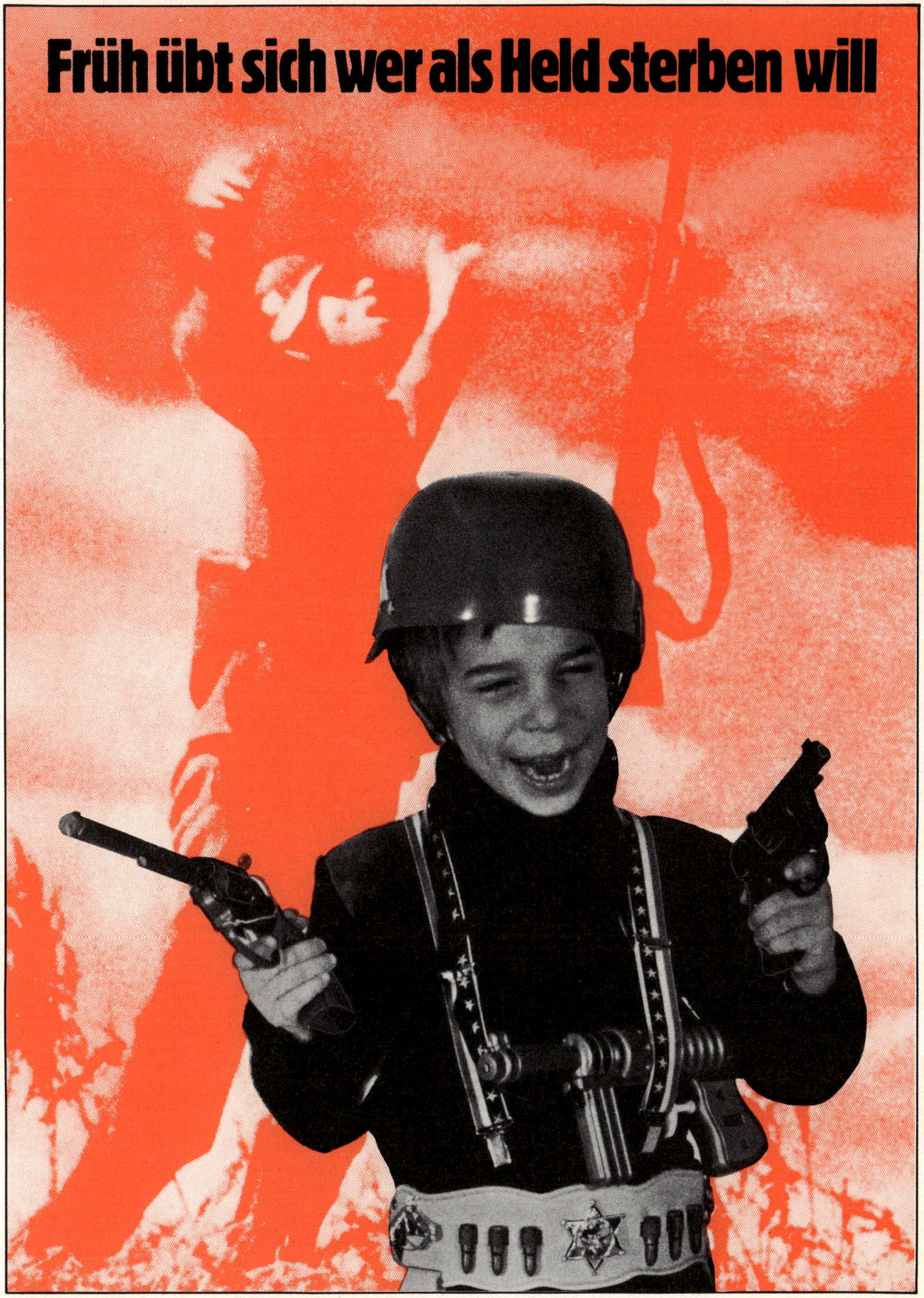

1978

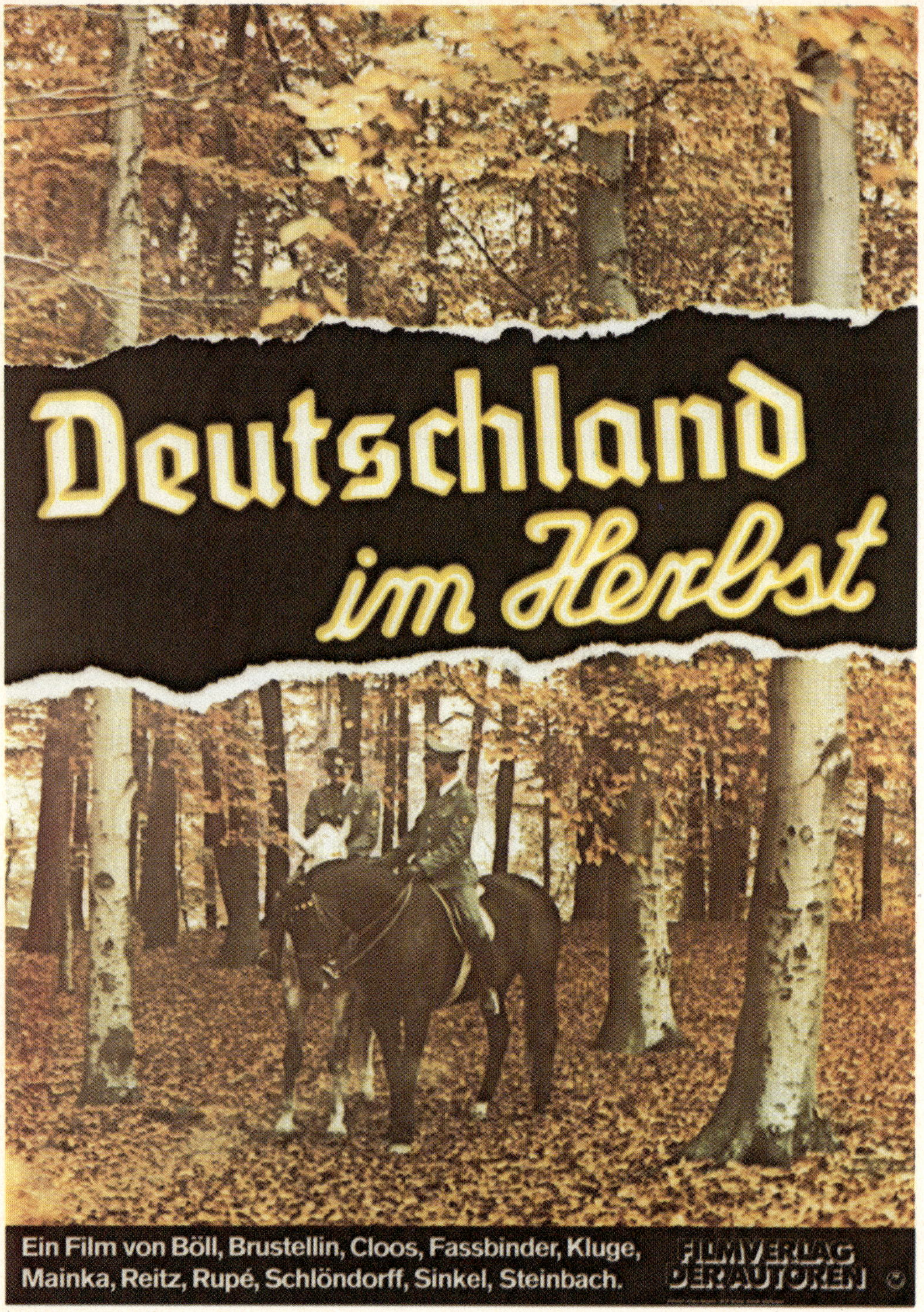
Deutschland
im Herbst
Ein Film von Böll, Brustellin, Cloos, Fassbinder, Kluge, Mainka, Reitz, Rupé, Schlöndorff, Sinkel, Steinbach.
FILMVERLAG DER AUTOREN

1980

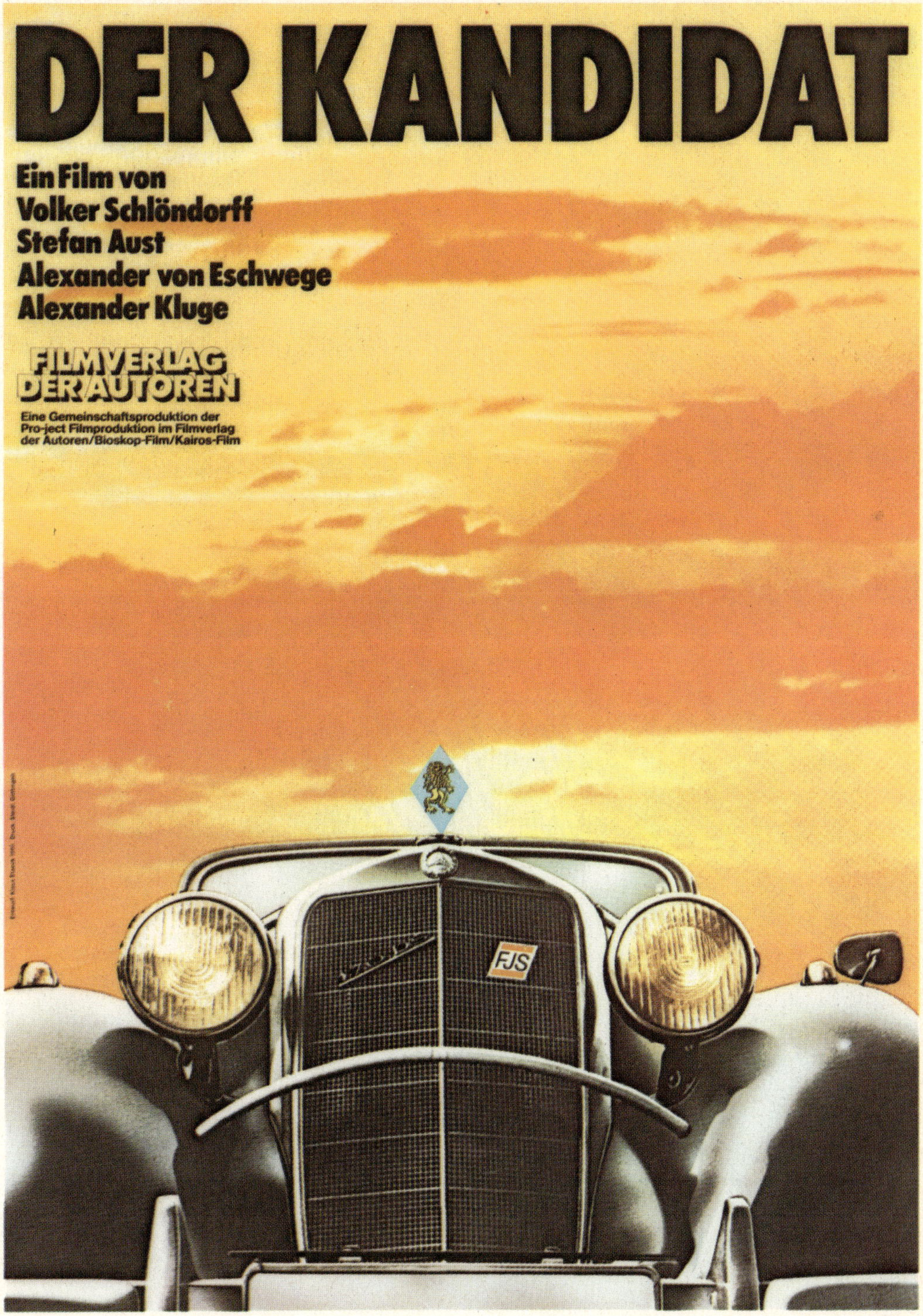
DER KANDIDAT
Ein Film von
Volker Schlöndorff
Stefan Aust
Alexander von Eschwege
Alexander Kluge
FILMVERLAG DER AUTOREN
Eine Gemeinschaftsproduktion der
Pro-ject Filmproduktion im Filmverlag
der Autoren/Bioskop-Film/Kairos-Film
FJS

1981

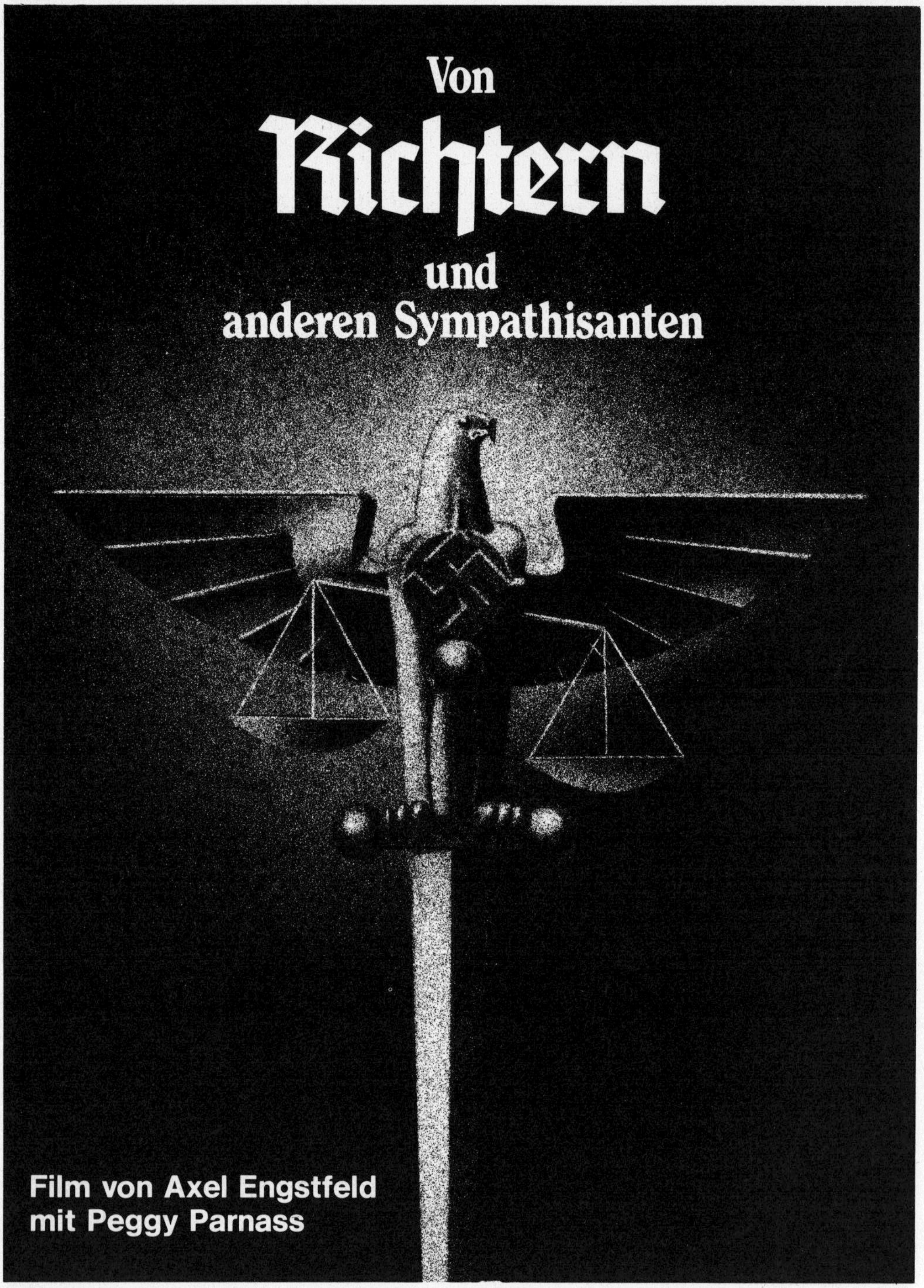
Von
Richtern
und
anderen Sympathisanten
Film von Axel Engstfeld
mit Peggy Parnass

1977

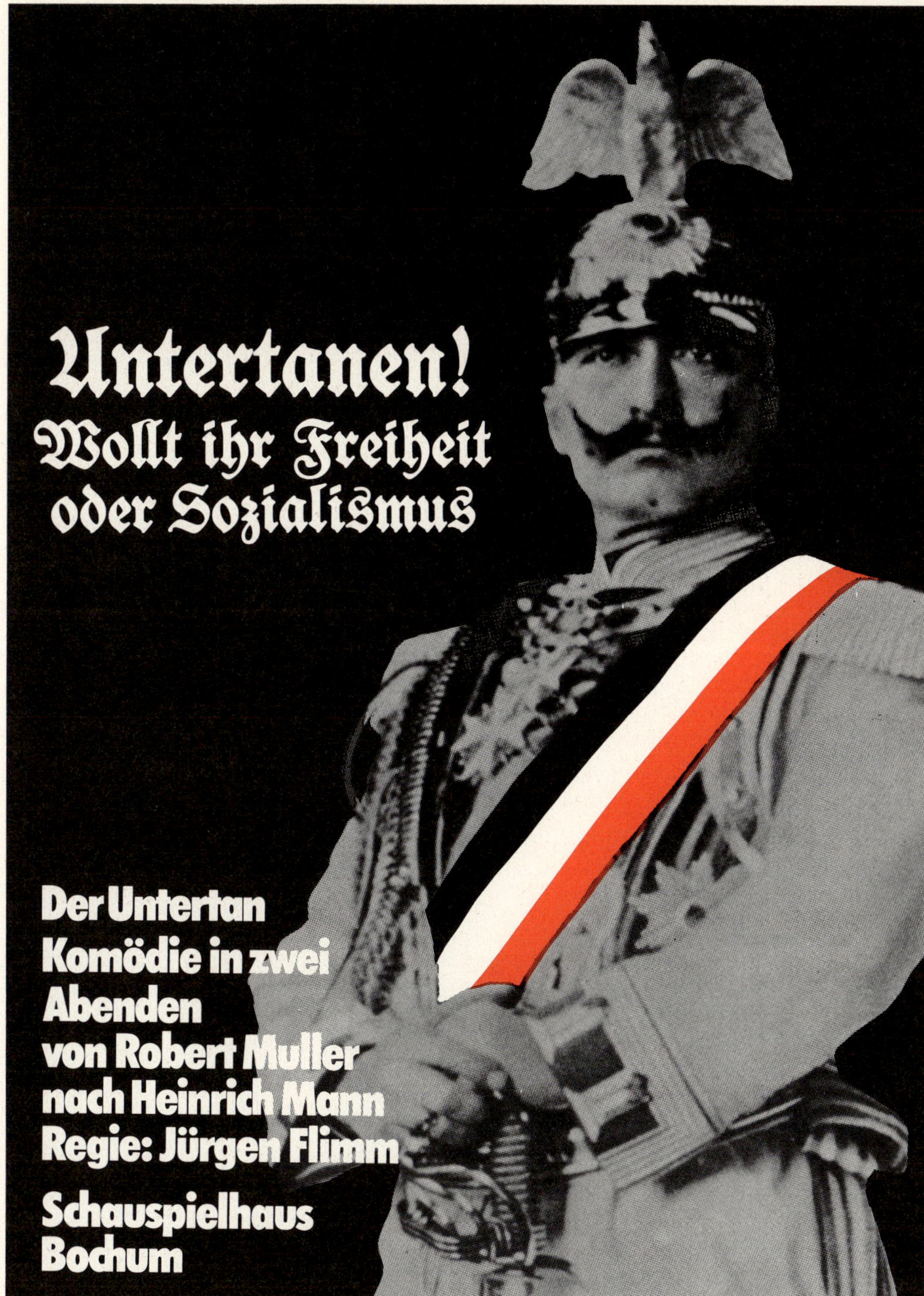
Untertanen!
Wollt ihr Freiheit
oder Sozialismus
Der Untertan
Komödie in zwei
Abenden
von Robert Muller
nach Heinrich Mann
Regie: Jürgen Flimm
Schauspielhaus
Bochum

1983

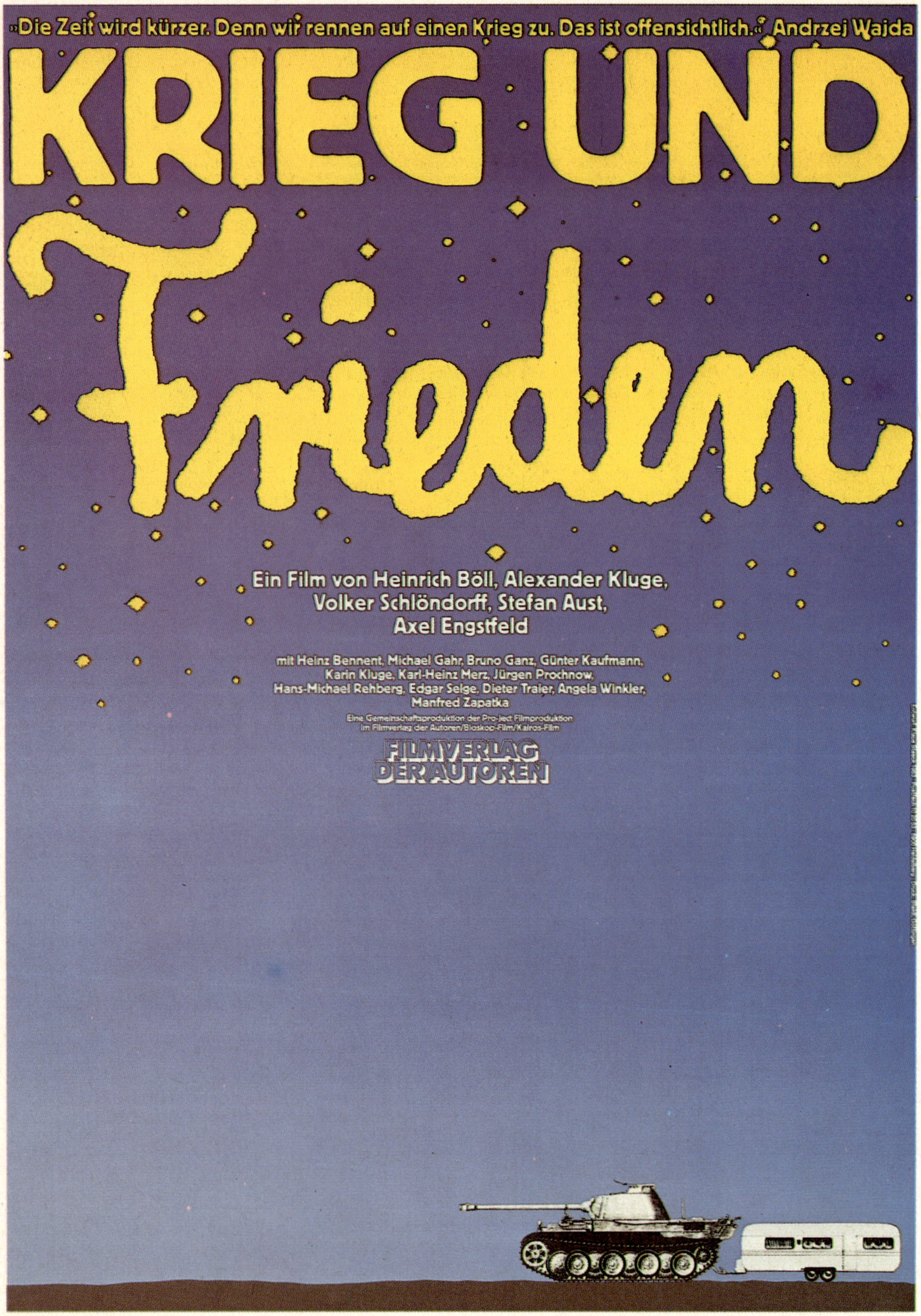
»Die Zeit wird kürzer. Denn wir rennen auf einen Krieg zu. Das ist offensichtlich.« Andrzej Wajda
KRIEG UND
Frieden
Ein Film von Heinrich Böll, Alexander Kluge, Volker Schlöndorff, Stefan Aust, Axel Engstfeld
mit Heinz Bennent, Michael Gahr, Bruno Ganz, Günter Kaufmann, Karin Kluge, Karl-Heinz Merz, Jürgen Prochnow, Hans-Michael Rehberg, Edgar Selge, Dieter Traier, Angela Winkler, Manfred Zapatka
Eine Gemeinschaftsproduktion der Pro-ject Filmproduktion im Filmverlag der Autoren/Bioskop-Film/Kairos-Film
FILMVERLAG DER AUTOREN

1984

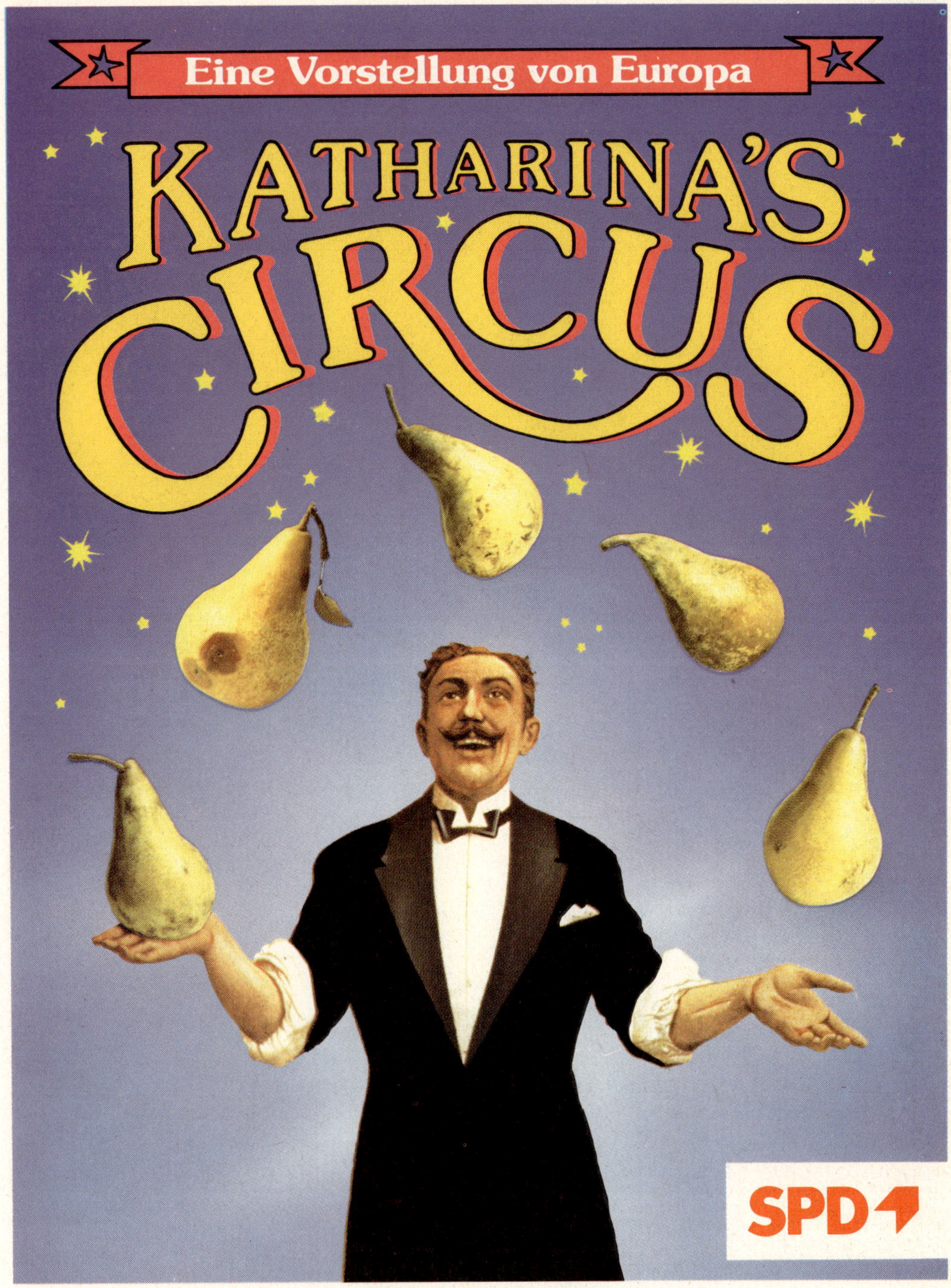

1973

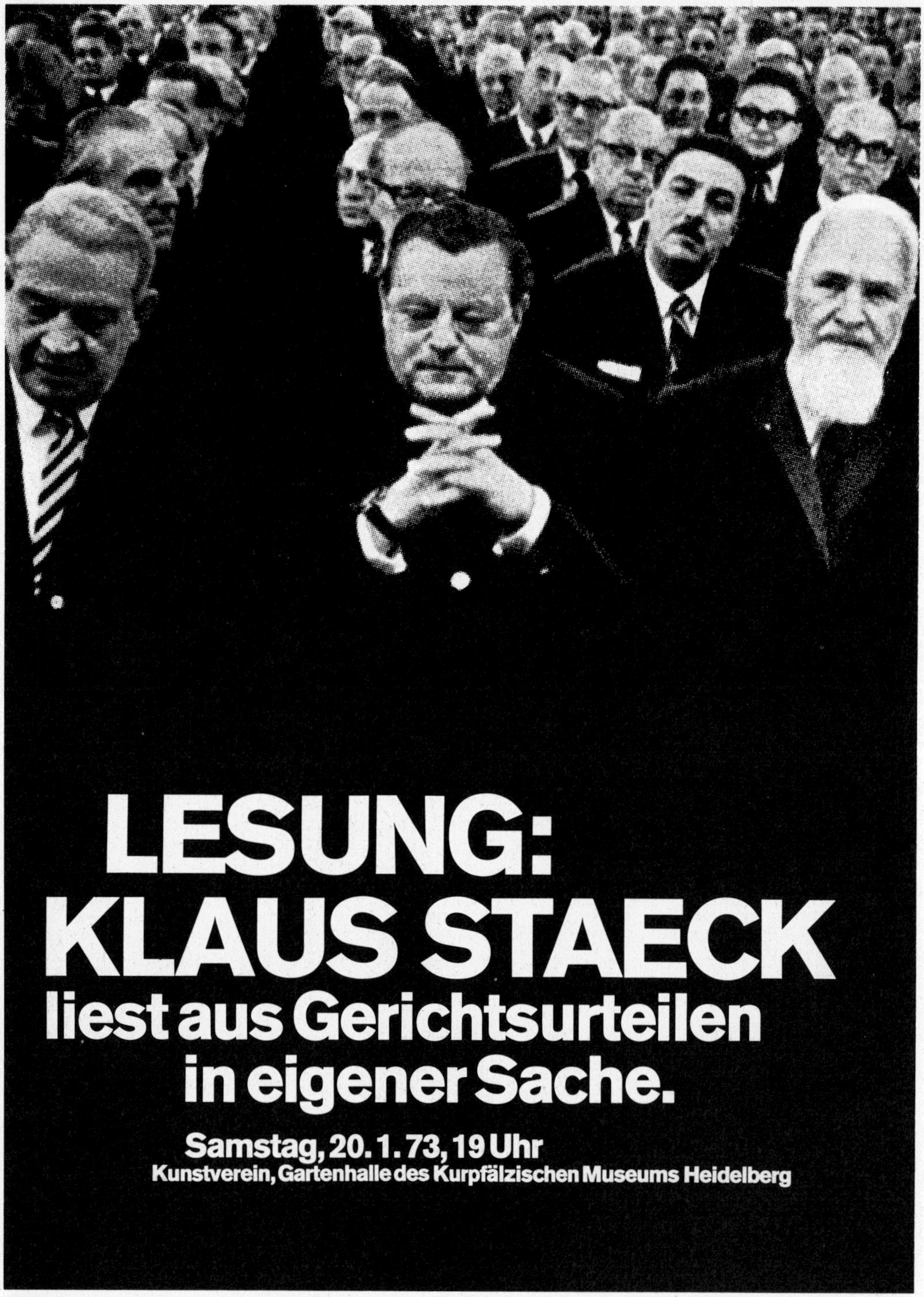
LESUNG:
KLAUS STAECK
liest aus Gerichtsurteilen
in eigener Sache.
Samstag, 20. 1. 73, 19 Uhr
Kunstverein, Gartenhalle des Kurpfälzischen Museums Heidelberg

1975

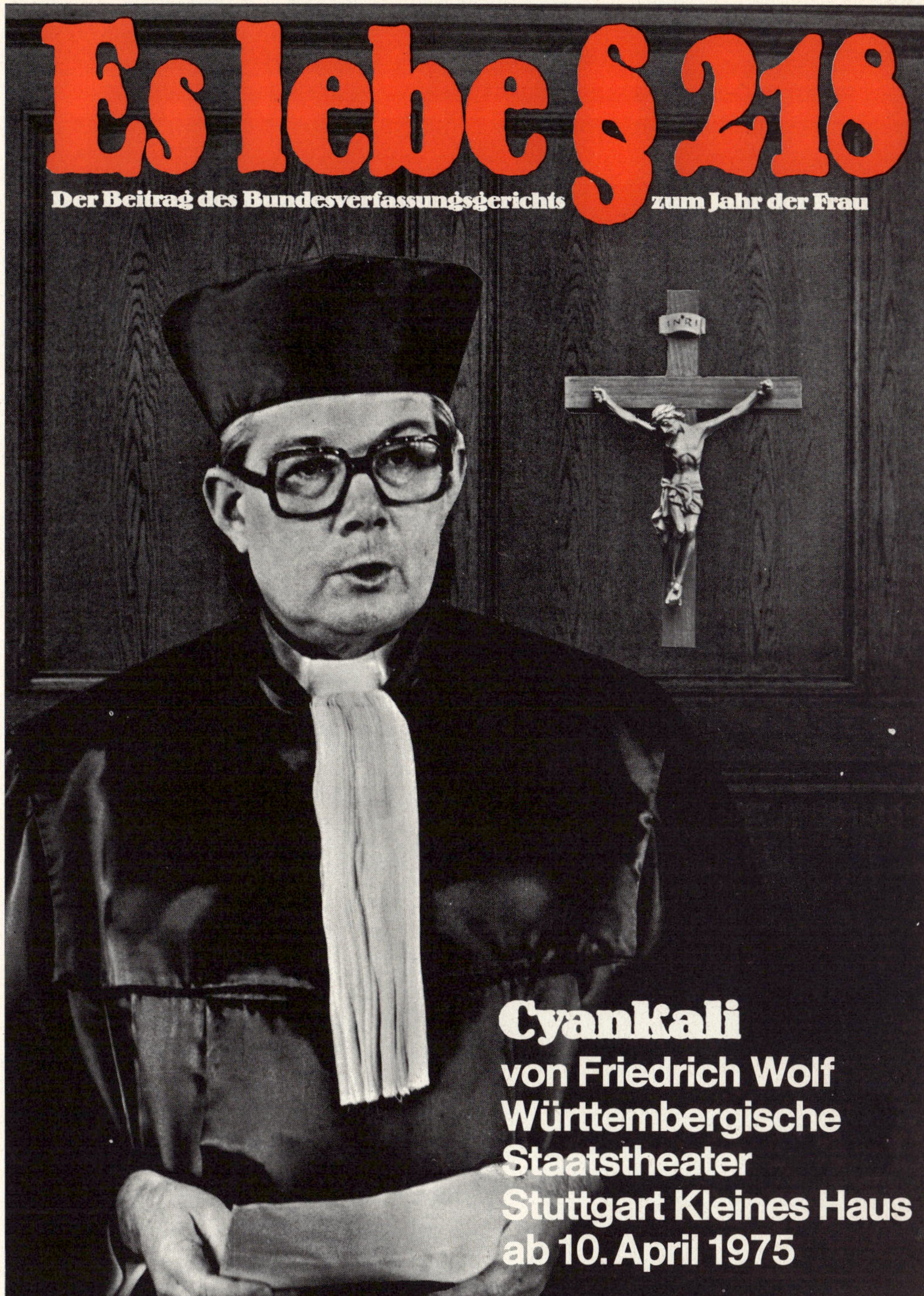
Es lebe § 218
Der Beitrag des Bundesverfassungsgerichts zum Jahr der Frau
INRI
Cyankali
von Friedrich Wolf
Württembergische
Staatstheater
Stuttgart Kleines Haus
ab 10. April 1975

1977

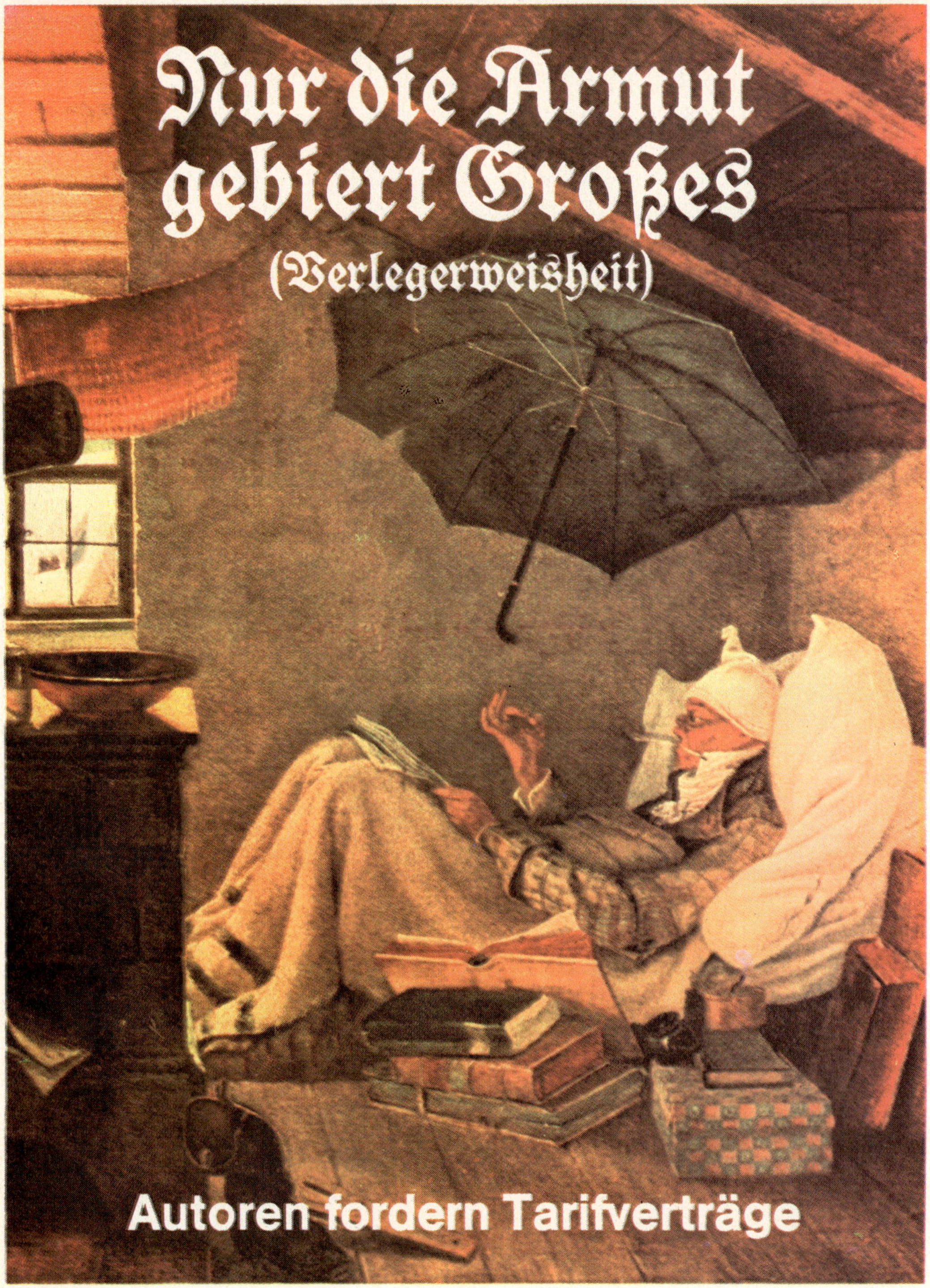
Nur die Armut
gebiert Großes
(Verlegerweisheit)
Autoren fordern Tarifverträge

1978

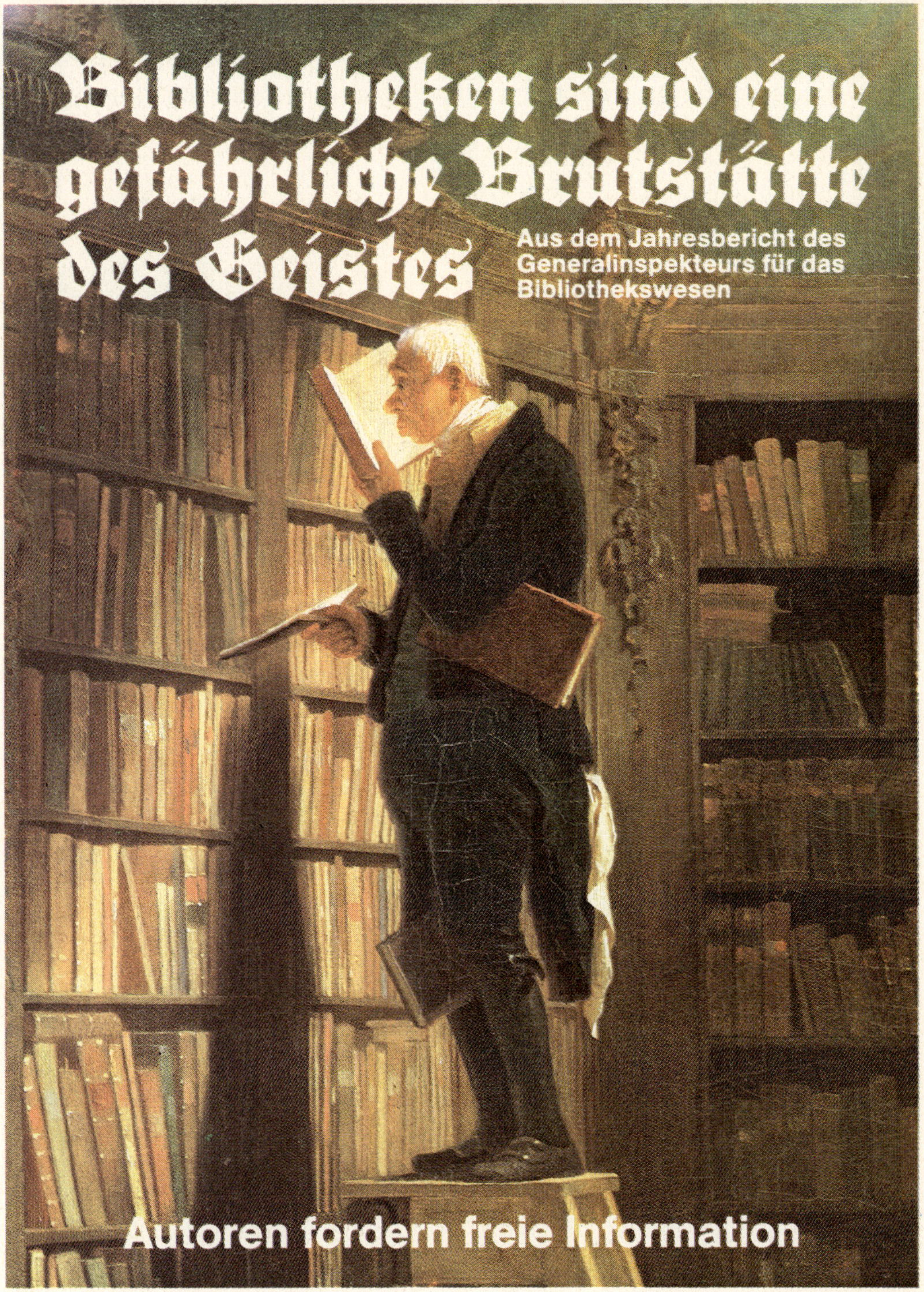
Bibliotheken sind eine gefährliche Brutstätte des Geistes
Aus dem Jahresbericht des Generalinspekteurs für das Bibliothekswesen
Autoren fordern freie Information

1979

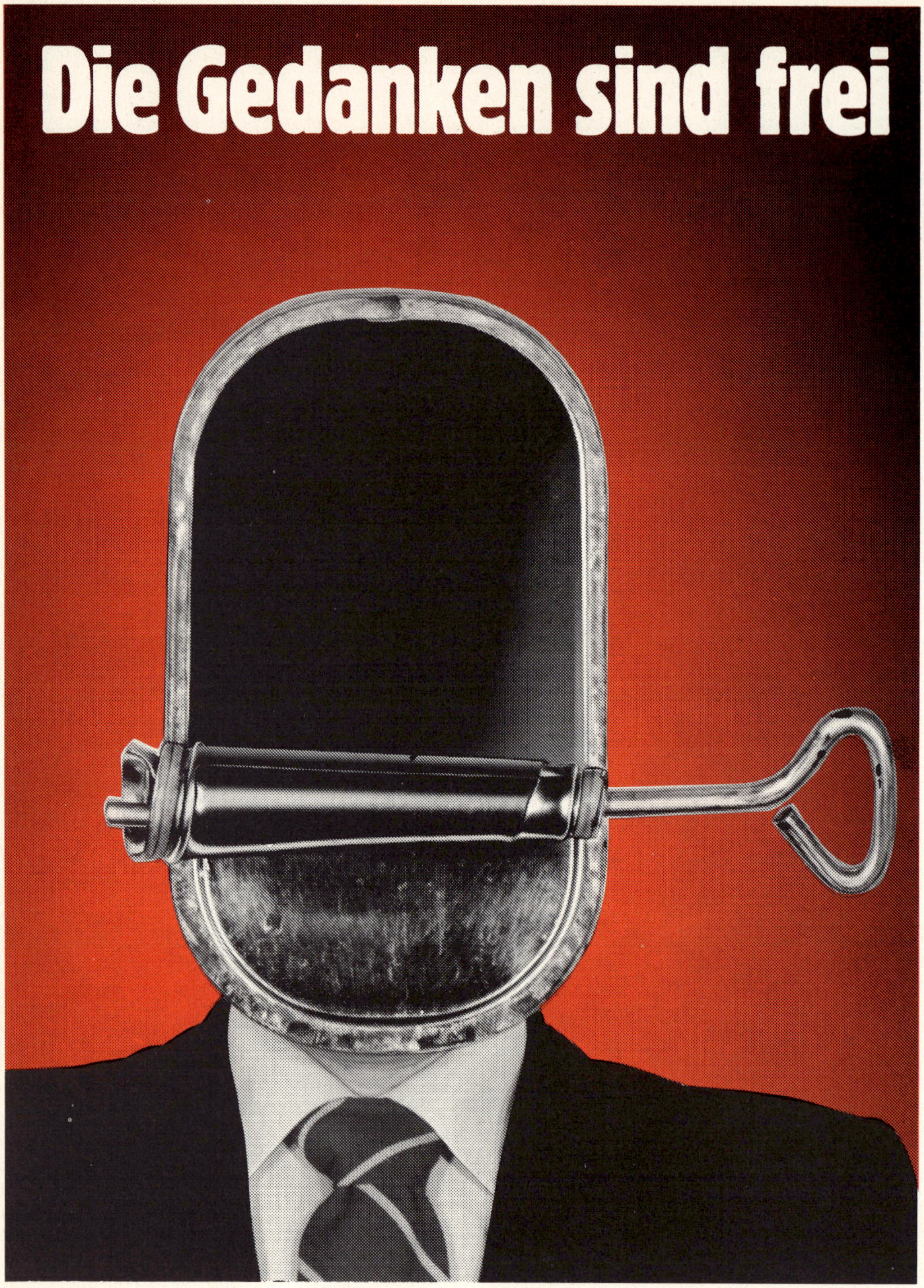

1975

Mitbürger!

Lesen macht dumm und gewalttätig

Der Beauftragte für den Gemeinschaftsfrieden

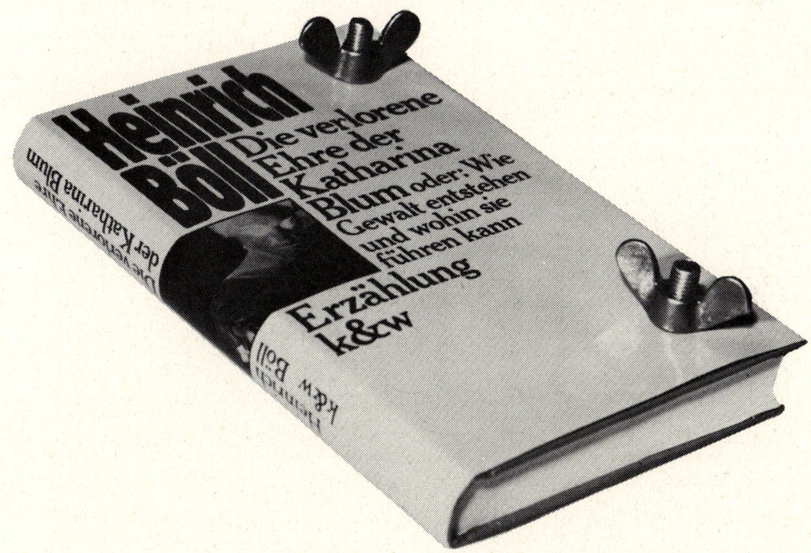

Deutsche Männer und Frauen haben aus Sorge um die Freiheitlich Demokratische Grundordnung ein Gesetz zum Schutz des Gemeinschaftsfriedens vorgelegt (Bundestagsdrucksache Nr. 7/3030, 2772, 2854), das dem Unfug kritischer Literatur endlich ein Ende bereitet. Bundesregierung, Bundesrat und Opposition sind sich in dieser Angelegenheit einig. Der CDU-Kollege Carstens hat für alle gesprochen, als er am 12. 12. 74 in Duisburg verkündete: »Ich fordere die ganze Bevölkerung auf, sich von der Terrortätigkeit zu distanzieren, insbesondere auch den Dichter Heinrich Böll, der noch vor wenigen Monaten unter dem Pseudonym Katharina Blüm ein Buch geschrieben hat, das eine Rechtfertigung von Gewalt darstellt«

1983

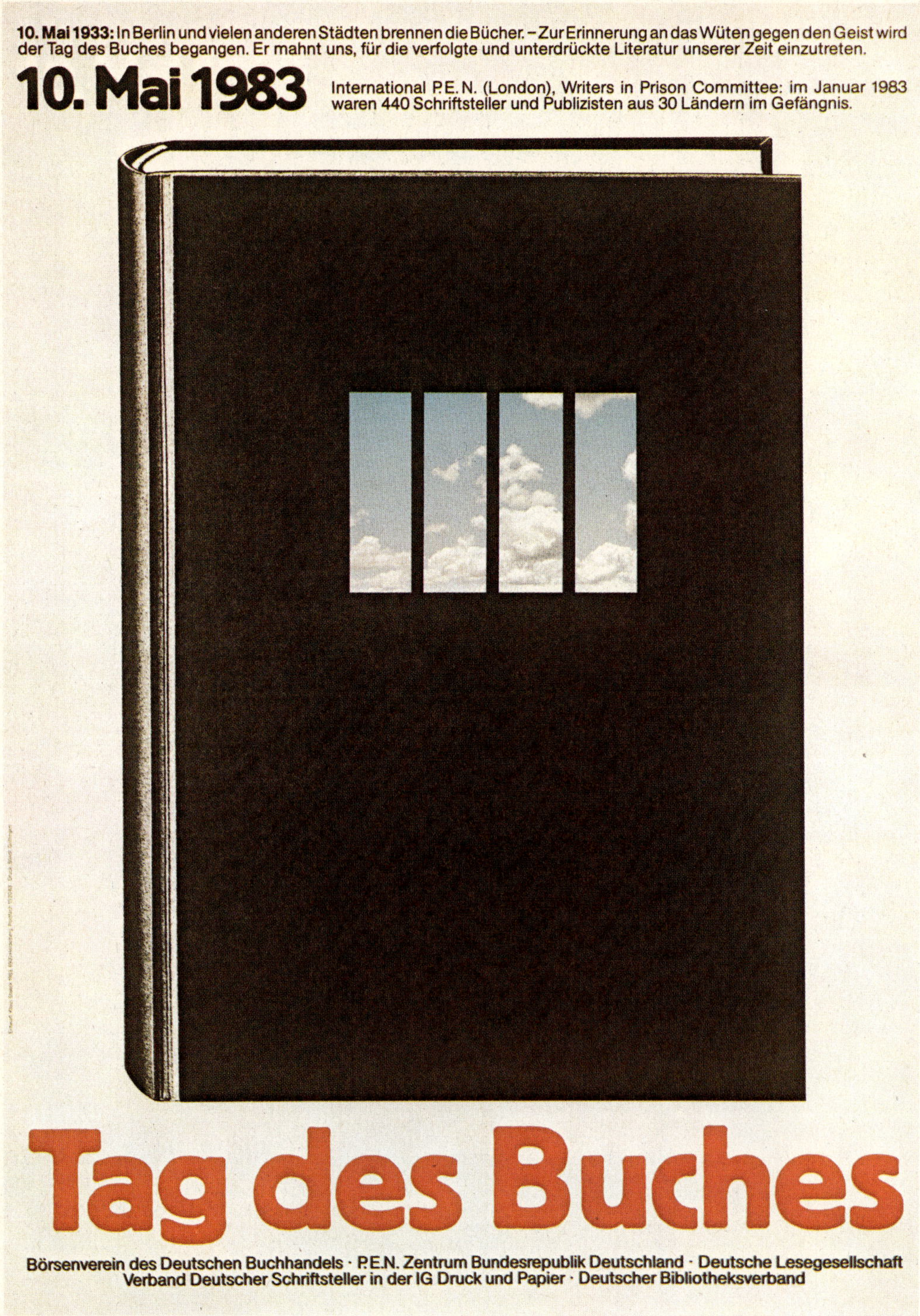
10. Mai 1933: In Berlin und vielen anderen Städten brennen die Bücher. – Zur Erinnerung an das Wüten gegen den Geist wird der Tag des Buches begangen. Er mahnt uns, für die verfolgte und unterdrückte Literatur unserer Zeit einzutreten.
10. Mai 1983
International P.E.N. (London), Writers in Prison Committee: im Januar 1983 waren 440 Schriftsteller und Publizisten aus 30 Ländern im Gefängnis.
Tag des Buches
Börsenverein des Deutschen Buchhandels · P.E.N. Zentrum Bundesrepublik Deutschland · Deutsche Lesegesellschaft
Verband Deutscher Schriftsteller in der IG Druck und Papier · Deutscher Bibliotheksverband

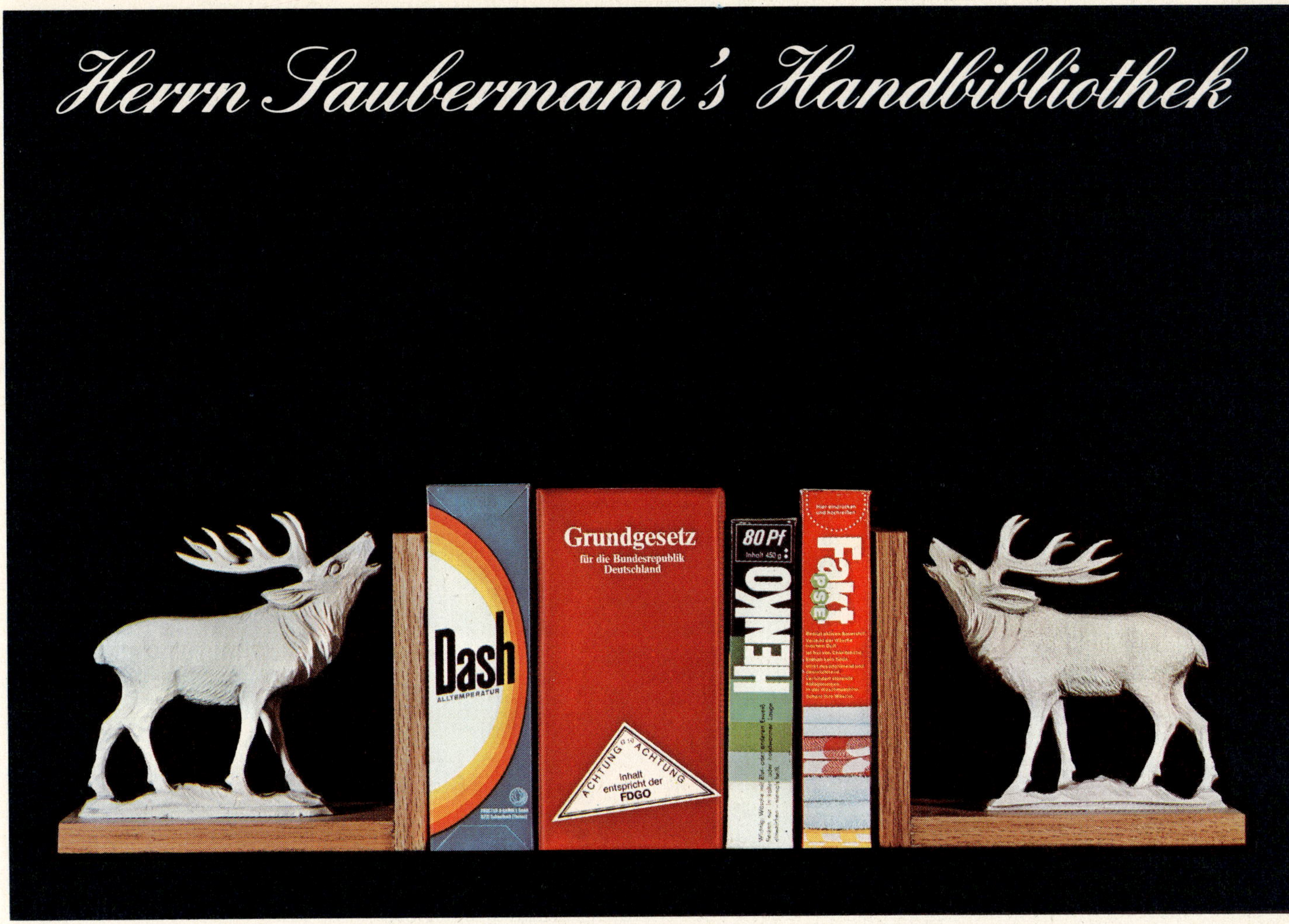
Herrn Saubermann's Handbibliothek
Dash
ALLTEMPERATUR
Grundgesetz
für die Bundesrepublik
Deutschland
ACHTUNG ACHTUNG
Inhalt
entspricht der
FDGO
80 Pf
Inhalt 450 g
HENKO
Fakt
PSE

1979

1977

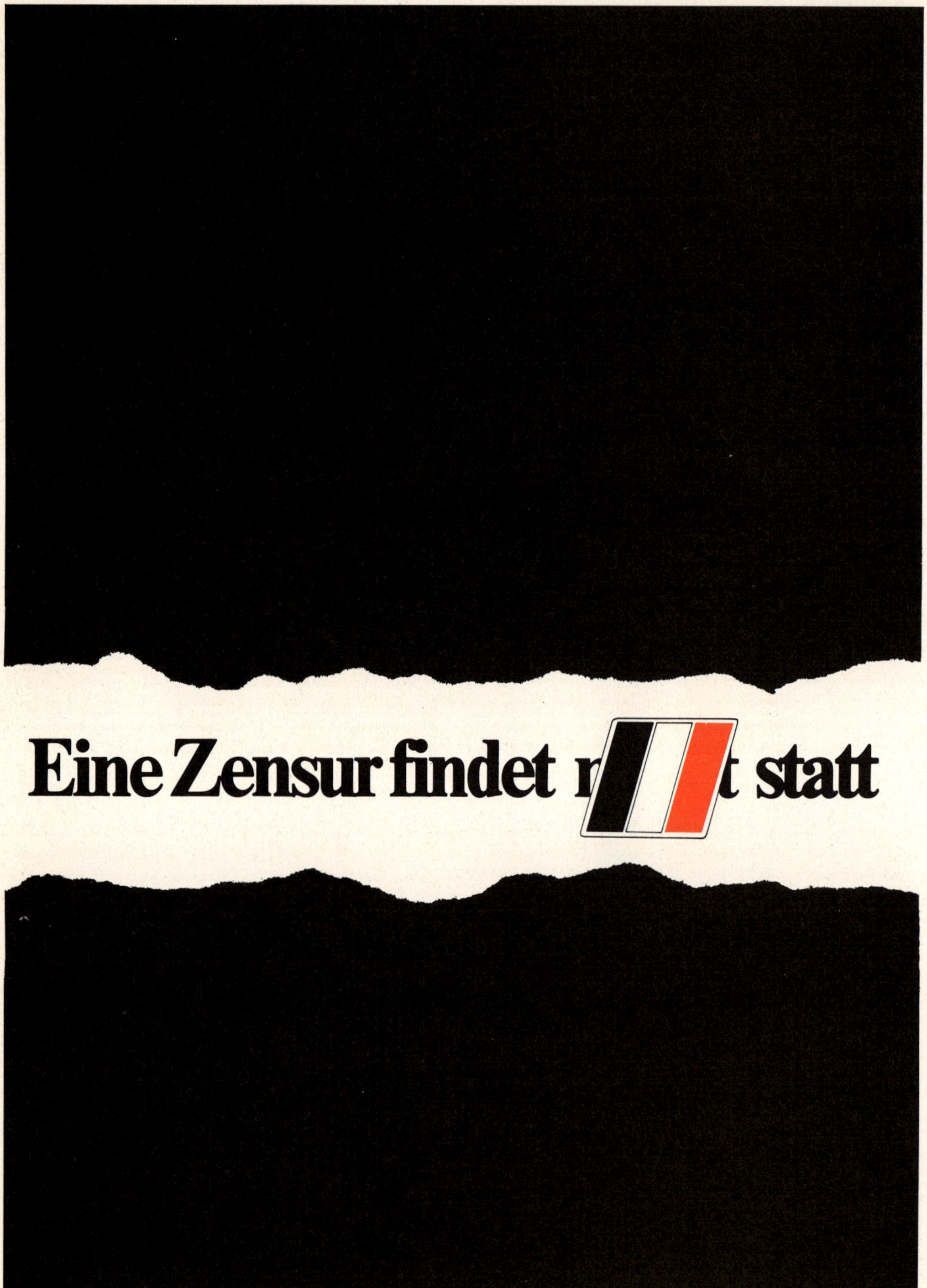

1975

Bekanntmachung

Betr.: Radikalenerlaß

Die Bevölkerung wird noch einmal darauf hingewiesen, daß die ehem. Mitgliedschaft in NSDAP, SA, SD, SS und im NS-Rechtswahrerbund einer Beschäftigung im öffentlichen Dienst nicht entgegensteht.

Der Landesbeauftragte für das Gesinnungswesen.

1977

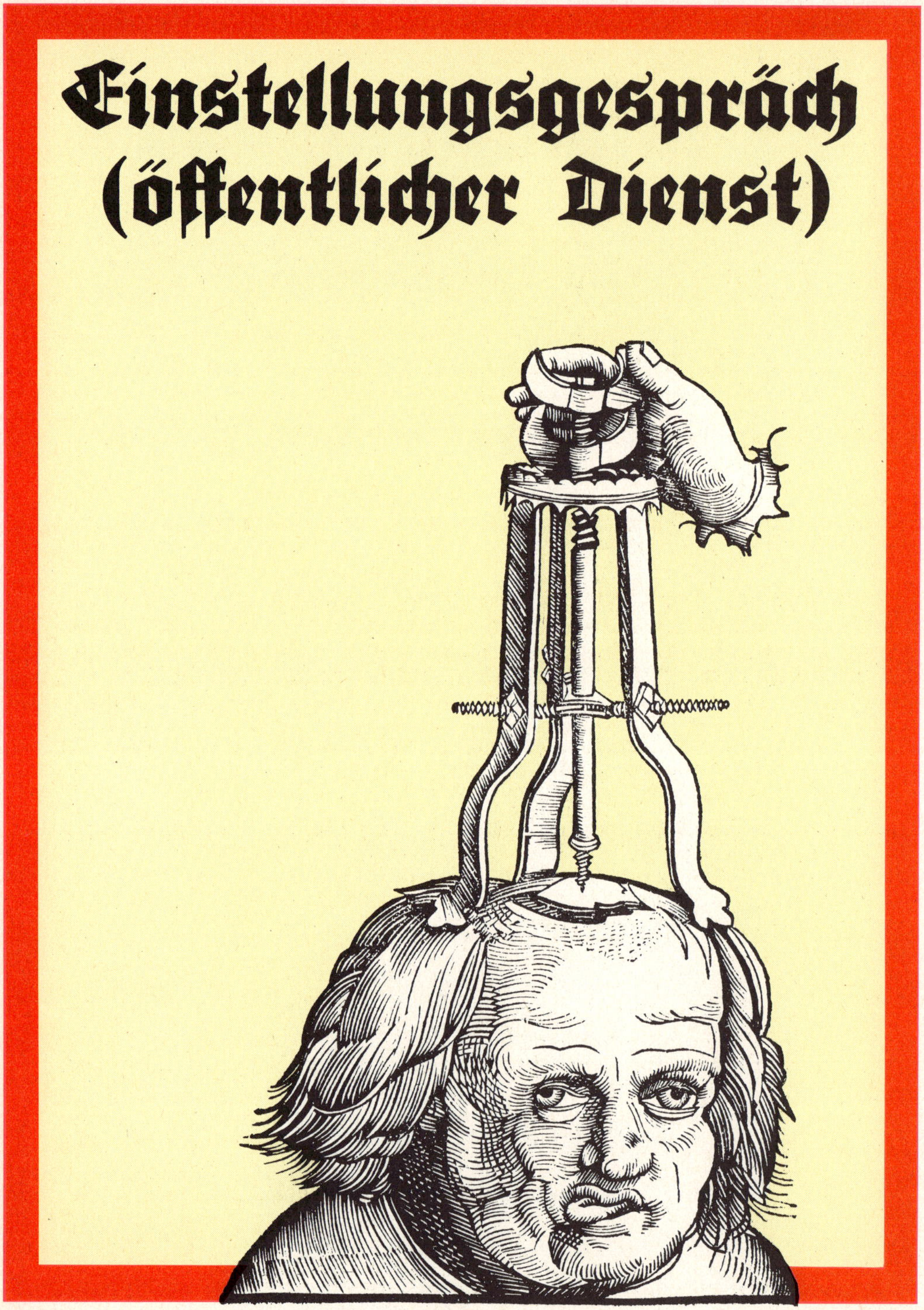

1979

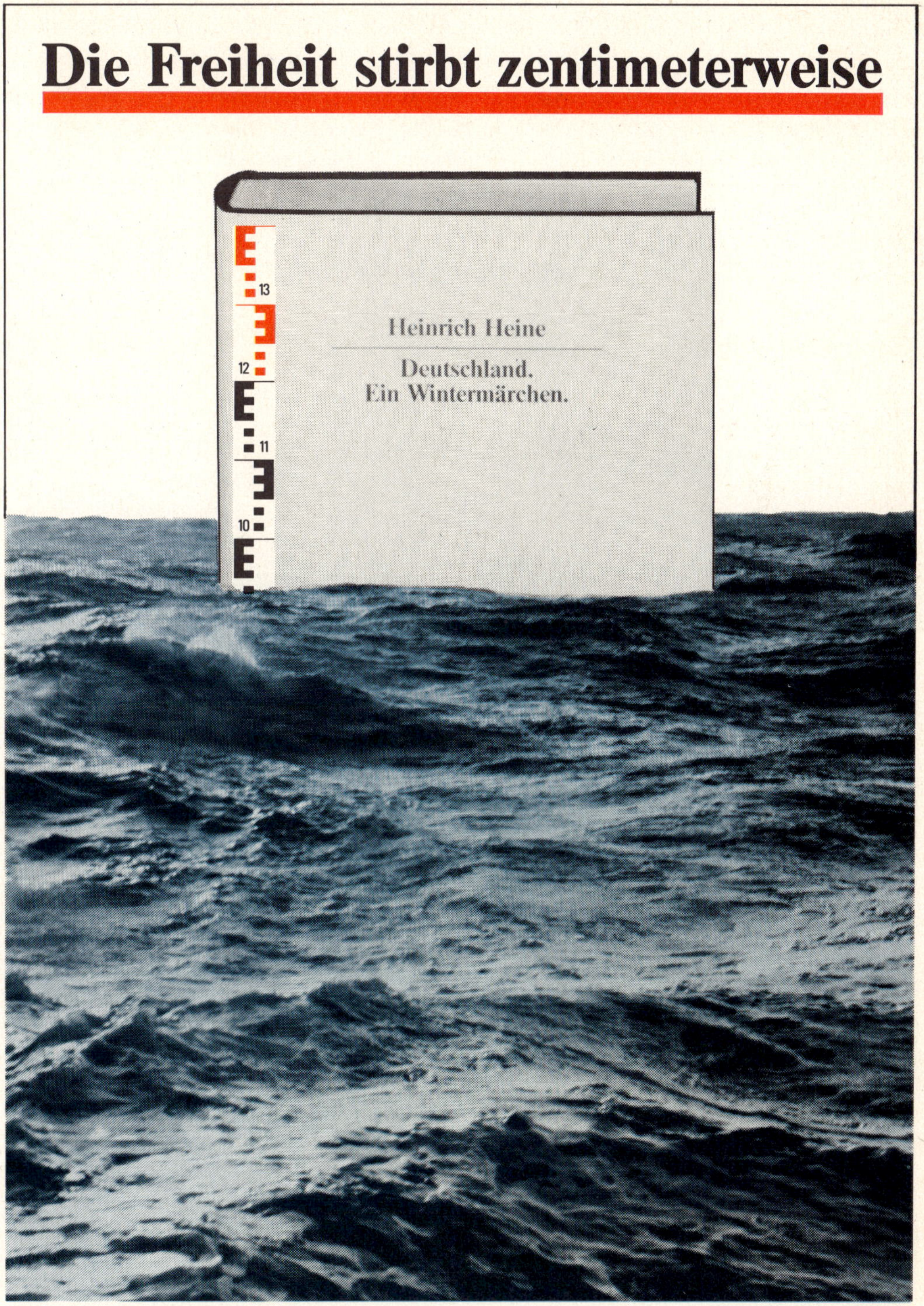
Die Freiheit stirbt zentimeterweise
Heinrich Heine
Deutschland.
Ein Wintermärchen.

1978

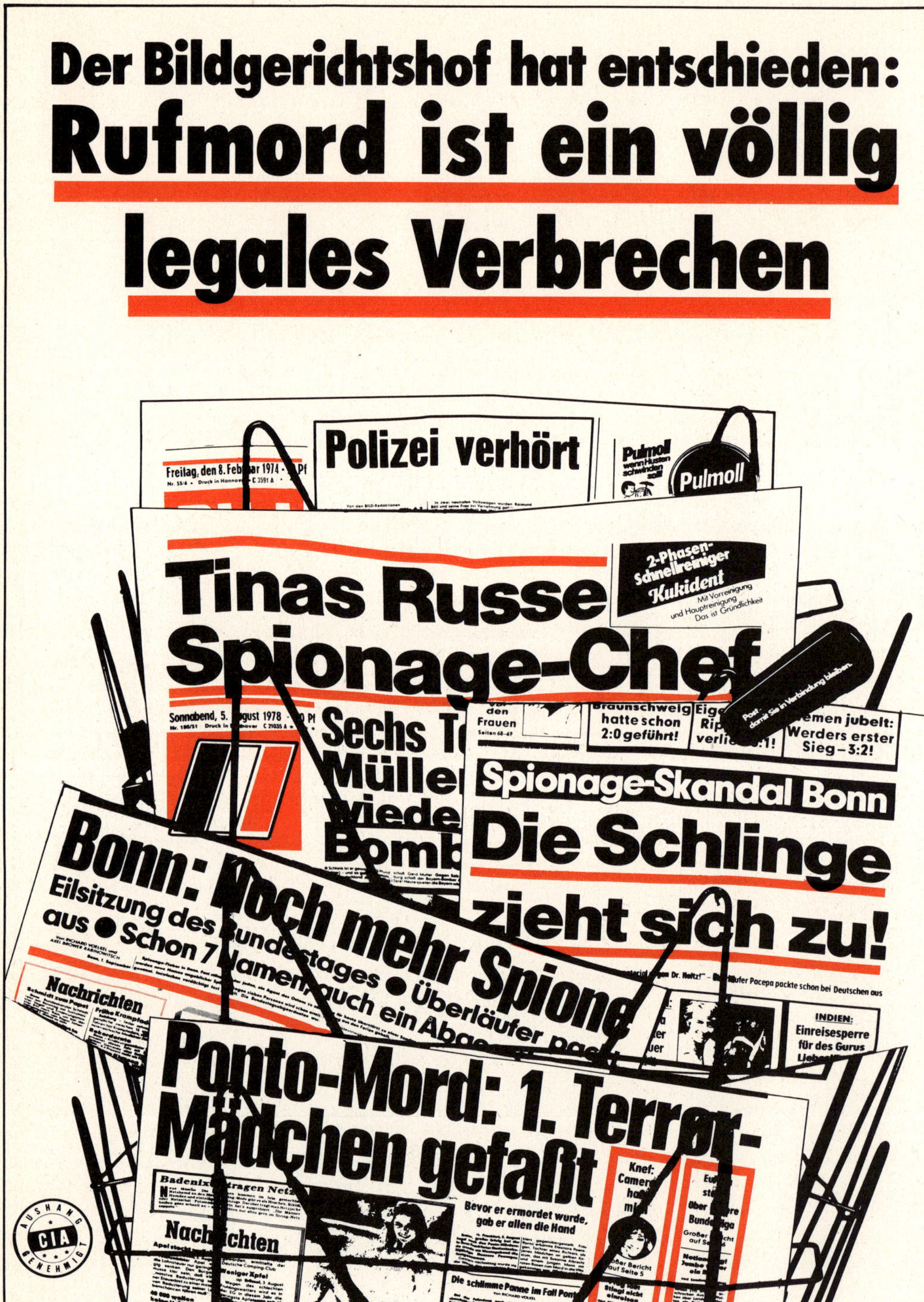
Der Bildgerichtshof hat entschieden:
Rufmord ist ein völlig legales Verbrechen
Polizei verhört
Pulmoll
Tinas Russe Spionage-Chef
2-Phasen-Schnellreiniger Kukident
Spionage-Skandal Bonn
Die Schlinge zieht sich zu!
Werders erster Sieg – 3:2!
Bonn: Noch mehr Spione
Eilsitzung des Bundestages ● Überläufer packt aus ● Schon 7 Namen, auch ein Abgeordneter
Ponto-Mord: 1. Terror-Mädchen gefaßt
Nachrichten
Bevor er ermordet wurde, gab er allen die Hand
INDIEN: Einreisesperre für des Gurus Liebesdienerinnen
AUSHANG CIA GENEHMIGT

1980

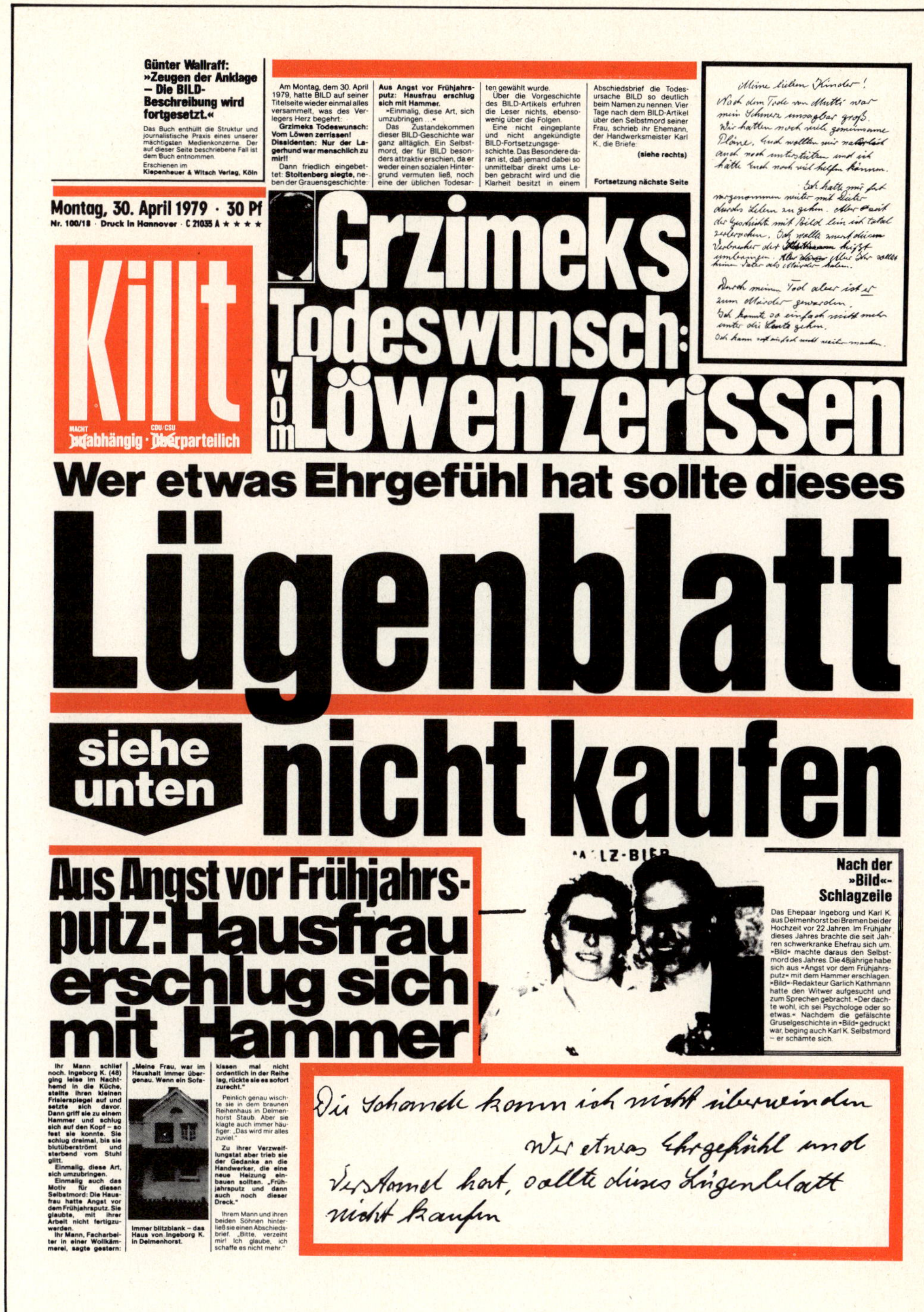

Günter Wallraff: »Zeugen der Anklage – Die BILD-Beschreibung wird fortgesetzt.«

Das Buch enthüllt die Struktur und journalistische Praxis eines unserer mächtigsten Medienkonzerne. Der auf dieser Seite beschriebene Fall ist dem Buch entnommen.

Erschienen im **Kiepenheuer & Witsch Verlag, Köln**

Am Montag, dem 30. April 1979, hatte BILD auf seiner Titelseite wieder einmal alles versammelt, was des Verlegers Herz begehrt:

Grzimeks Todeswunsch: Vom Löwen zerrissen! Dissidenten: Nur der Lagerhund war menschlich zu mir!!

Dann friedlich eingebettet: **Stoltenberg siegte,** neben der Grauensgeschichte: **Aus Angst vor Frühjahrsputz: Hausfrau erschlug sich mit Hammer.**

»Einmalig, diese Art, sich umzubringen ...«

Das Zustandekommen dieser BILD-Geschichte war ganz alltäglich. Ein Selbstmord, der für BILD besonders attraktiv erschien, da er weder einen sozialen Hintergrund vermuten ließ, noch eine der üblichen Todesarten gewählt wurde.

Über die Vorgeschichte des BILD-Artikels erfuhren die Leser nichts, ebensowenig über die Folgen.

Eine nicht eingeplante und nicht angekündigte BILD-Fortsetzungsgeschichte. Das Besondere daran ist, daß jemand dabei so unmittelbar direkt ums Leben gebracht wird und die Klarheit besitzt in einem Abschiedsbrief die Todesursache BILD so deutlich beim Namen zu nennen. Vier Tage nach dem BILD-Artikel über den Selbstmord seiner Frau, schrieb ihr Ehemann, der Handwerksmeister Karl K., die Briefe:

(siehe rechts)

Fortsetzung nächste Seite

Meine lieben Kinder!
Nach dem Tode von Mutti war mein Schmerz unsagbar groß. Wir hatten noch viele gemeinsame Pläne. Euch wollten wir natürlich auch noch unterstützen und ich hätte Euch noch viel helfen können.
Ich hatte mir fest vorgenommen weiter mit Dieter durchs Leben zu gehen. Aber seit der Geschichte mit Bild bin ich total zerbrochen. Ich wollte zuerst diesen Verbrecher der ~~[illegible]~~ heißt umbringen. Aber ~~[illegible]~~ Aber Ihr solltet keinen Vater als Mörder haben.
Durch meinen Tod aber ist er zum Mörder geworden.
Ich konnte so einfach nicht mehr unter die Leute gehen.
Ich kann es einfach nicht weiter machen.

Montag, 30. April 1979 · 30 Pf
Nr. 100/18 · Druck in Hannover · C 21035 A ★ ★ ★ ★

Killt

MACHT ~~un~~abhängig · CDU-CSU ~~über~~parteilich

Grzimeks Todeswunsch: vom Löwen zerissen

Wer etwas Ehrgefühl hat sollte dieses

Lügenblatt

siehe unten

nicht kaufen

Aus Angst vor Frühjahrsputz: Hausfrau erschlug sich mit Hammer

Ihr Mann schlief noch. Ingeborg K. (48) ging leise im Nachthemd in die Küche, stellte ihren kleinen Frisierspiegel auf und setzte sich davor. Dann griff sie zu einem Hammer und schlug sich auf den Kopf – so fest sie konnte. Sie schlug dreimal, bis sie blutüberströmt und sterbend vom Stuhl glitt.

Einmalig, diese Art, sich umzubringen.

Einmalig auch das Motiv für diesen Selbstmord: Die Hausfrau hatte Angst vor dem Frühjahrsputz. Sie glaubte, mit ihrer Arbeit nicht fertigzuwerden.

Ihr Mann, Facharbeiter in einer Wollkämmerei, sagte gestern: „Meine Frau, war im Haushalt immer übergenau. Wenn ein Sofakissen mal nicht ordentlich in der Reihe lag, rückte sie es sofort zurecht."

Immer blitzblank – das Haus von Ingeborg K. in Delmenhorst.

Peinlich genau wischte sie in dem braunen Reihenhaus in Delmenhorst Staub. Aber sie klagte auch immer häufiger: „Das wird mir alles zuviel."

Zu ihrer Verzweiflungstat aber trieb sie der Gedanke an die Handwerker, die eine neue Heizung einbauen sollten. „Frühjahrsputz und dann auch noch dieser Dreck."

Ihrem Mann und ihren beiden Söhnen hinterließ sie einen Abschiedsbrief. „Bitte, verzeiht mir! Ich glaube, ich schaffe es nicht mehr."

Nach der »Bild«-Schlagzeile

Das Ehepaar Ingeborg und Karl K. aus Delmenhorst bei Bremen bei der Hochzeit vor 22 Jahren. Im Frühjahr dieses Jahres brachte die seit Jahren schwerkranke Ehefrau sich um. »Bild« machte daraus den Selbstmord des Jahres. Die 48jährige habe sich aus »Angst vor dem Frühjahrsputz« mit dem Hammer erschlagen. »Bild«-Redakteur Garlich Kathmann hatte den Witwer aufgesucht und zum Sprechen gebracht. »Der dachte wohl, ich sei Psychologe oder so etwas.« Nachdem die gefälschte Gruselgeschichte in »Bild« gedruckt war, beging auch Karl K. Selbstmord – er schämte sich.

Die Schande kann ich nicht überwinden
Wer etwas Ehrgefühl und Verstand hat, sollte dieses Lügenblatt nicht kaufen

1977

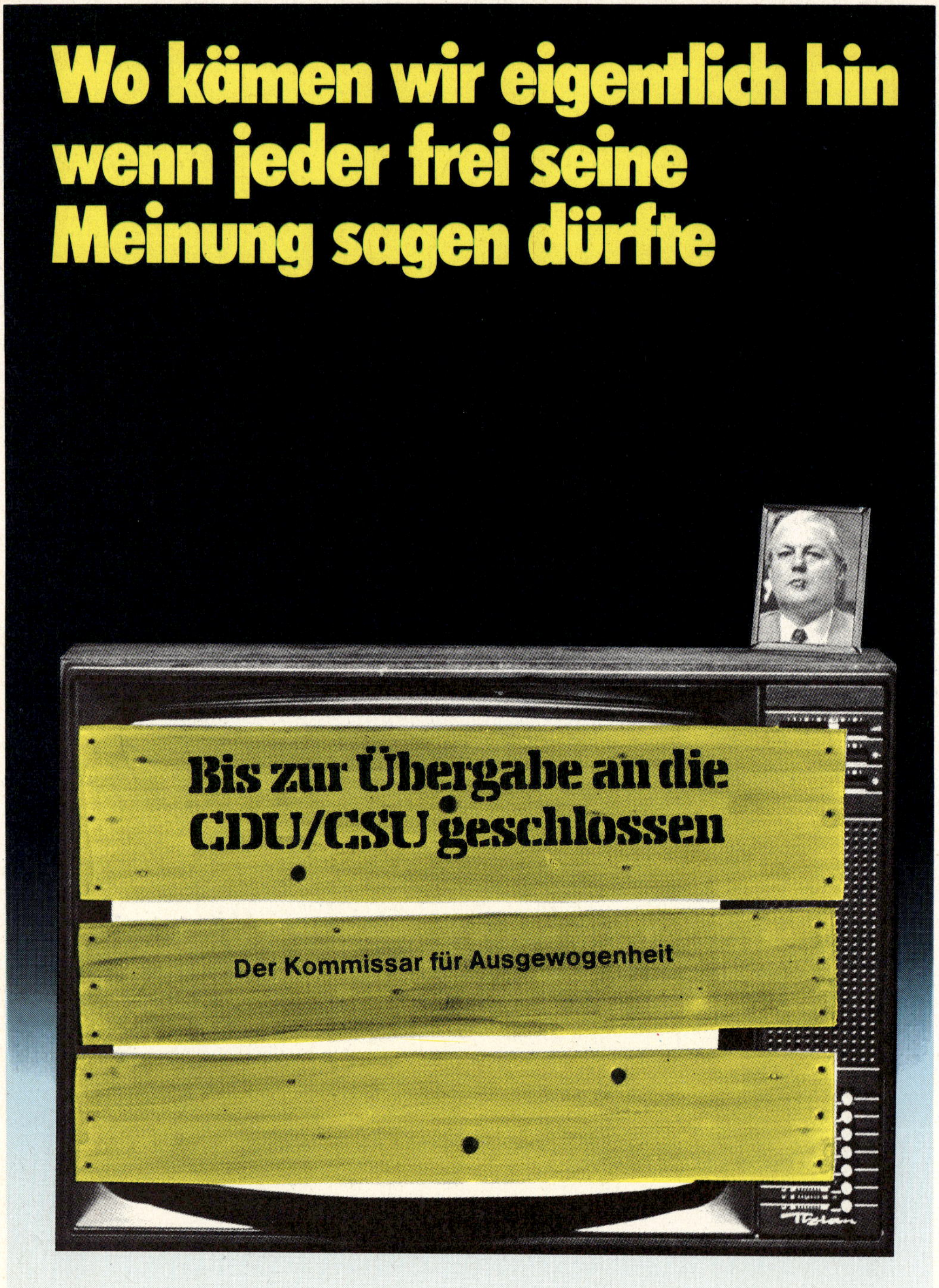
Wo kämen wir eigentlich hin
wenn jeder frei seine
Meinung sagen dürfte
Bis zur Übergabe an die
CDU/CSU geschlossen
Der Kommissar für Ausgewogenheit

1975

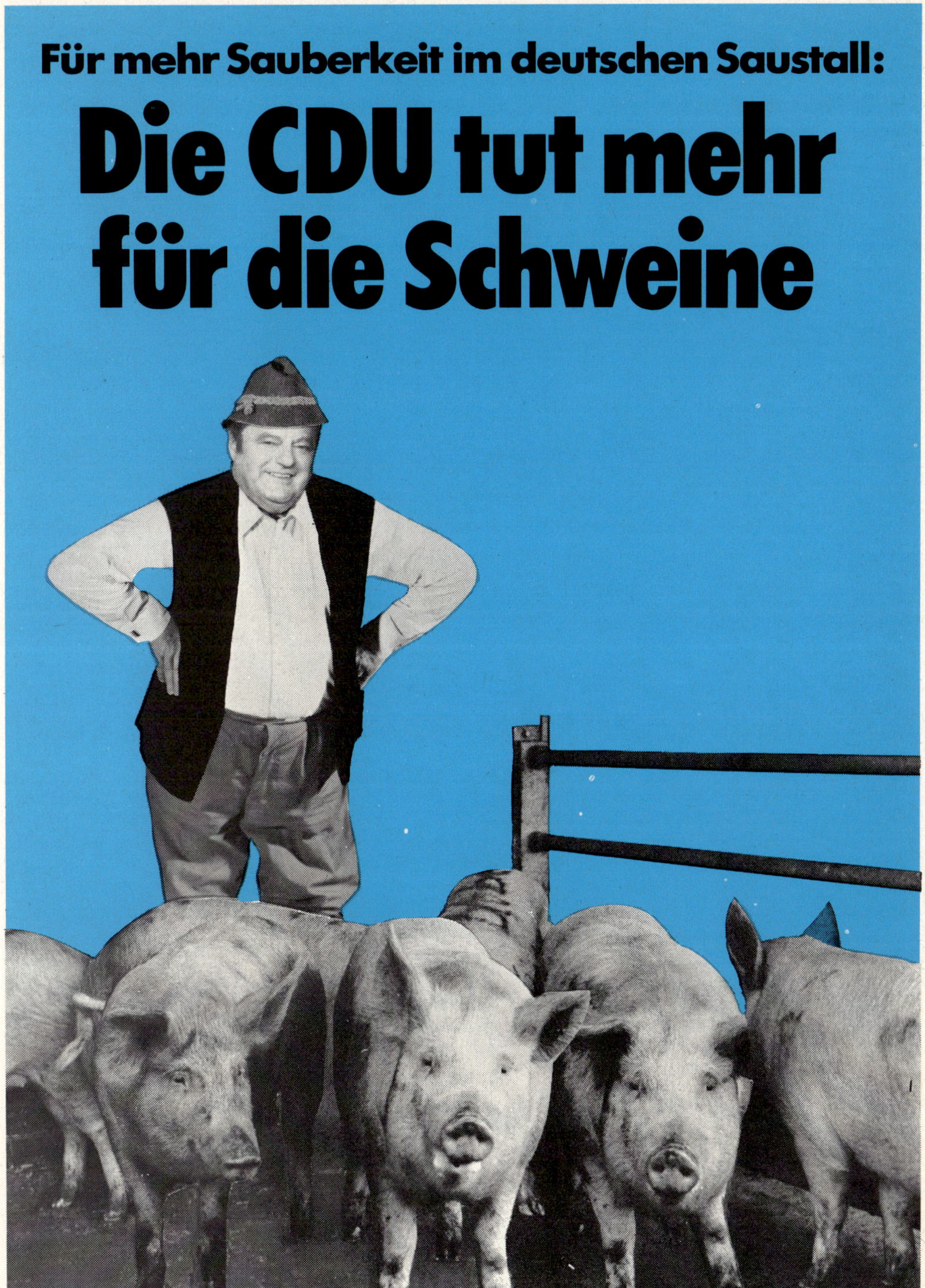
Für mehr Sauberkeit im deutschen Saustall:
Die CDU tut mehr für die Schweine

1980

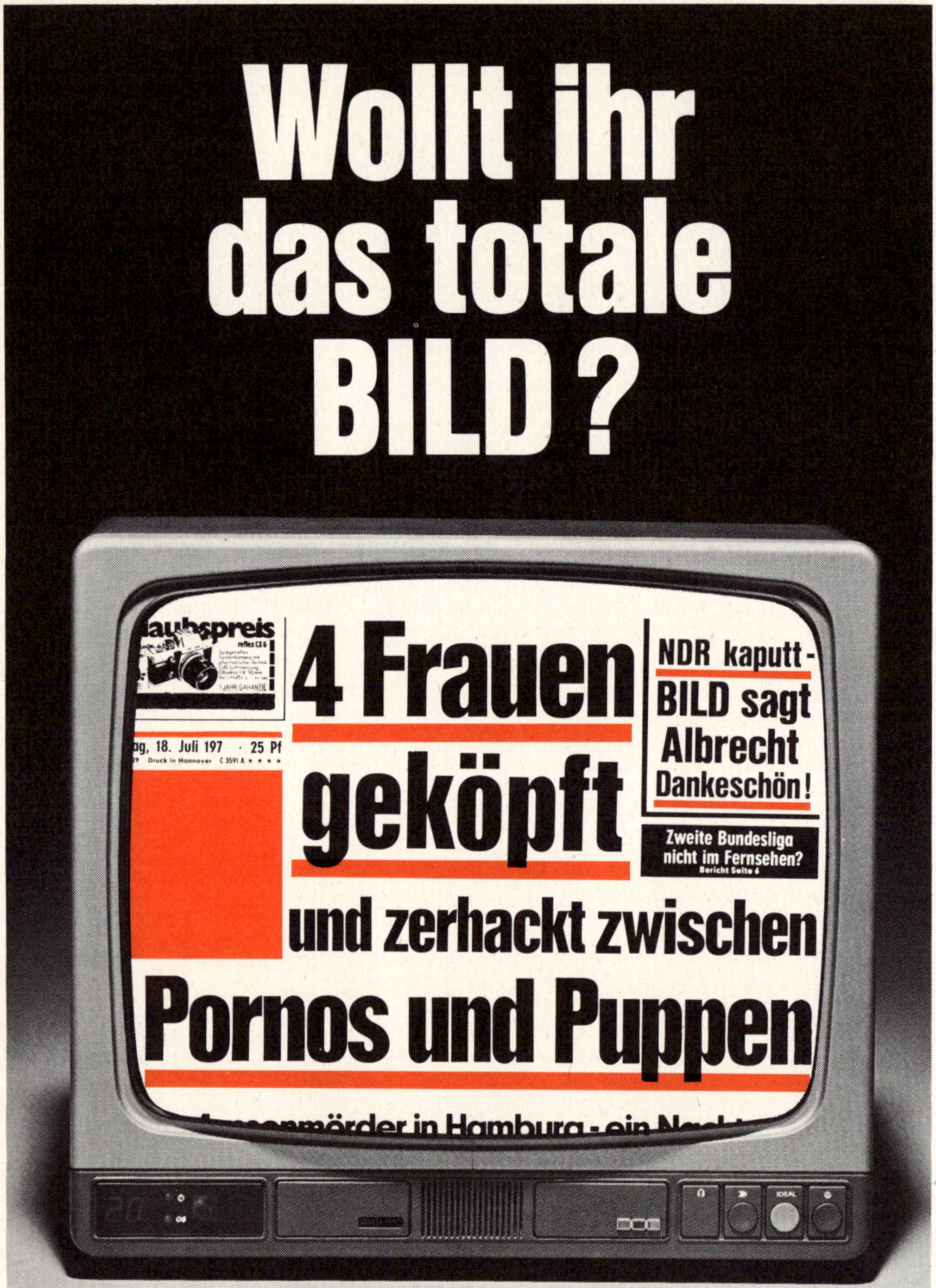
Wollt ihr
das totale
BILD ?
4 Frauen
geköpft
und zerhackt zwischen
Pornos und Puppen
NDR kaputt -
BILD sagt
Albrecht
Dankeschön!
Zweite Bundesliga
nicht im Fernsehen?
Bericht Seite 6
1 JAHR GARANTIE
Druck in Hannover
25 Pf

1975

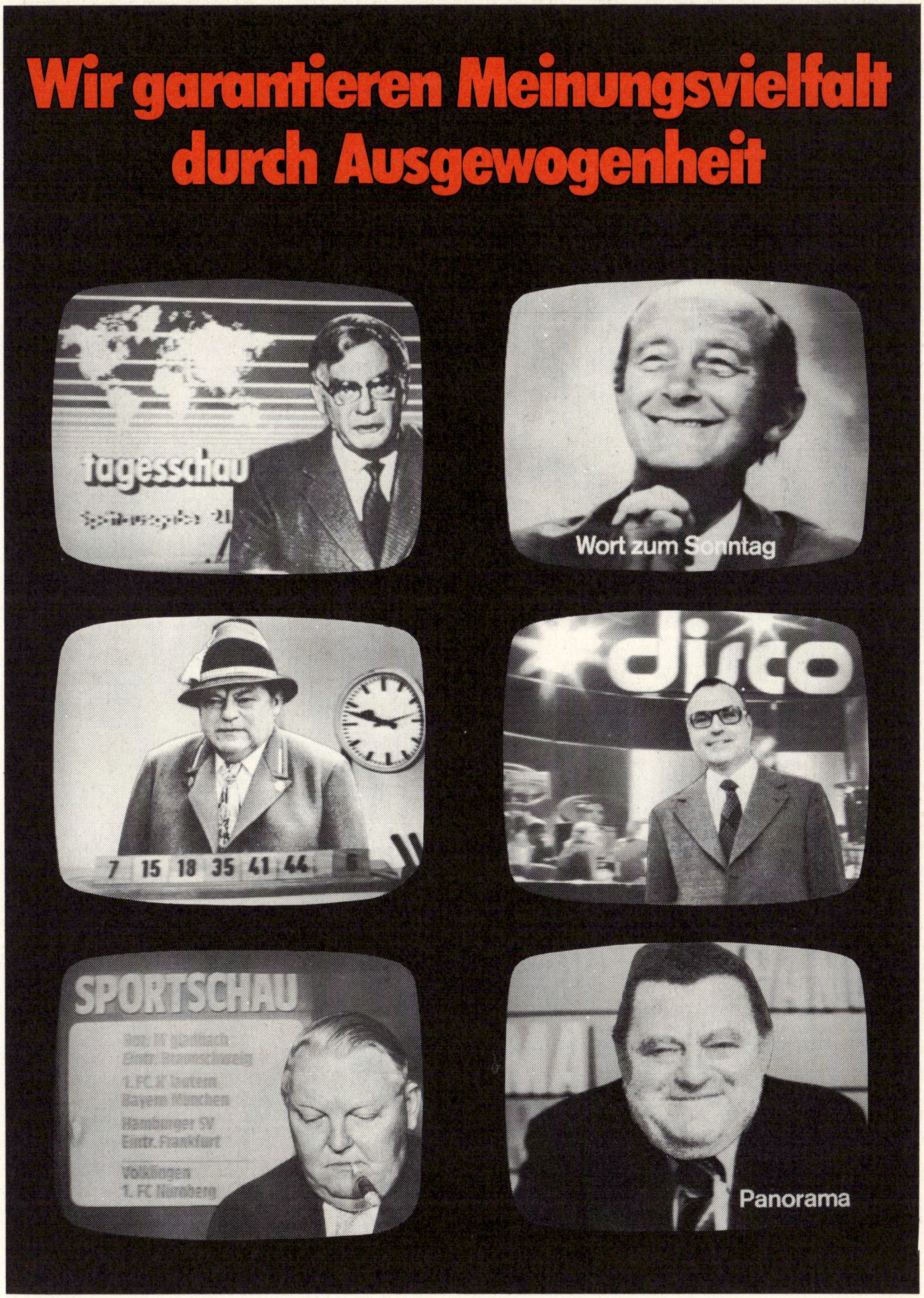
Wir garantieren Meinungsvielfalt
durch Ausgewogenheit
tagesschau
Wort zum Sonntag
7 15 18 35 41 44
disco
SPORTSCHAU
Panorama

1977

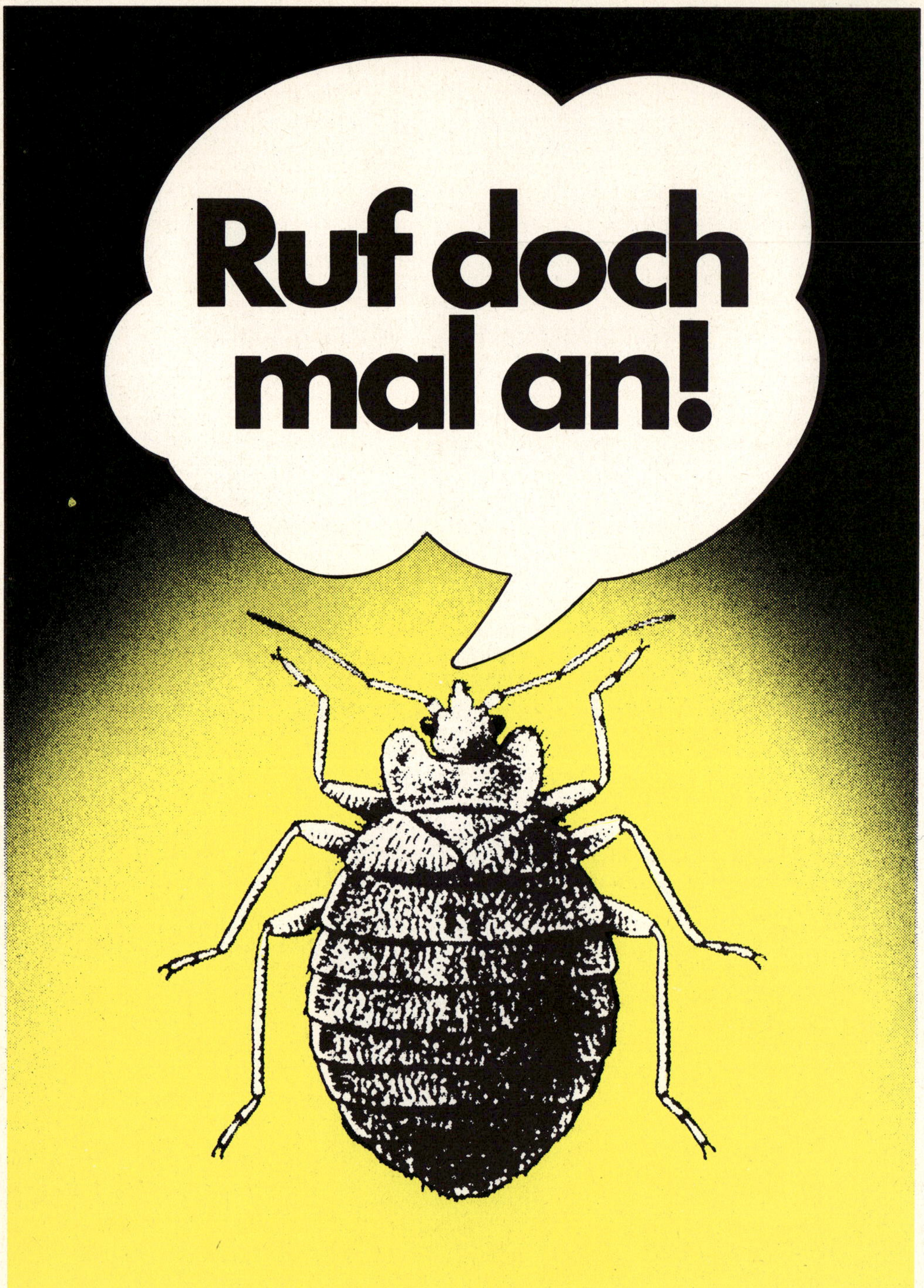

1982

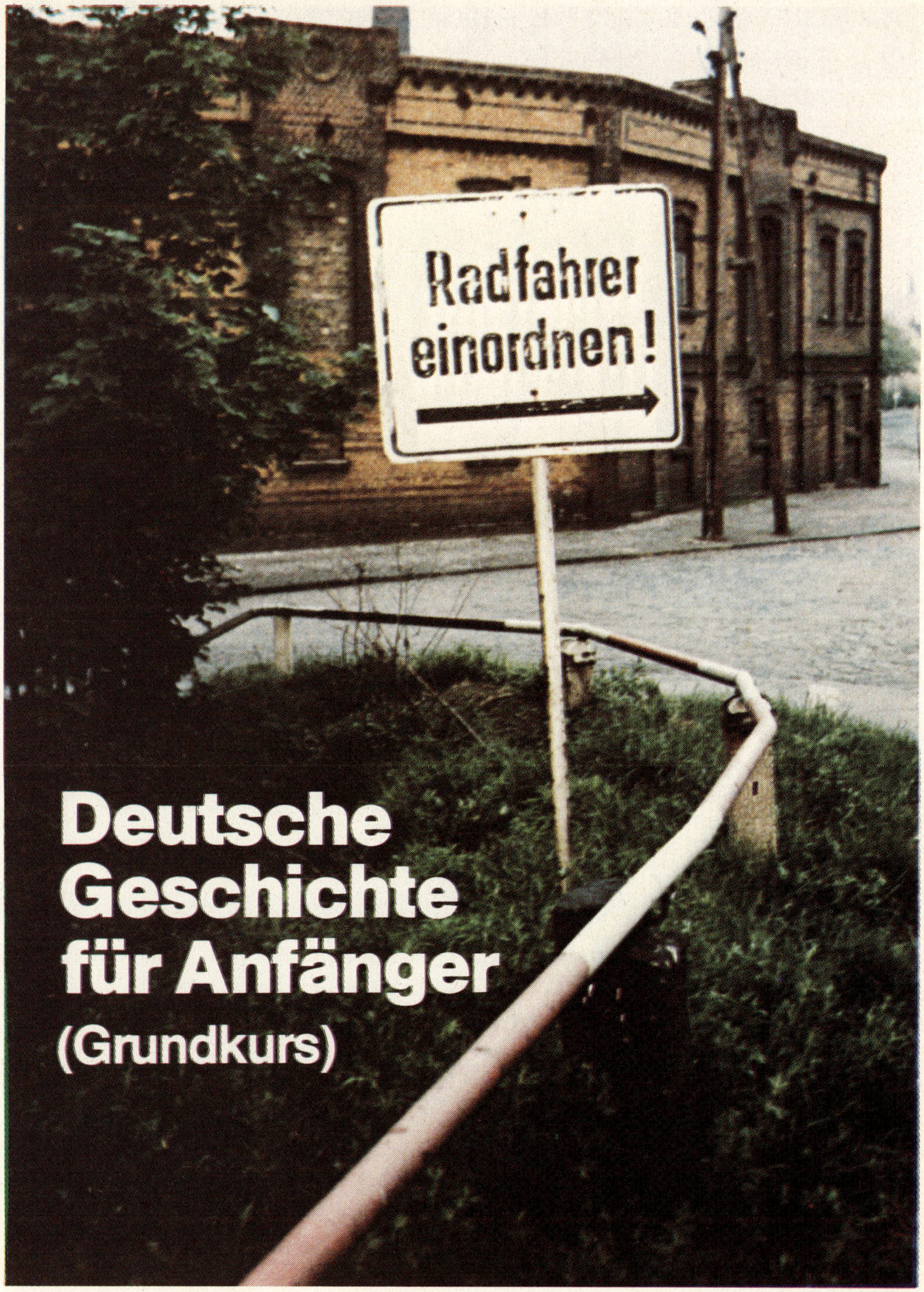
Radfahrer
einordnen!
Deutsche
Geschichte
für Anfänger
(Grundkurs)

Spruchkammerbescheid

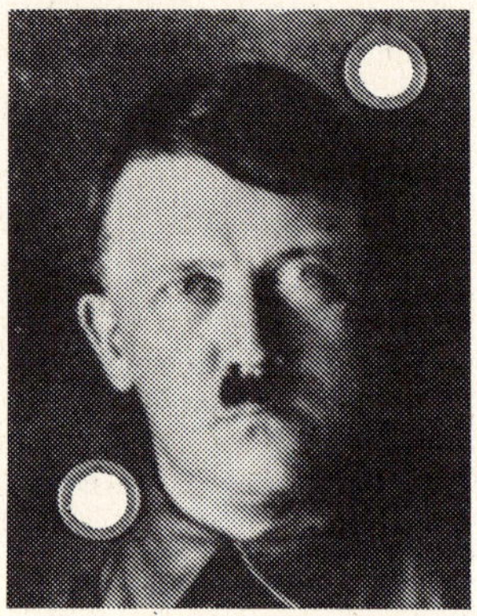

Der/die Hitler, Adolf geb. in Braunau

ist im Entnazifizierungsverfahren eingestuft worden in die Gruppe

Nr. IV Mitläufer

(V Nicht betroffen, IV Mitläufer, III Belastet, II Schuldig, I Hauptschuldig)

Joachim
Der kommisarische Landrat als
Vorsitzender des Spruchausschusses

C. Fest
Der Beisitzer

1978

1974

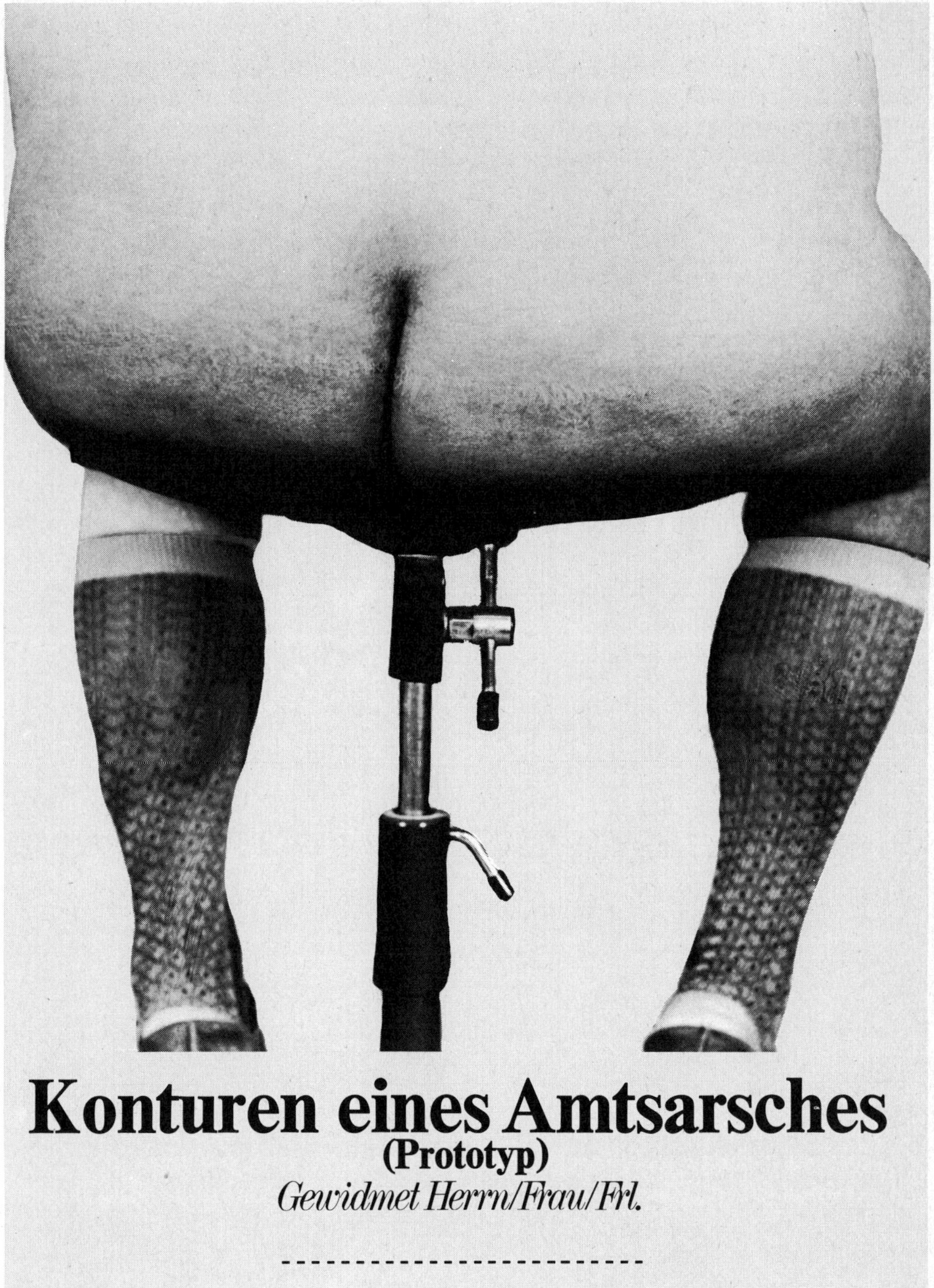
Konturen eines Amtsarsches
(Prototyp)
Gewidmet Herrn/Frau/Frl.

1984

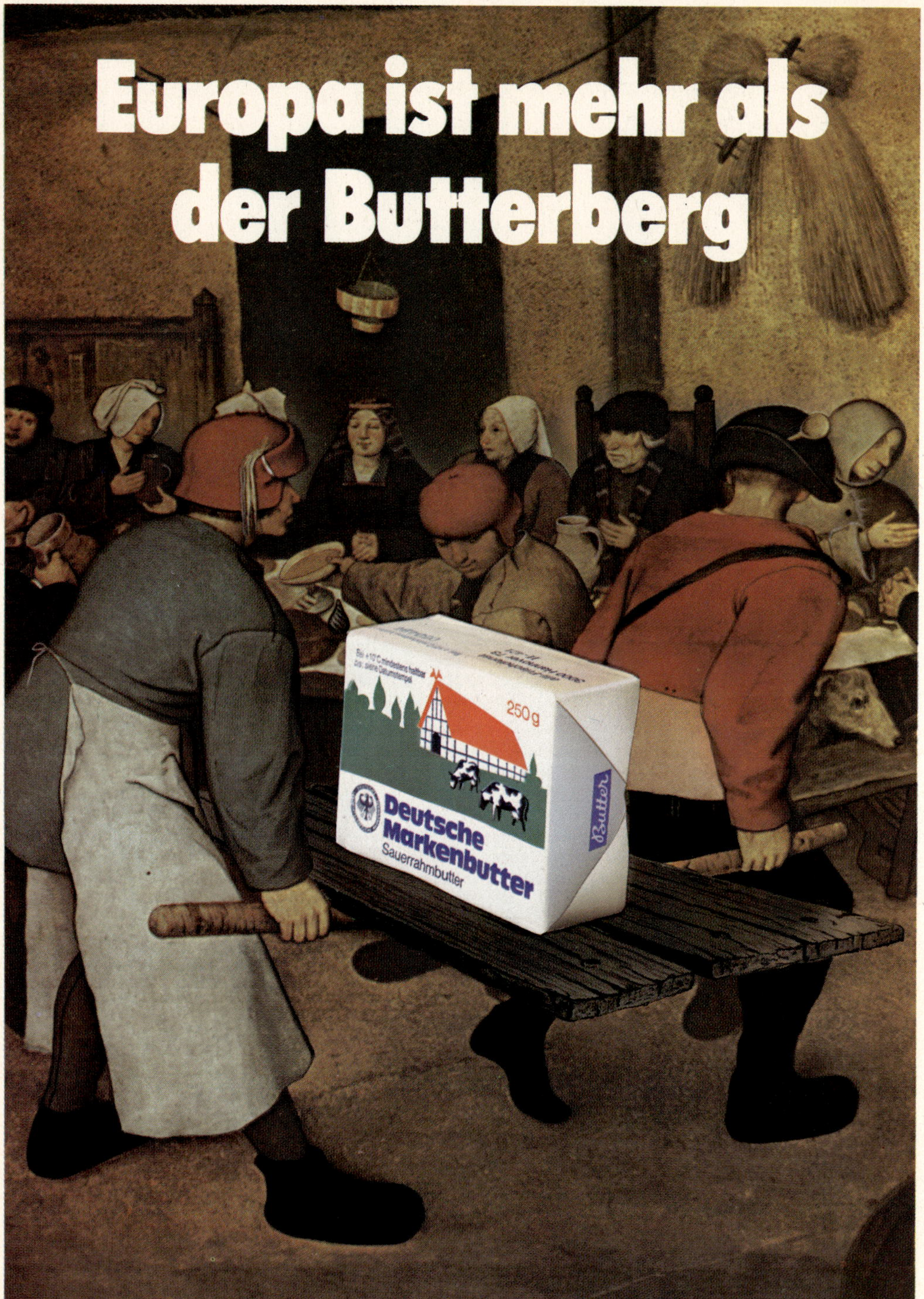
Europa ist mehr als
der Butterberg
250 g
Deutsche
Markenbutter
Sauerrahmbutter
Butter

1984

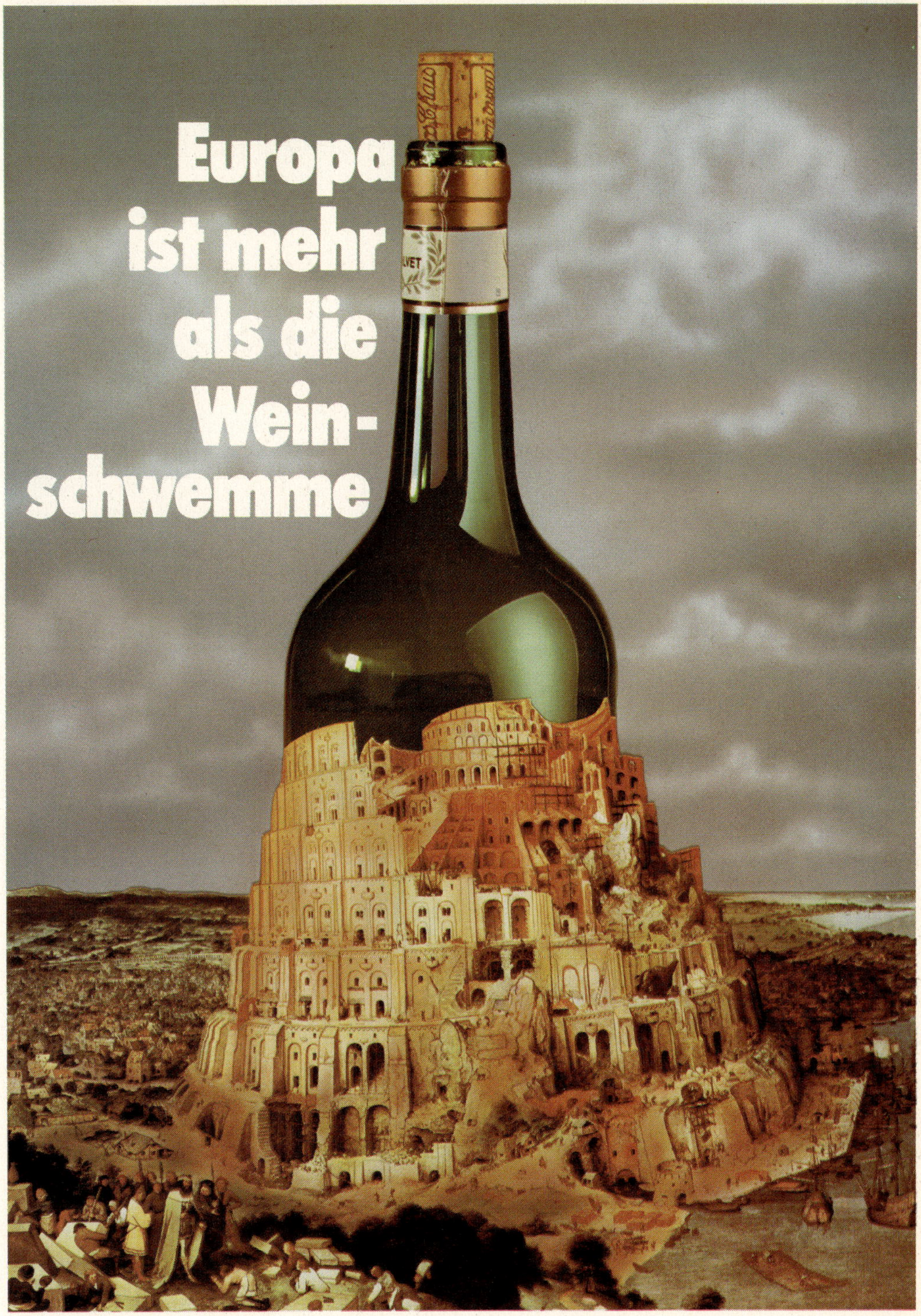

1984

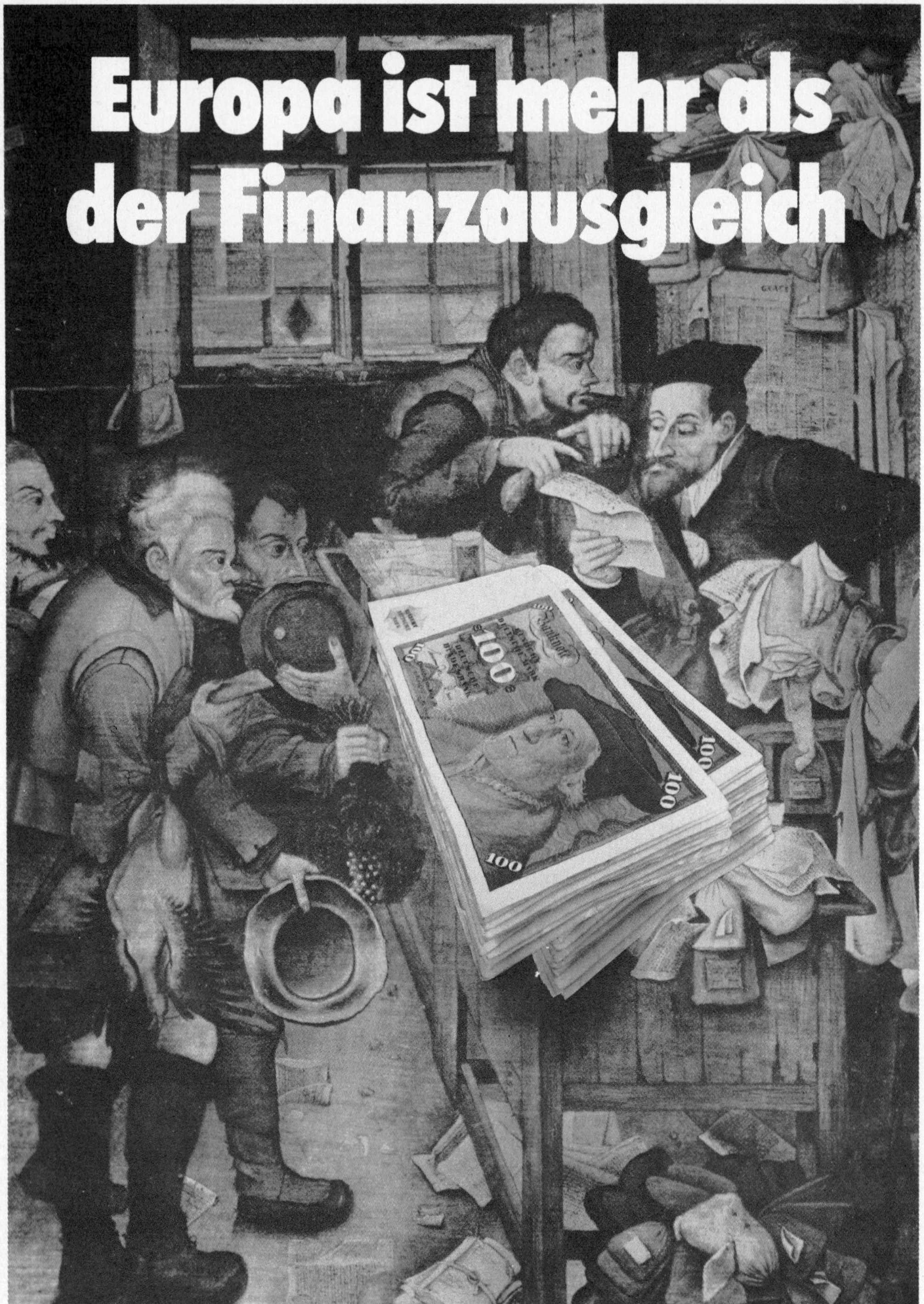

1982

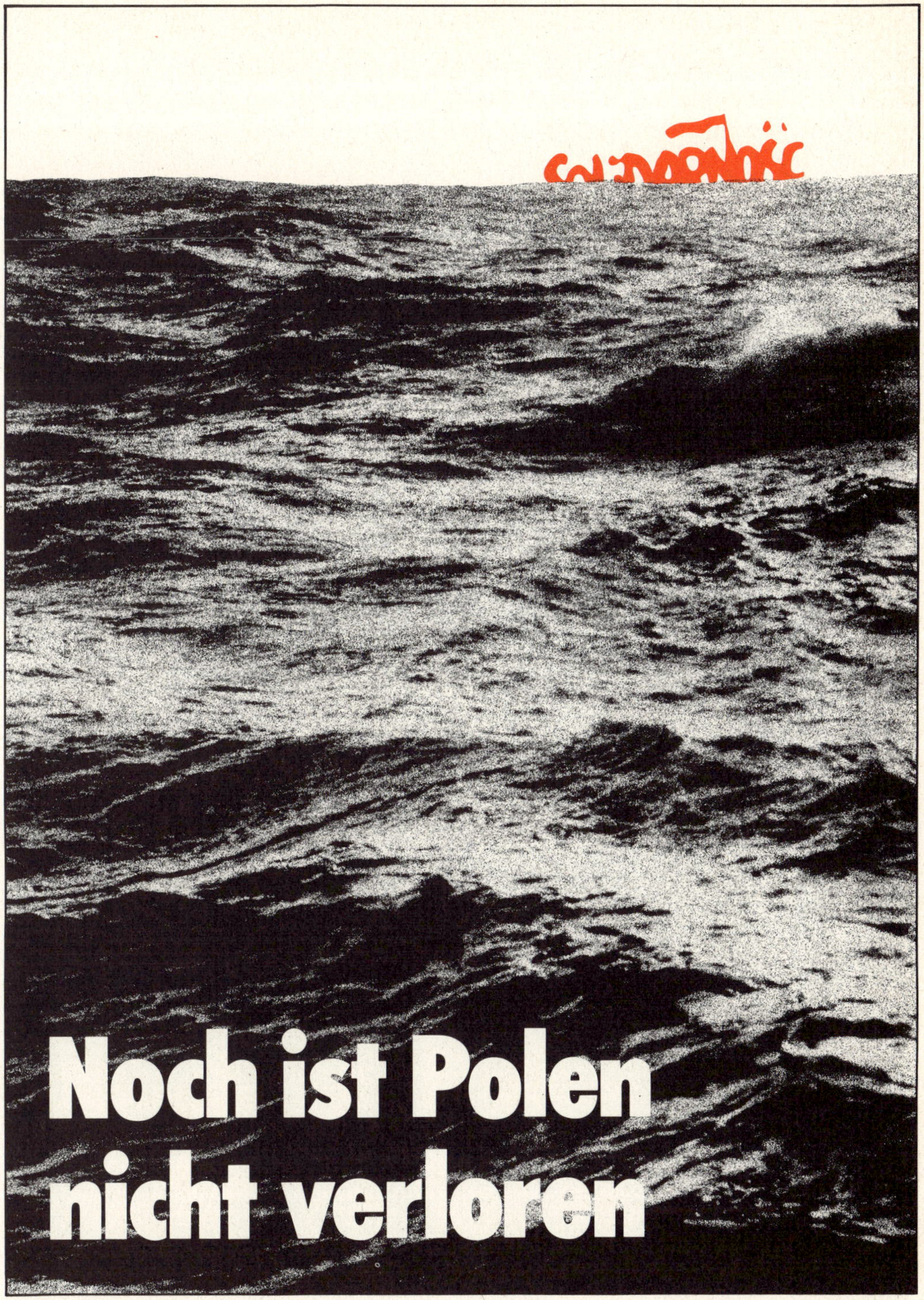

1972

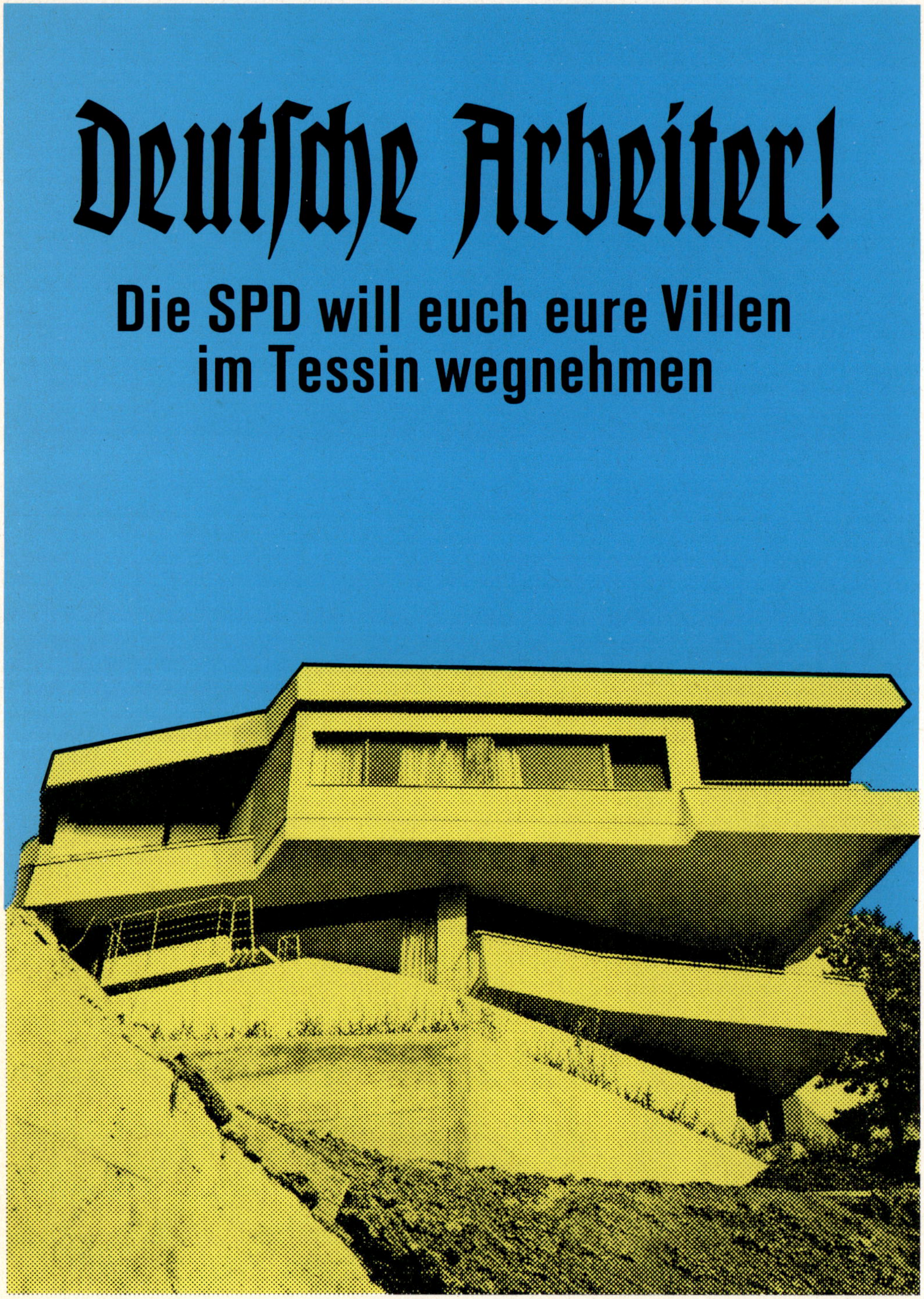
Deutsche Arbeiter!
Die SPD will euch eure Villen im Tessin wegnehmen

1978

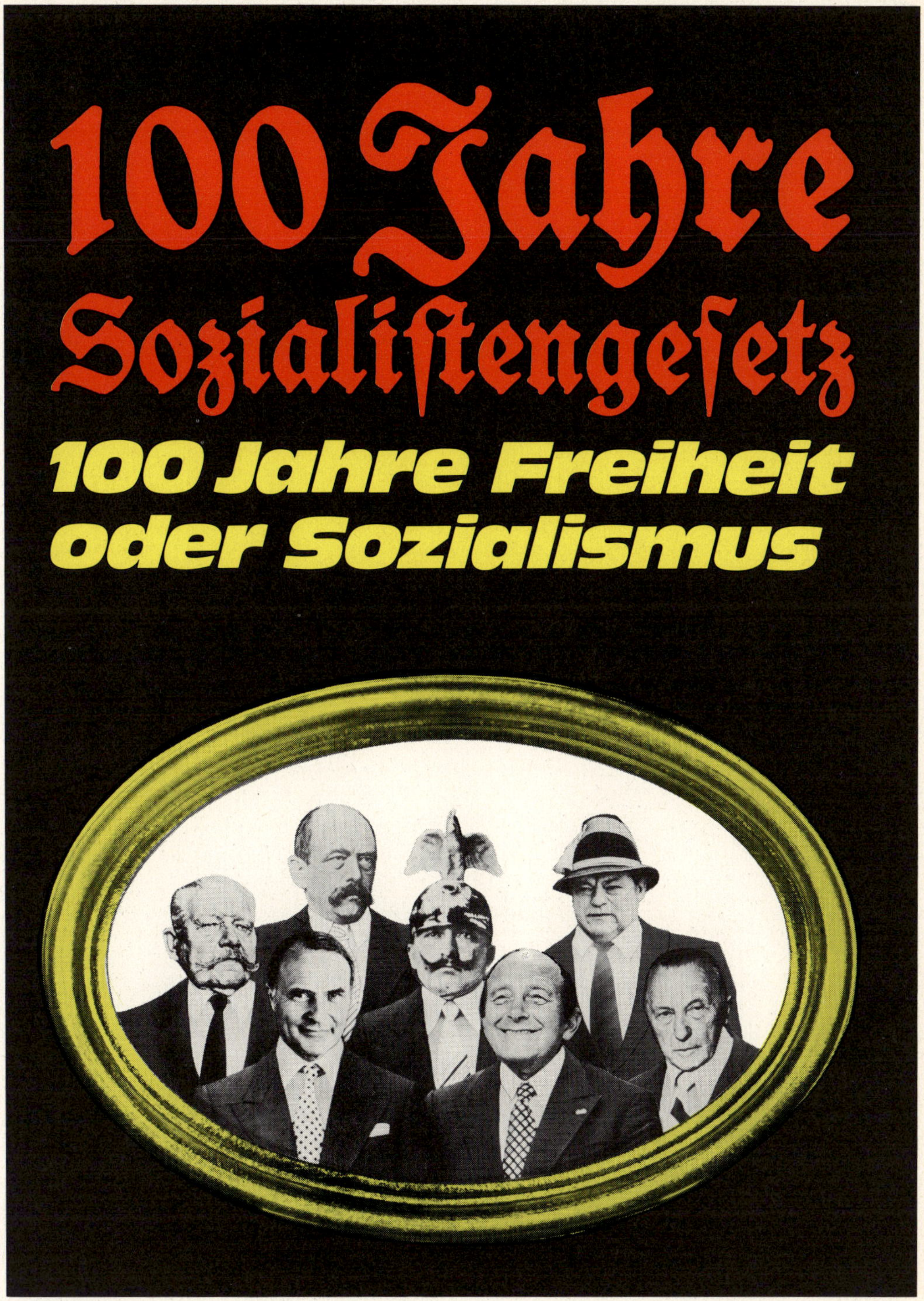
100 Jahre
Sozialistengesetz
100 Jahre Freiheit
oder Sozialismus

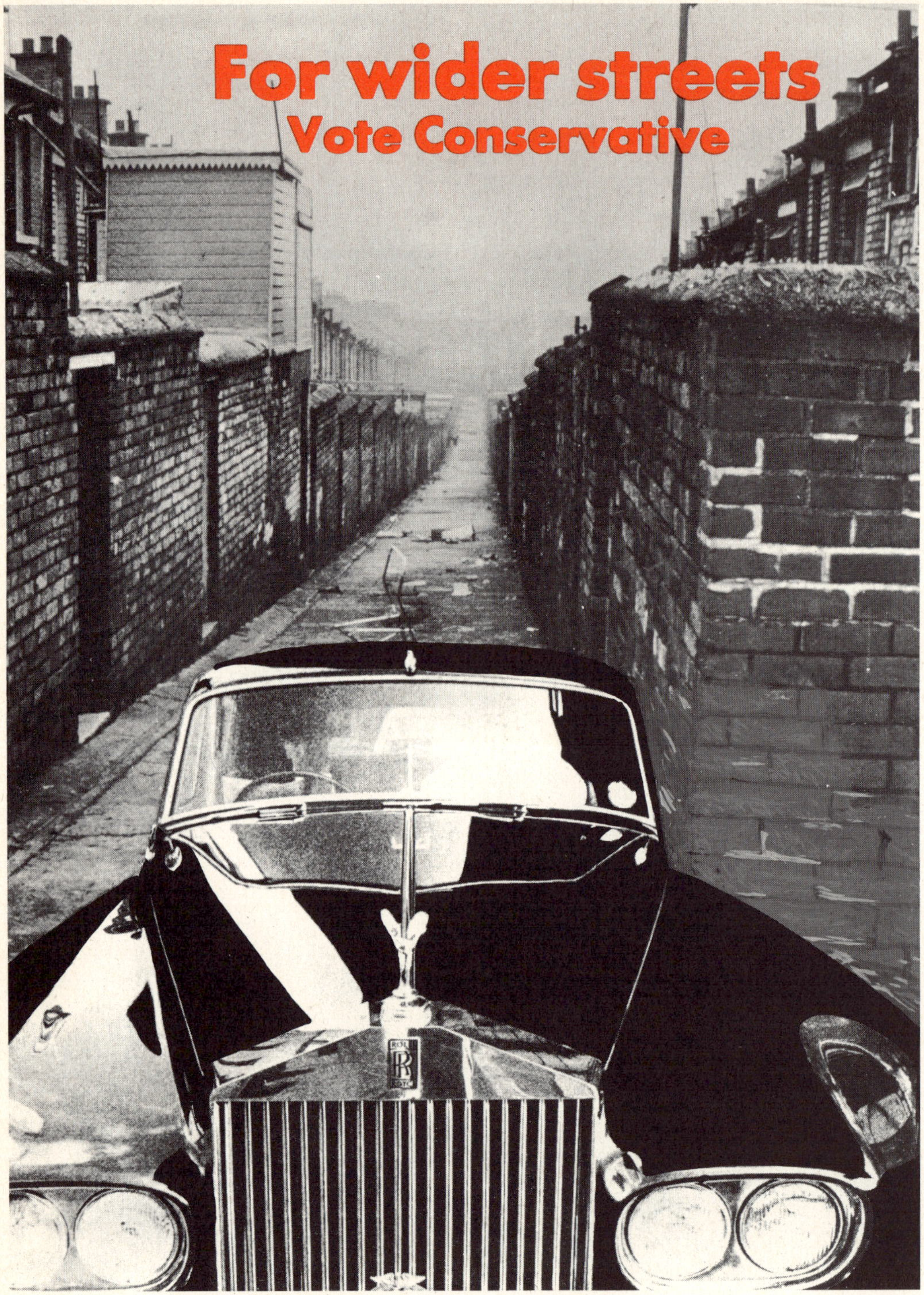

1974

1976

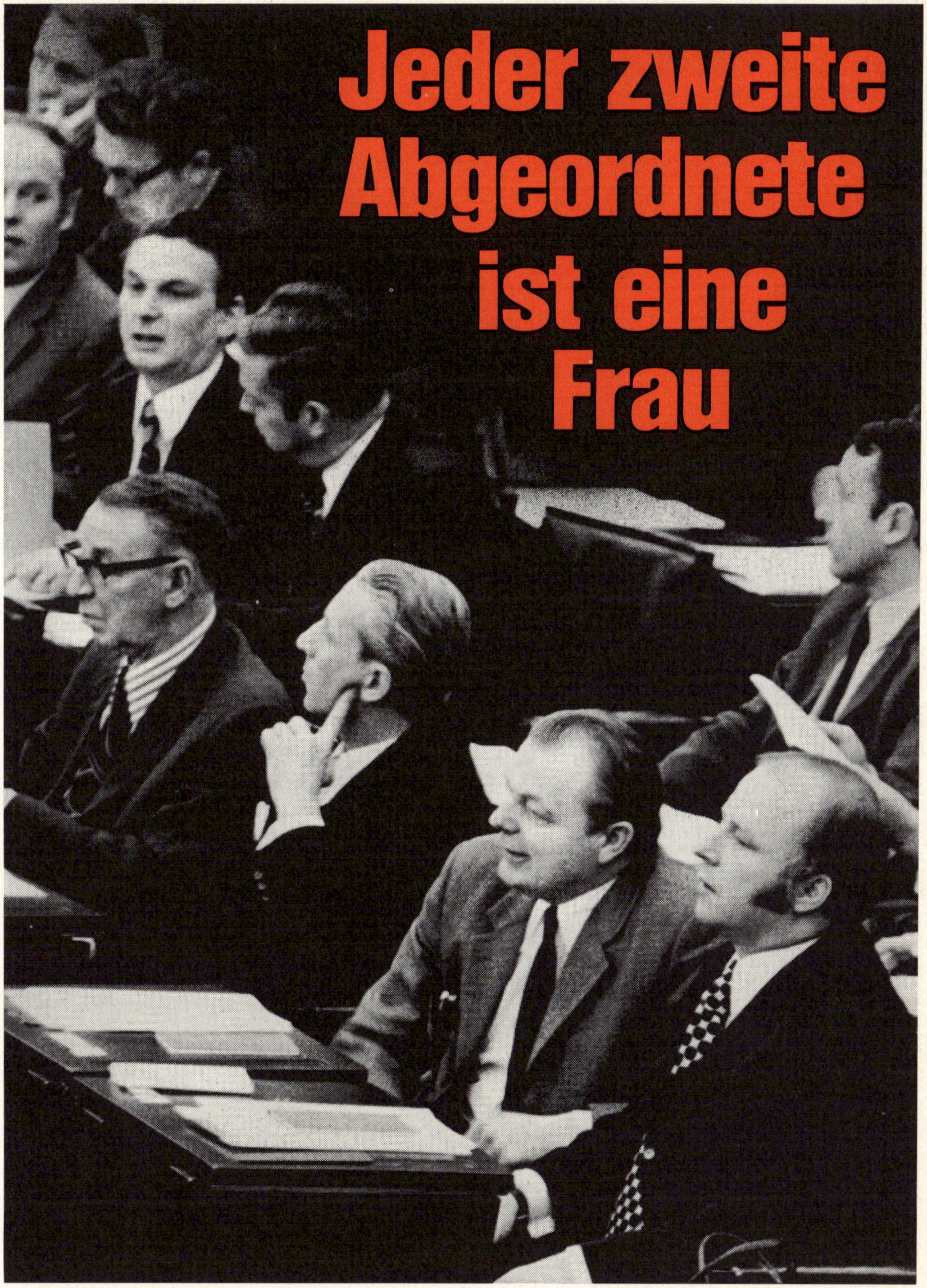

1977

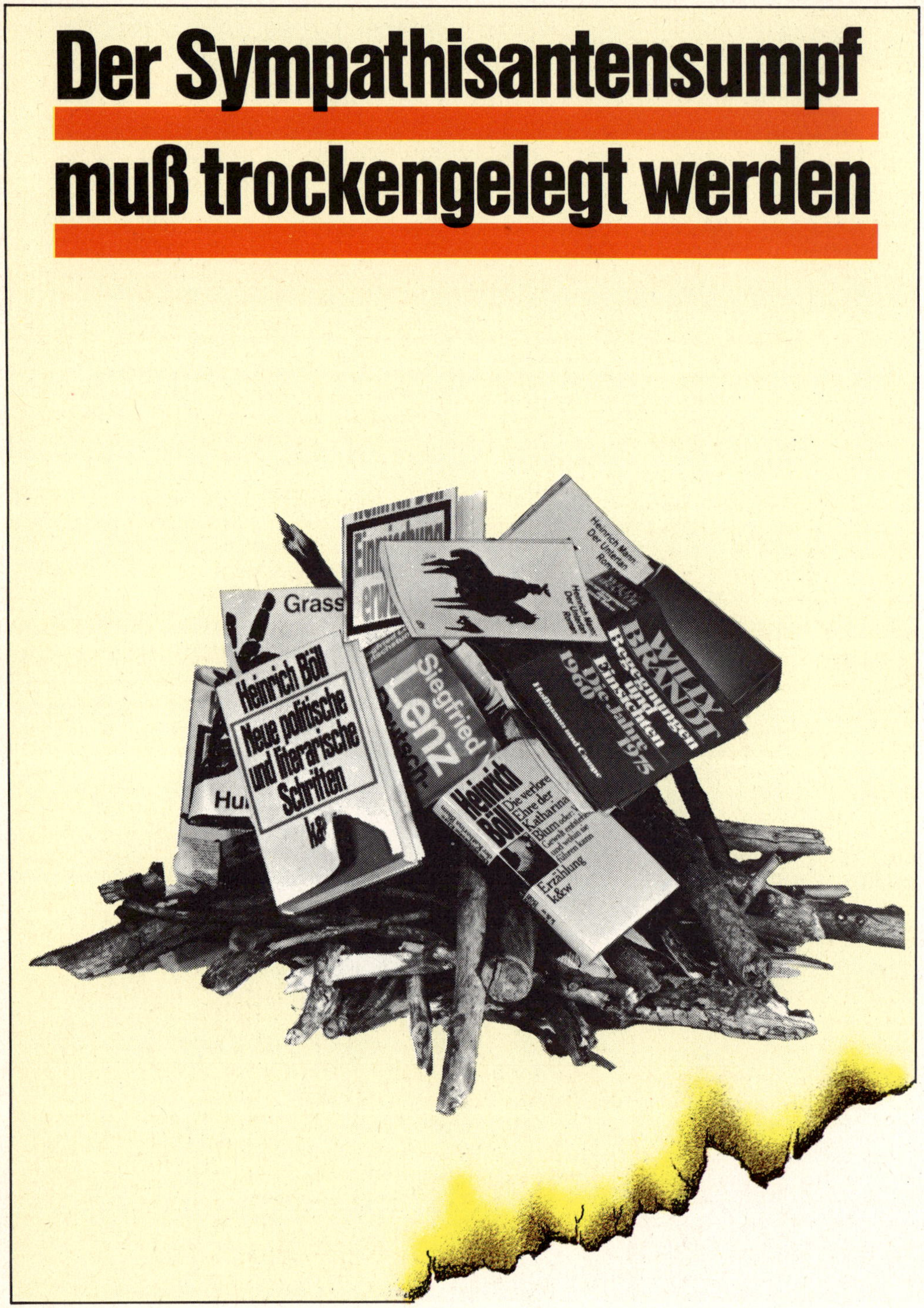
Der Sympathisantensumpf
muß trockengelegt werden
Grass
Heinrich Böll
Neue politische und literarische Schriften
Siegfried Lenz
Heinrich Böll
Die verlorene Ehre der Katharina Blum
Erzählung
k&w
Willy Brandt
Begegnungen und Einsichten
Die Jahre 1960–1975

1972

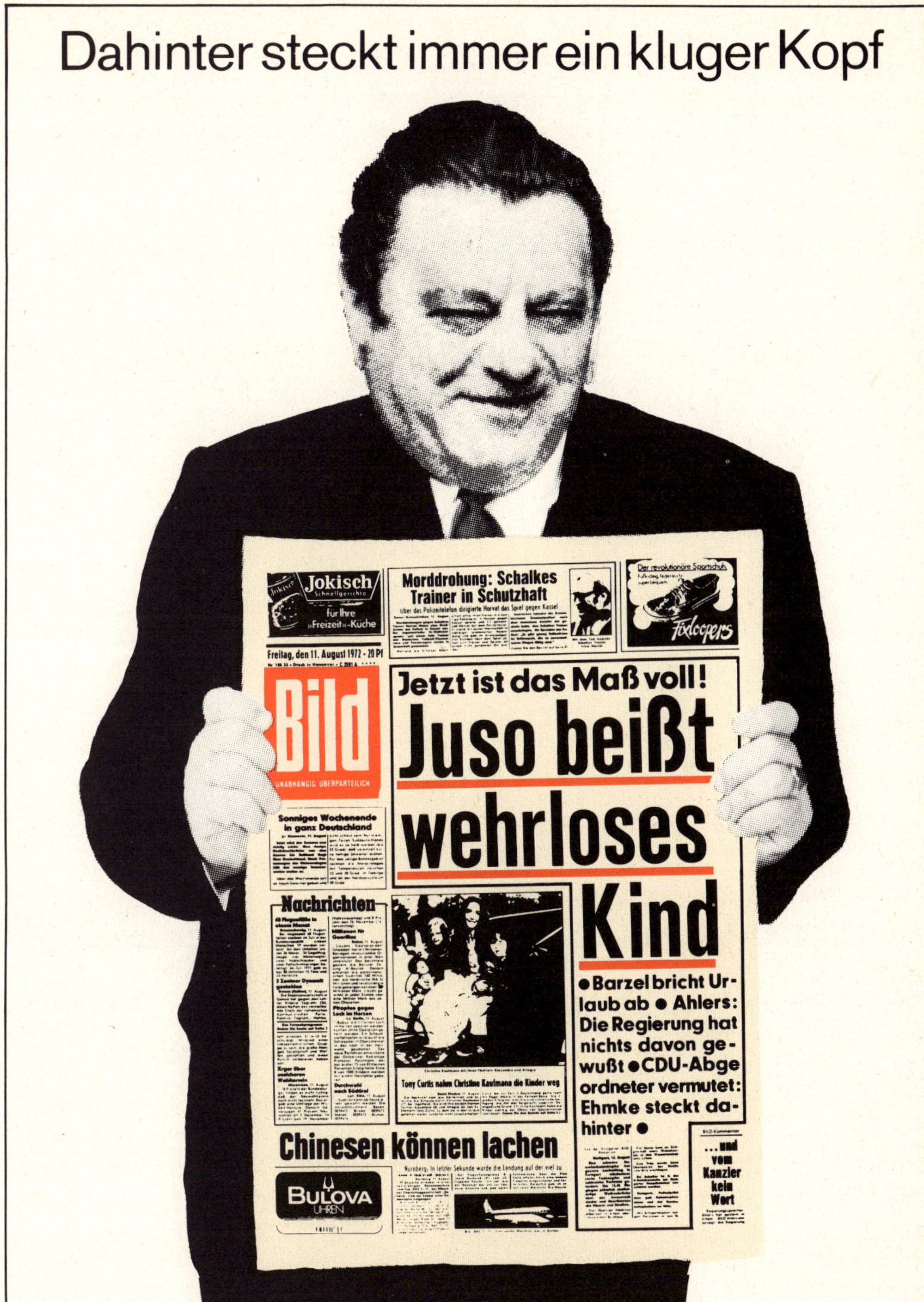
Dahinter steckt immer ein kluger Kopf
Jokisch Schnellgerichte
für Ihre »Freizeit«-Küche
Morddrohung: Schalkes Trainer in Schutzhaft
Der revolutionäre Sportschuh
Freitag, den 11. August 1972 · 20 Pf
Bild
UNABHÄNGIG ÜBERPARTEILICH
Jetzt ist das Maß voll!
Juso beißt wehrloses Kind
● Barzel bricht Urlaub ab ● Ahlers: Die Regierung hat nichts davon gewußt ● CDU-Abgeordneter vermutet: Ehmke steckt dahinter ●
Sonniges Wochenende in ganz Deutschland
Nachrichten
Tony Curtis nahm Christine Kaufmann die Kinder weg
Chinesen können lachen
BULOVA UHREN
... und vom Kanzler kein Wort

1972

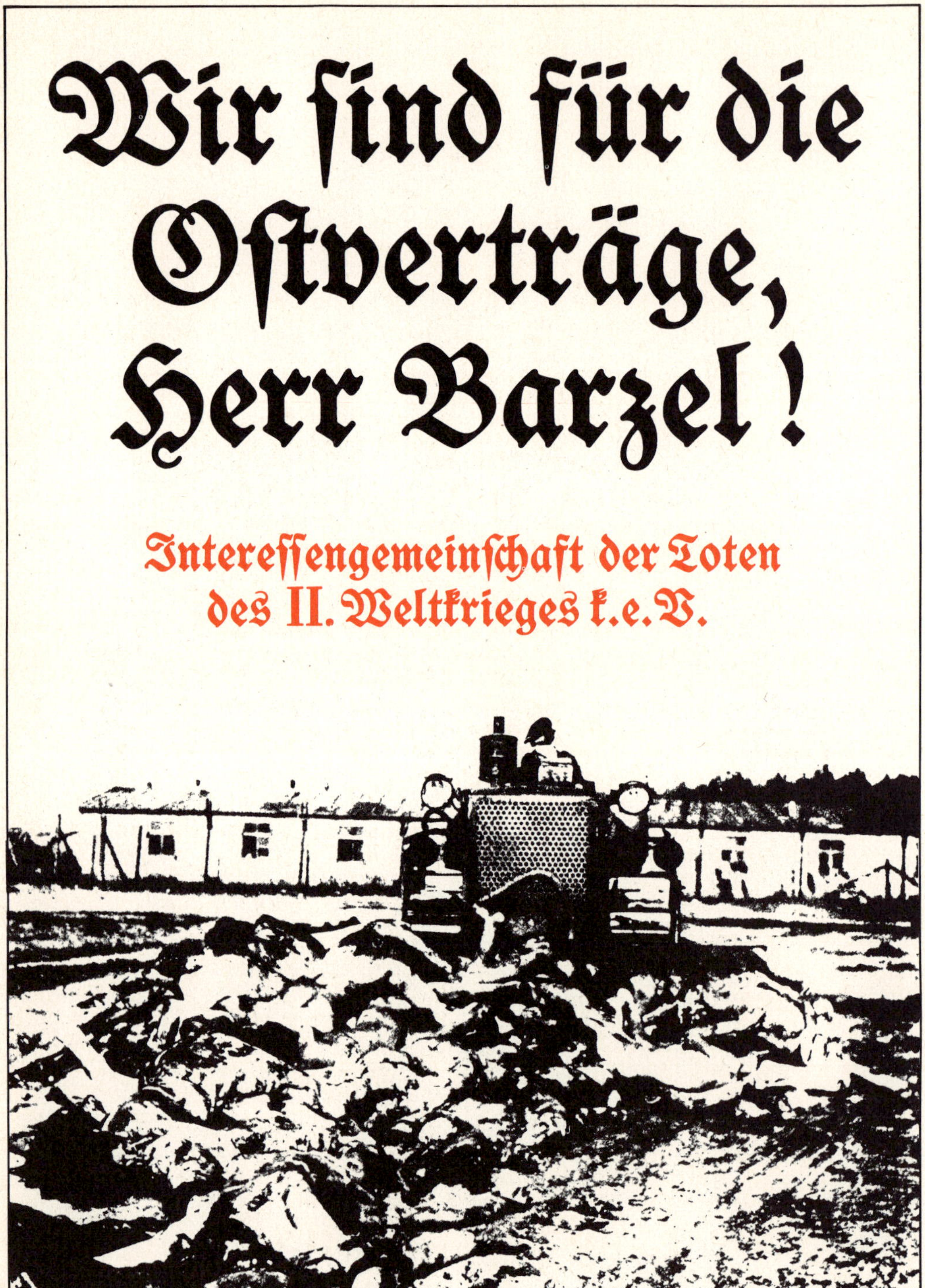
Wir sind für die Ostverträge, Herr Barzel!
Interessengemeinschaft der Toten des II. Weltkrieges k.e.V.

1972

Die Reichen müssen noch reicher werden

Wählt
christdemokratisch

1974

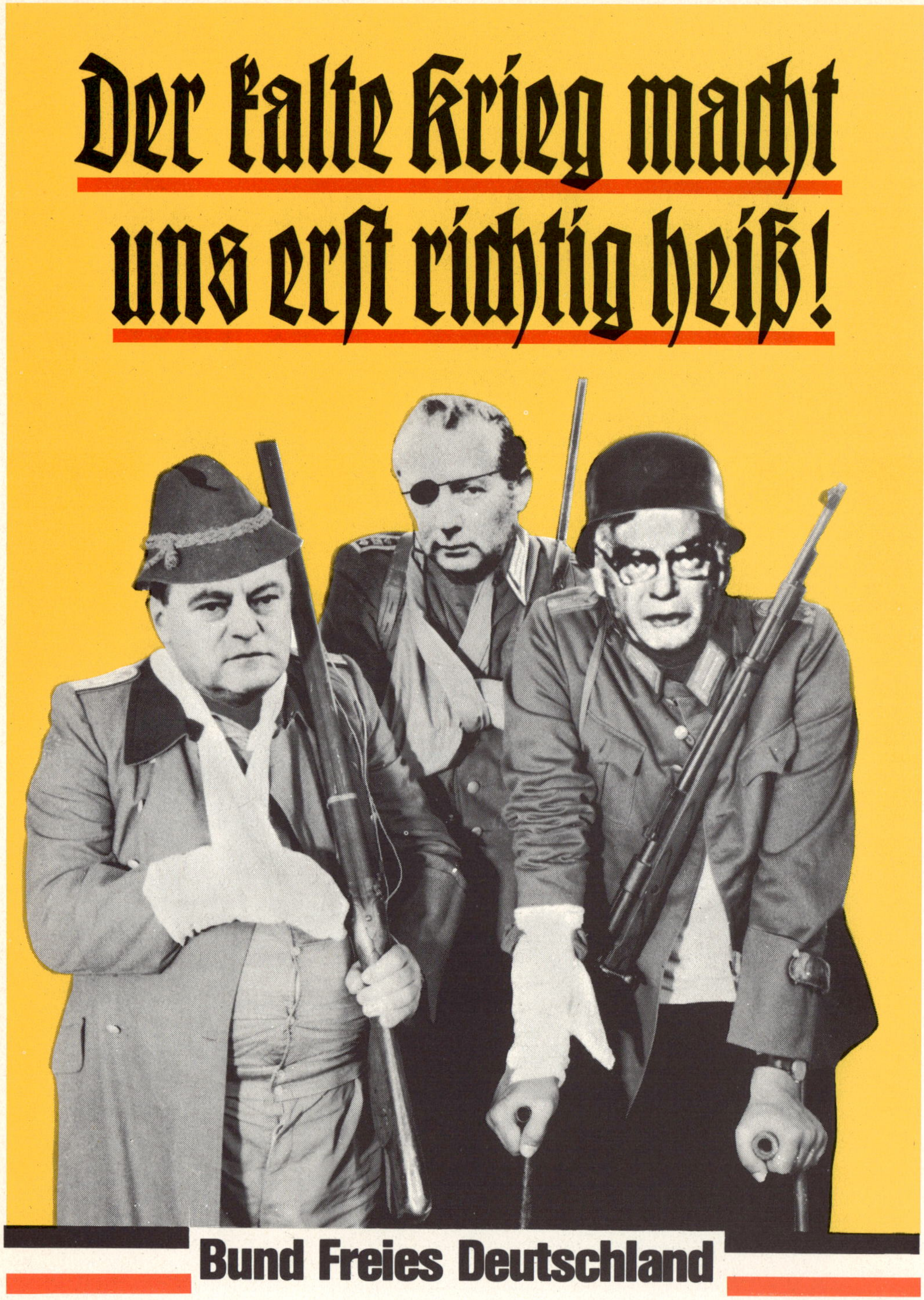
Der kalte Krieg macht
uns erst richtig heiß!
Bund Freies Deutschland

1974

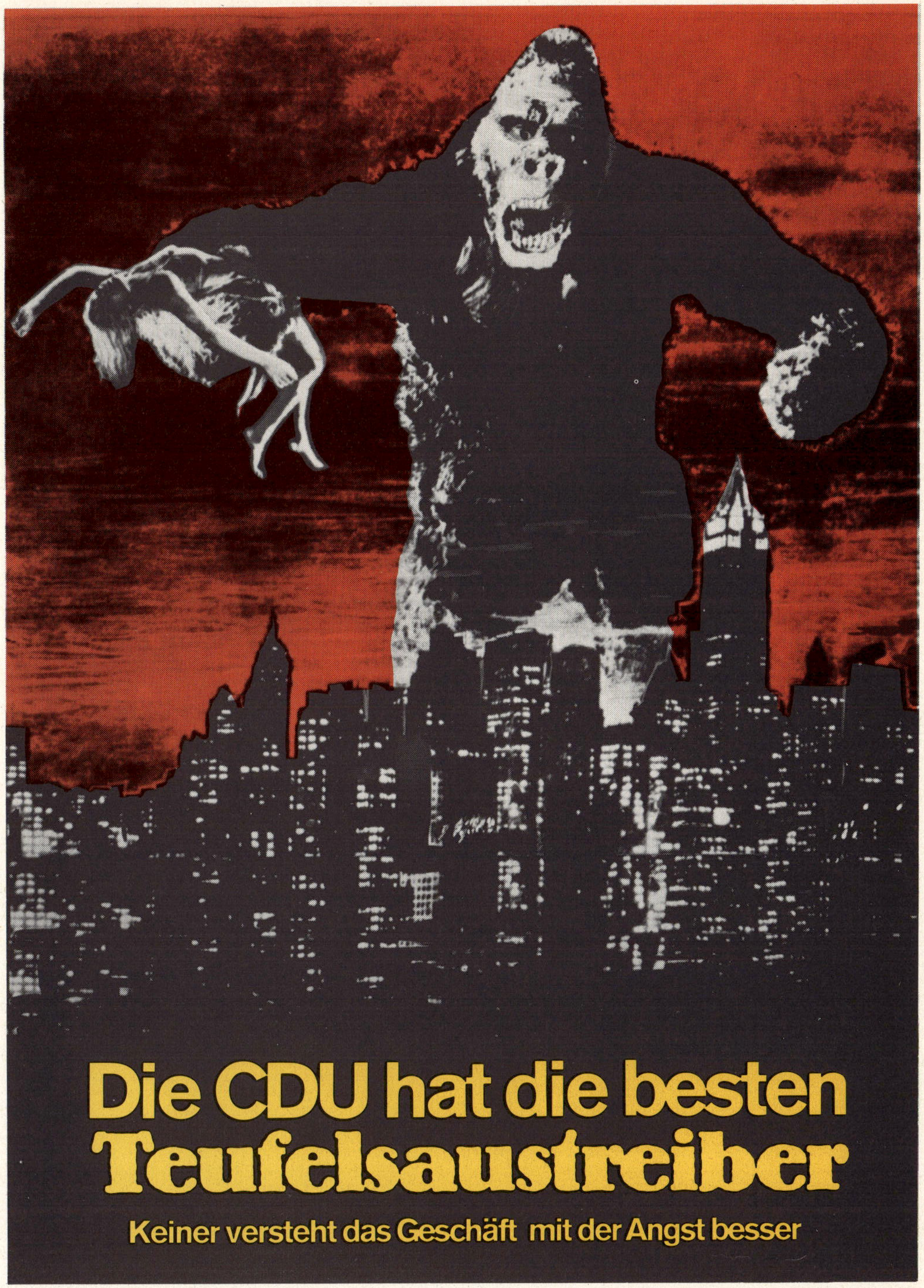
Die CDU hat die besten
Teufelsaustreiber
Keiner versteht das Geschäft mit der Angst besser

1974

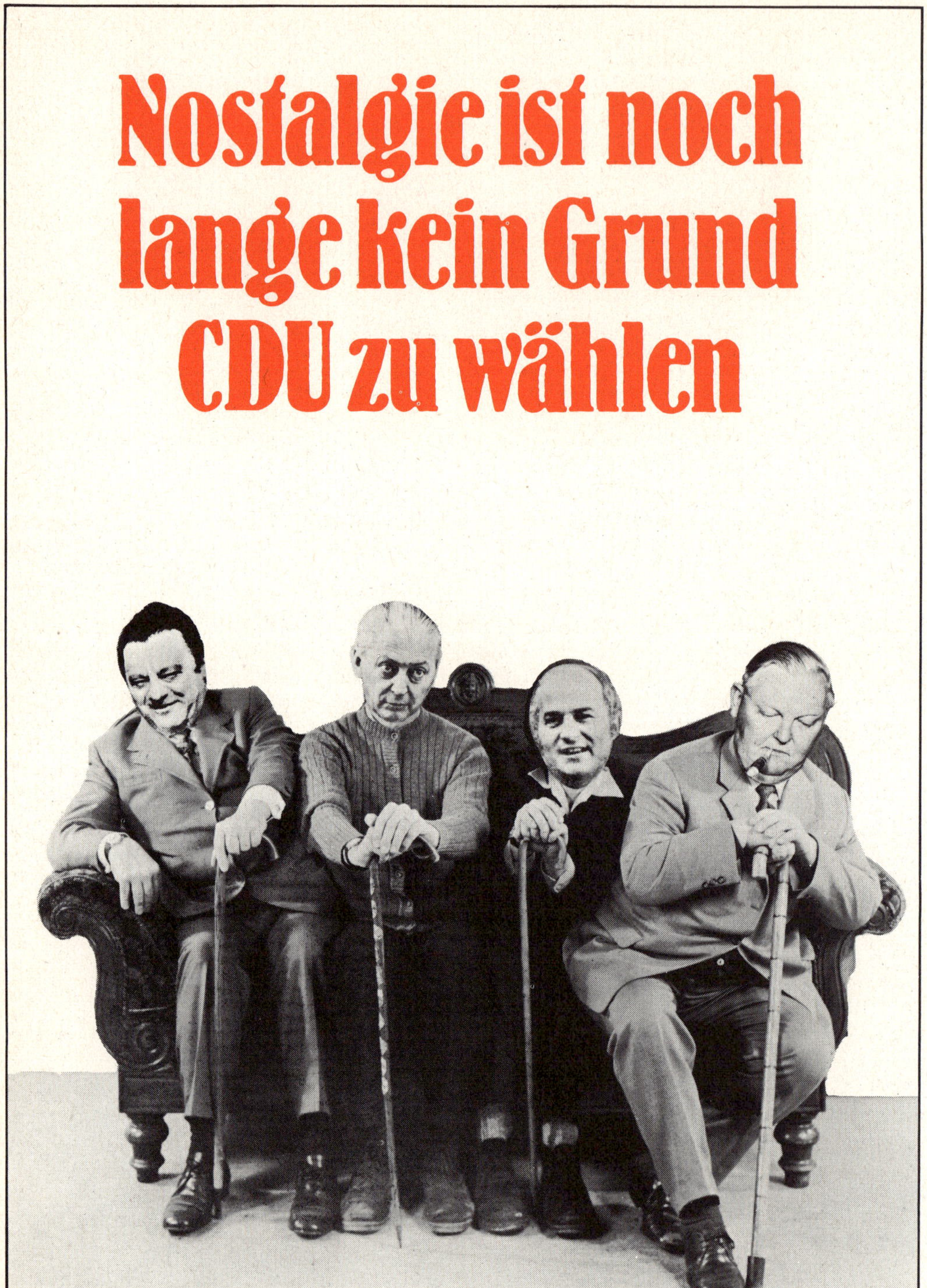

1972

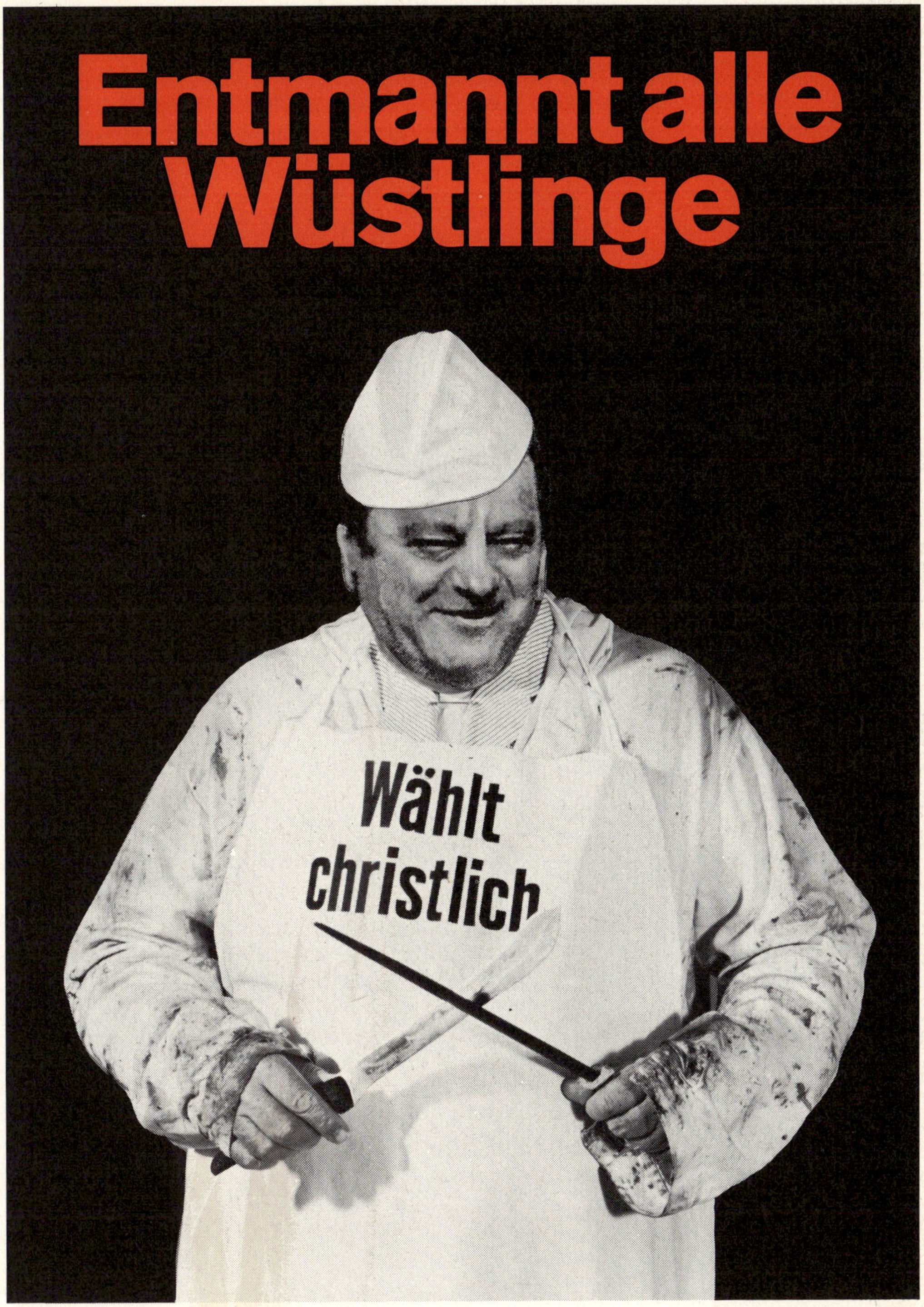

1975

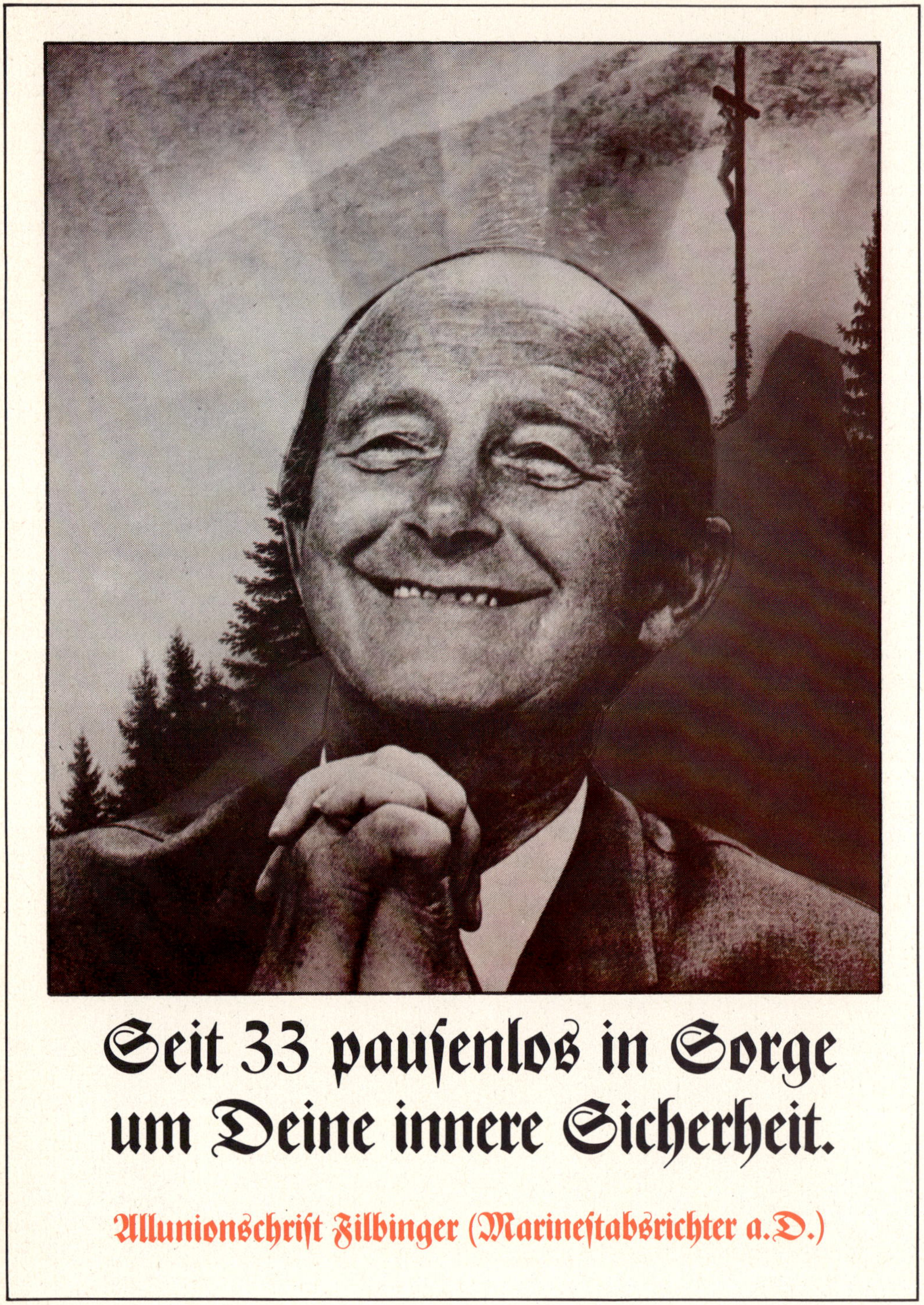
Seit 33 pausenlos in Sorge
um Deine innere Sicherheit.
Allunionschrist Filbinger (Marinestabsrichter a.D.)

1976

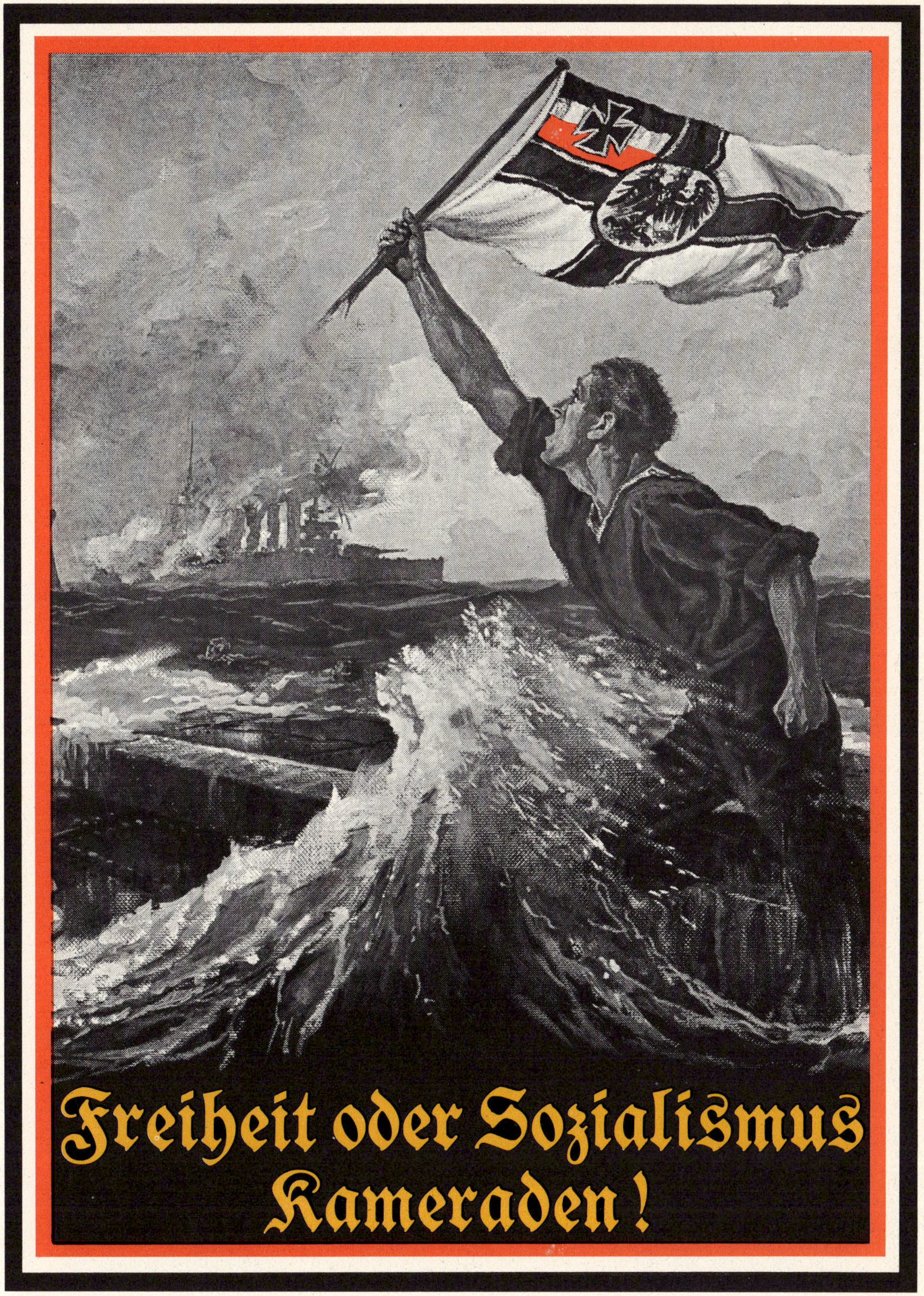

1976

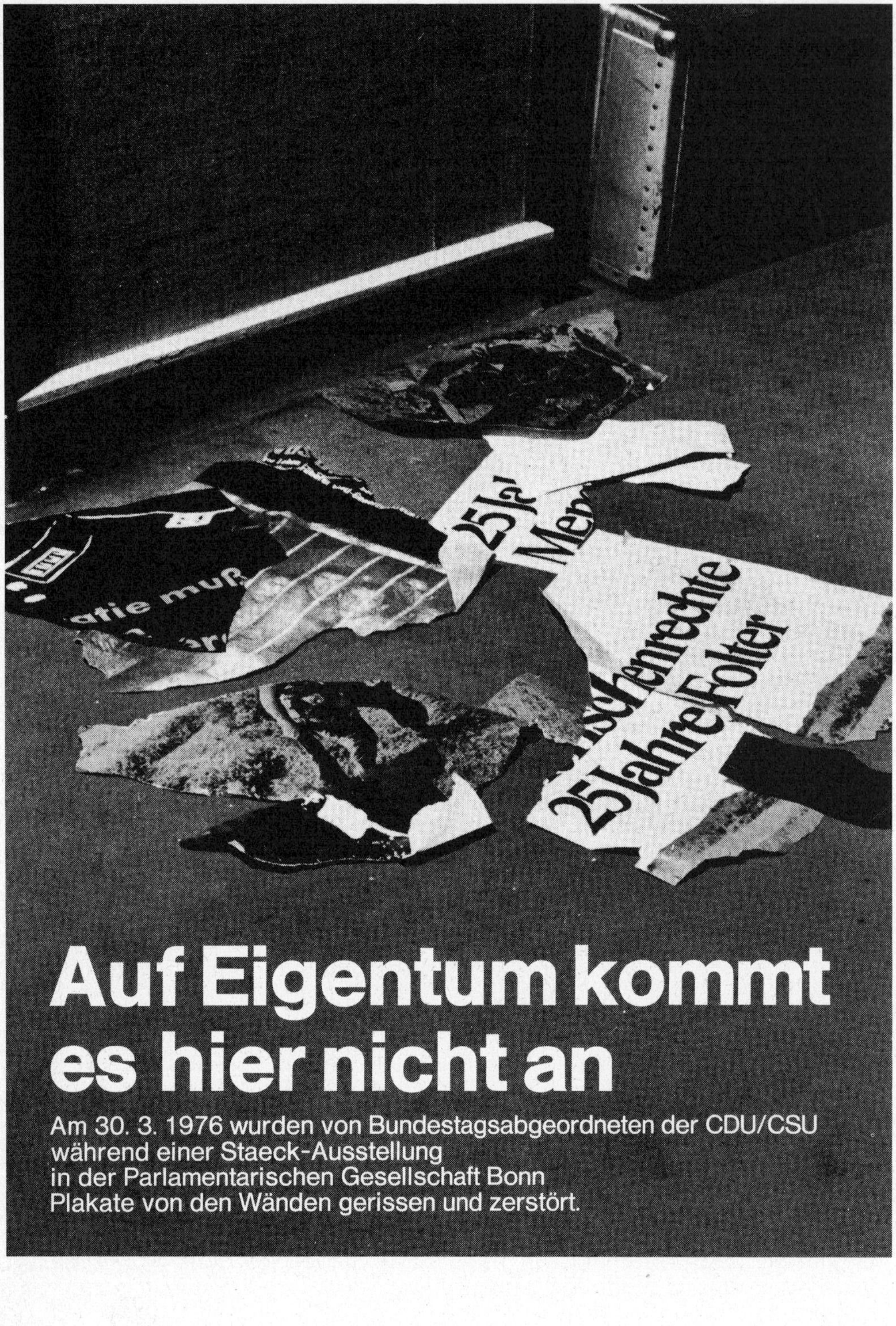
25 Jahre Folter
Auf Eigentum kommt es hier nicht an
Am 30. 3. 1976 wurden von Bundestagsabgeordneten der CDU/CSU während einer Staeck-Ausstellung in der Parlamentarischen Gesellschaft Bonn Plakate von den Wänden gerissen und zerstört.

1974

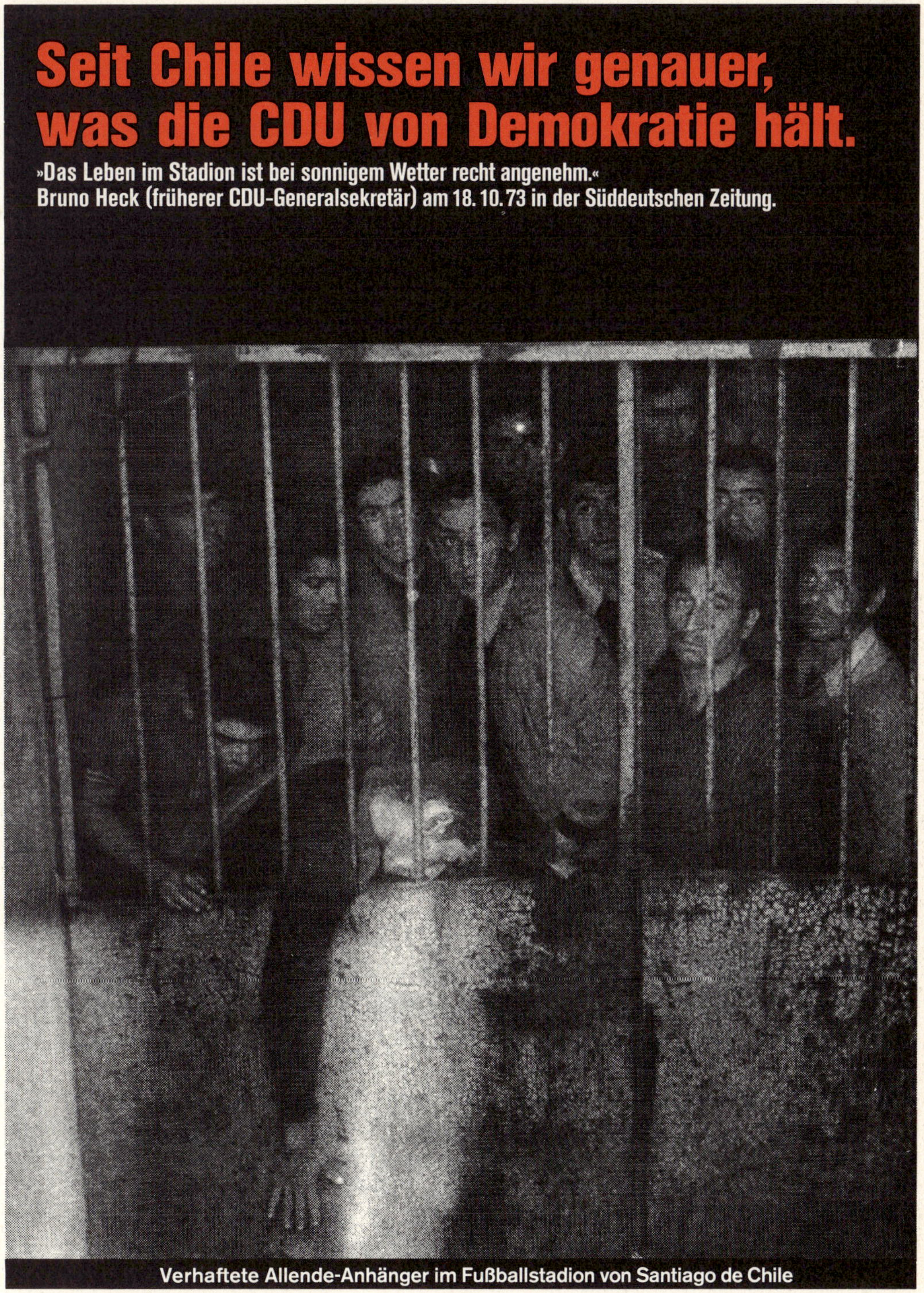
Seit Chile wissen wir genauer,
was die CDU von Demokratie hält.
»Das Leben im Stadion ist bei sonnigem Wetter recht angenehm.«
Bruno Heck (früherer CDU-Generalsekretär) am 18.10.73 in der Süddeutschen Zeitung.
Verhaftete Allende-Anhänger im Fußballstadion von Santiago de Chile

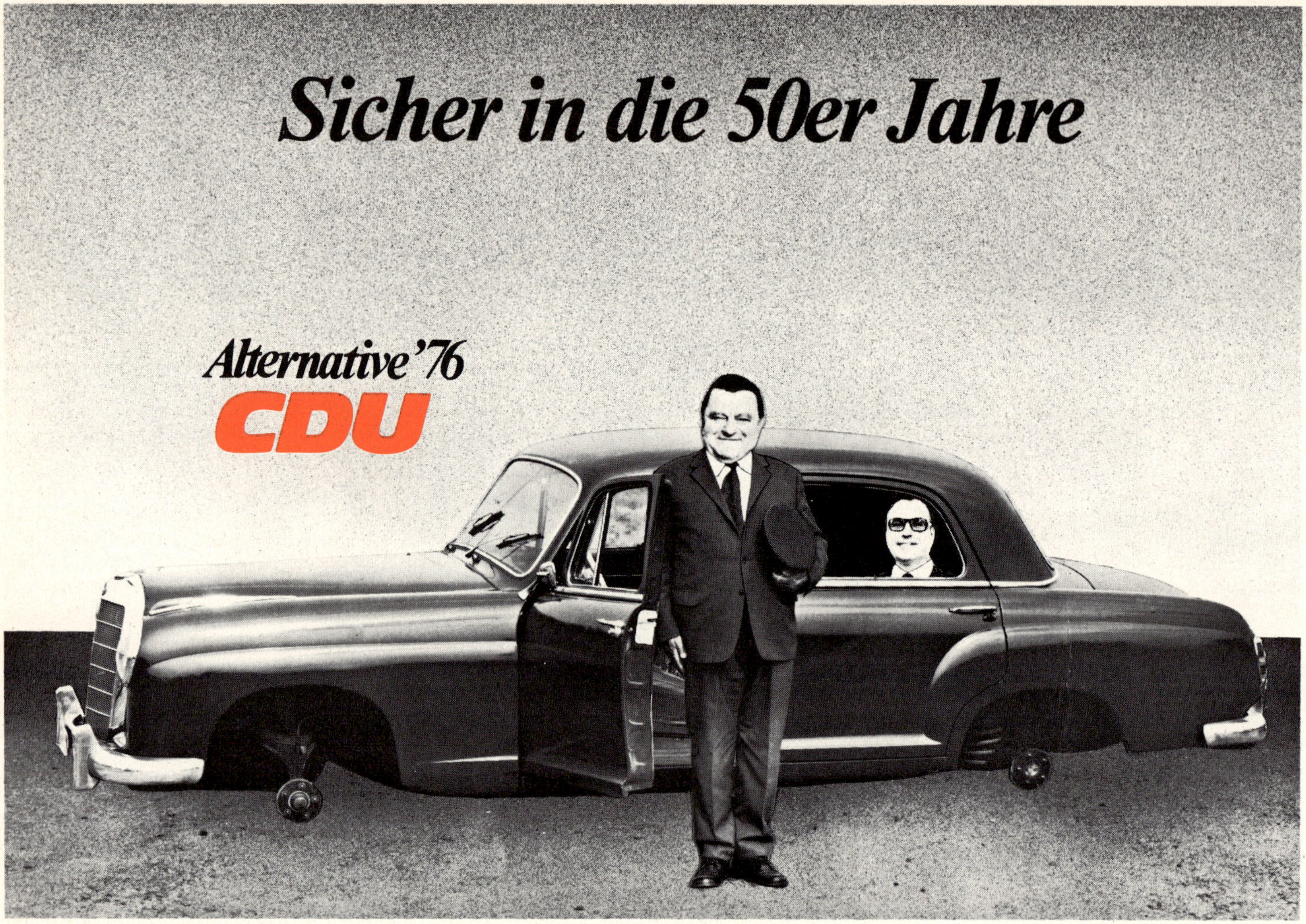

1975

1975

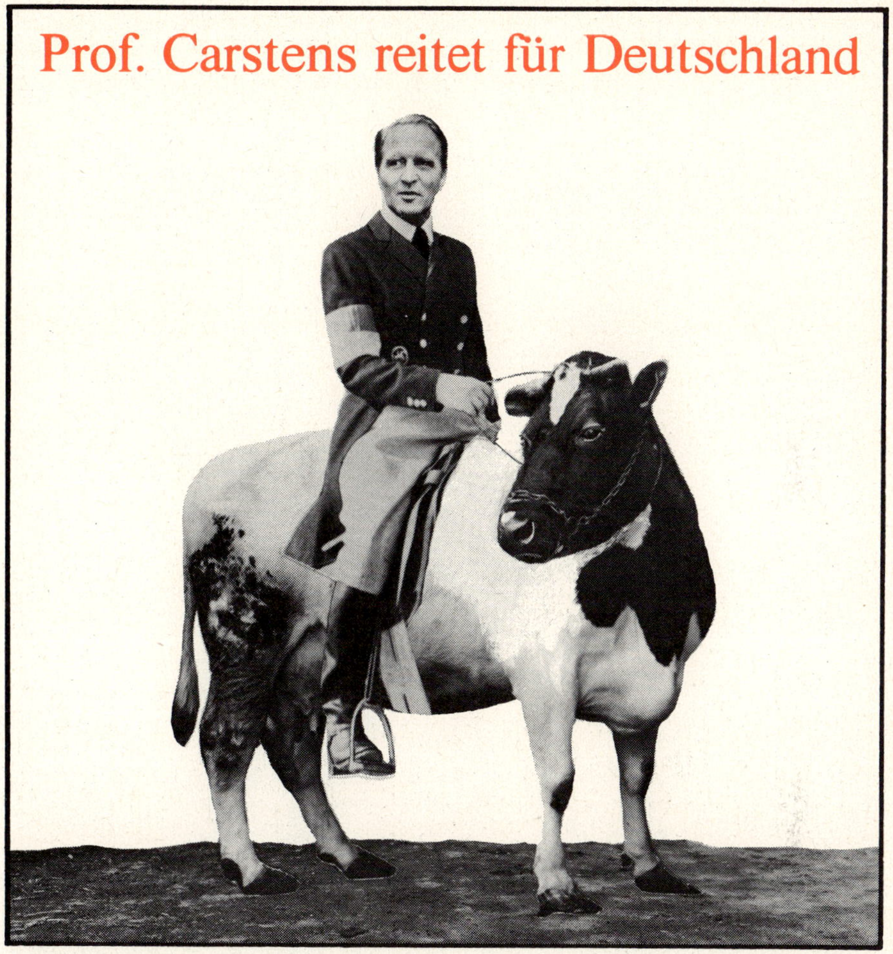

»Ich fordere die ganze Bevölkerung auf, sich von der Terrortätigkeit zu distanzieren, insbesondere auch den Dichter Heinrich Böll, der noch vor wenigen Monaten unter dem Pseudonym Katharina Blüm ein Buch geschrieben hat, das eine Rechtfertigung von Gewalt darstellt«

Prof. Carl Carstens (Vorsitzender der CDU/CSU Bundestagsfraktion) am 12. Dez. 1974 auf einer CDU-Kundgebung in der Duisburger Mercatorhalle vor 3000 Zuhörern über Heinrich Bölls vor kurzem erschienenes Buch »Die verlorene Ehre der Katharina Blum«.

1980

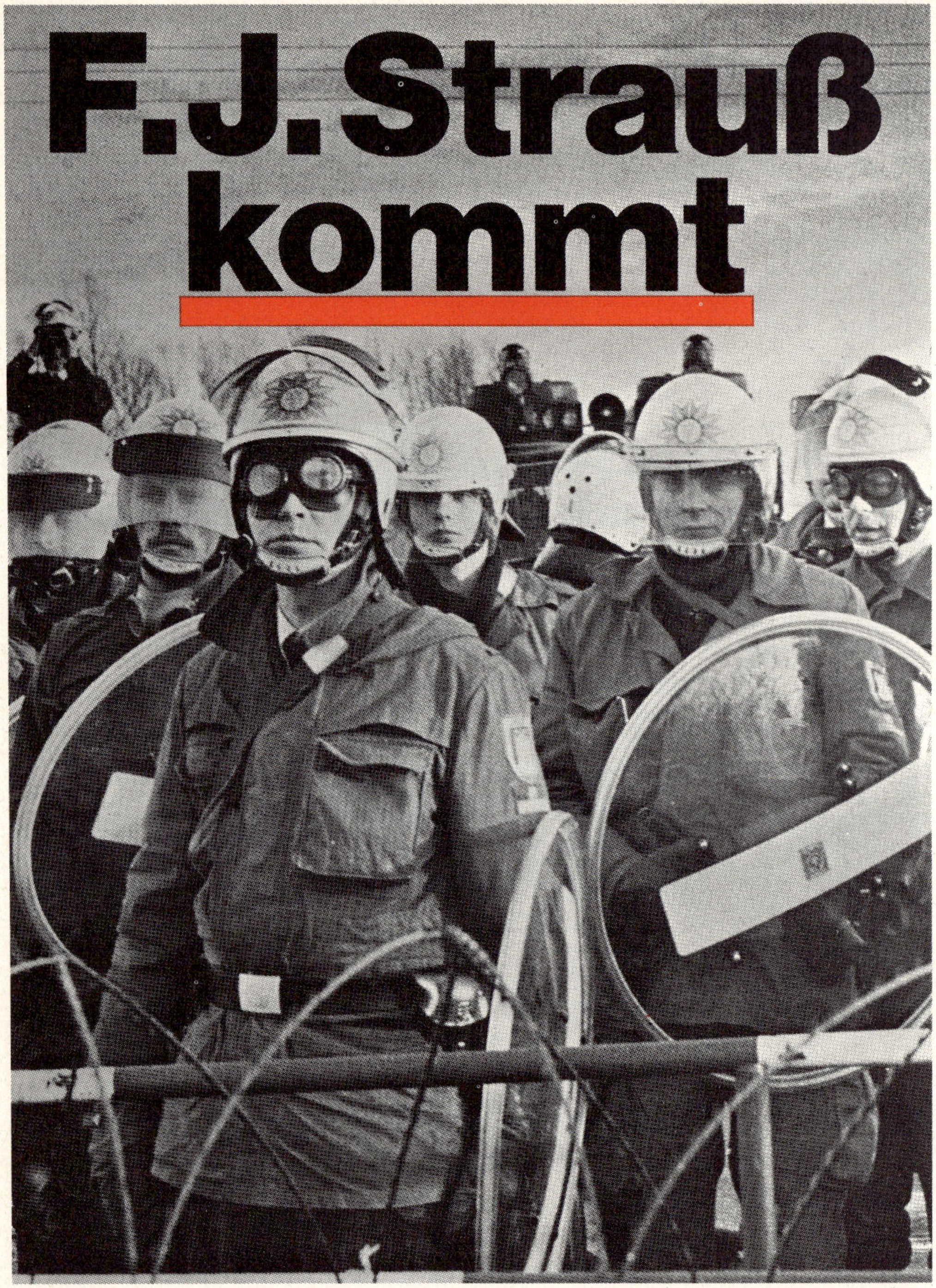

1982

An alle Mieter!

Jetzt können Sie endlich wählen: zwischen Mieterhöhung und Kündigung

**Ihre Mietrechtskoalition
CDUFDPCSU**

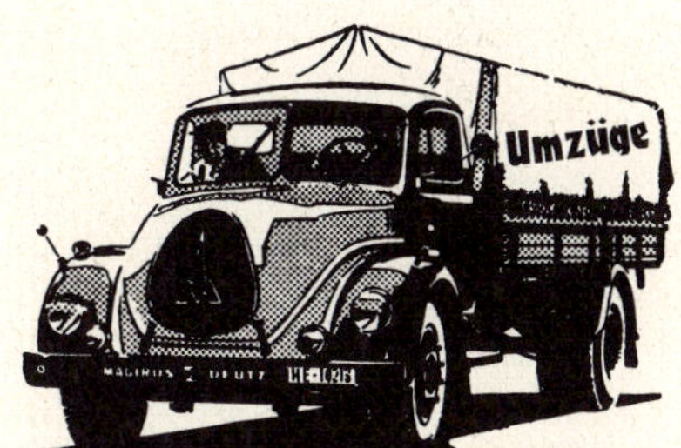

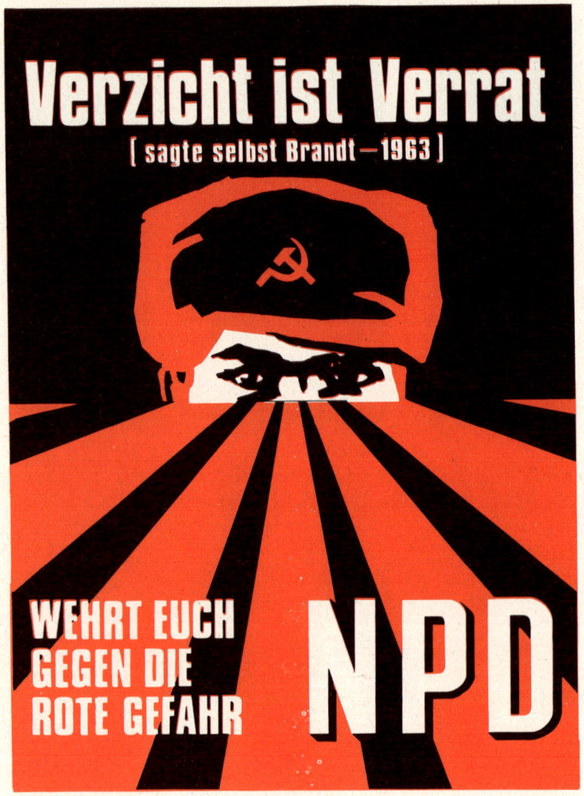

NPD-Plakat 1972

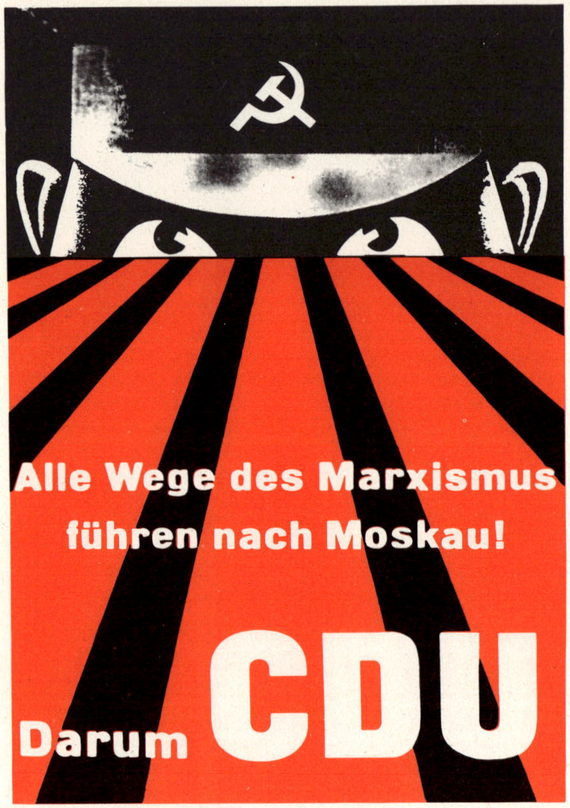

CDU-Plakat 1953

Wie sich die Bilder gleichen

1972

1977

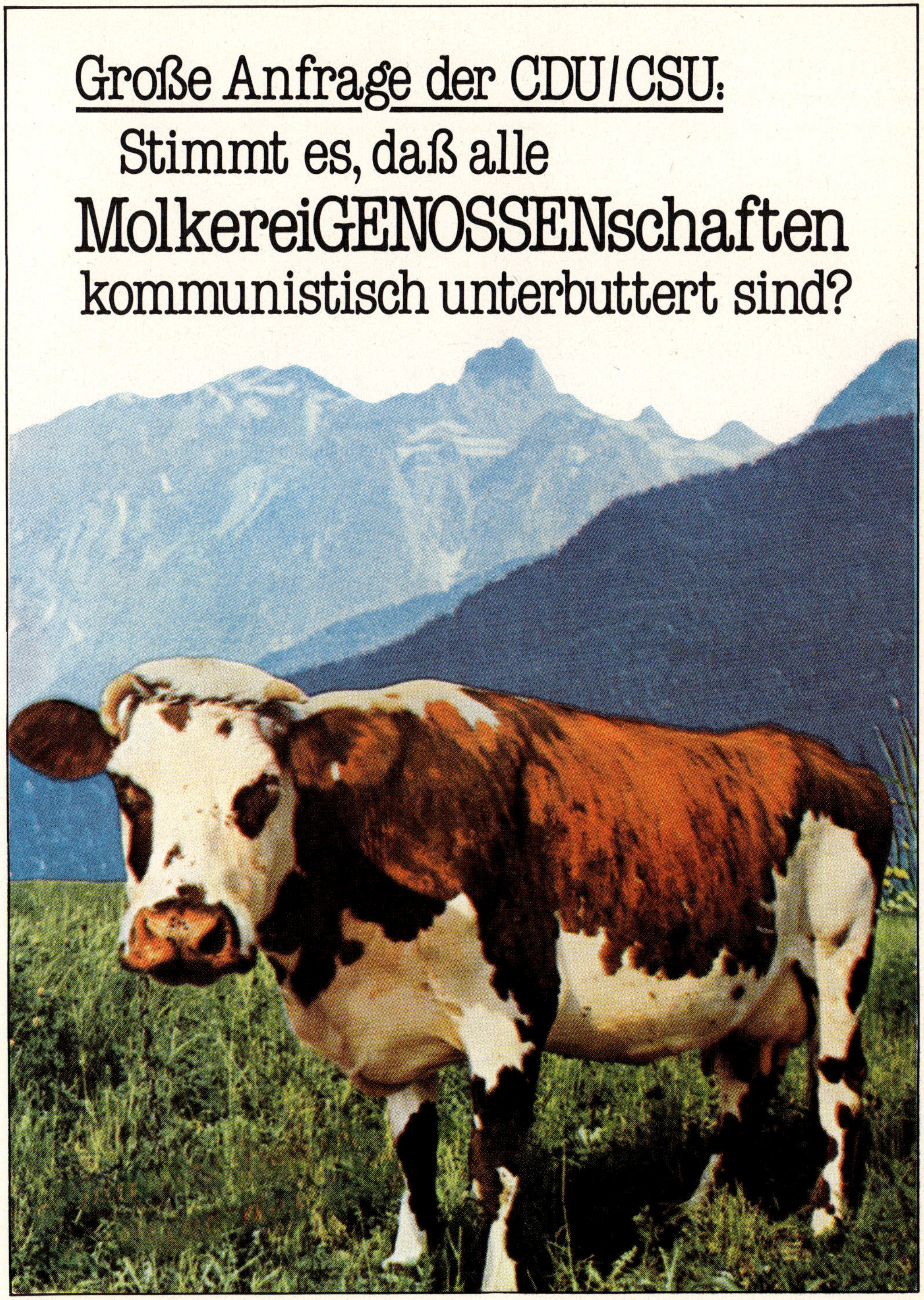
Große Anfrage der CDU/CSU:
Stimmt es, daß alle
MolkereiGENOSSENschaften
kommunistisch unterbuttert sind?

1982

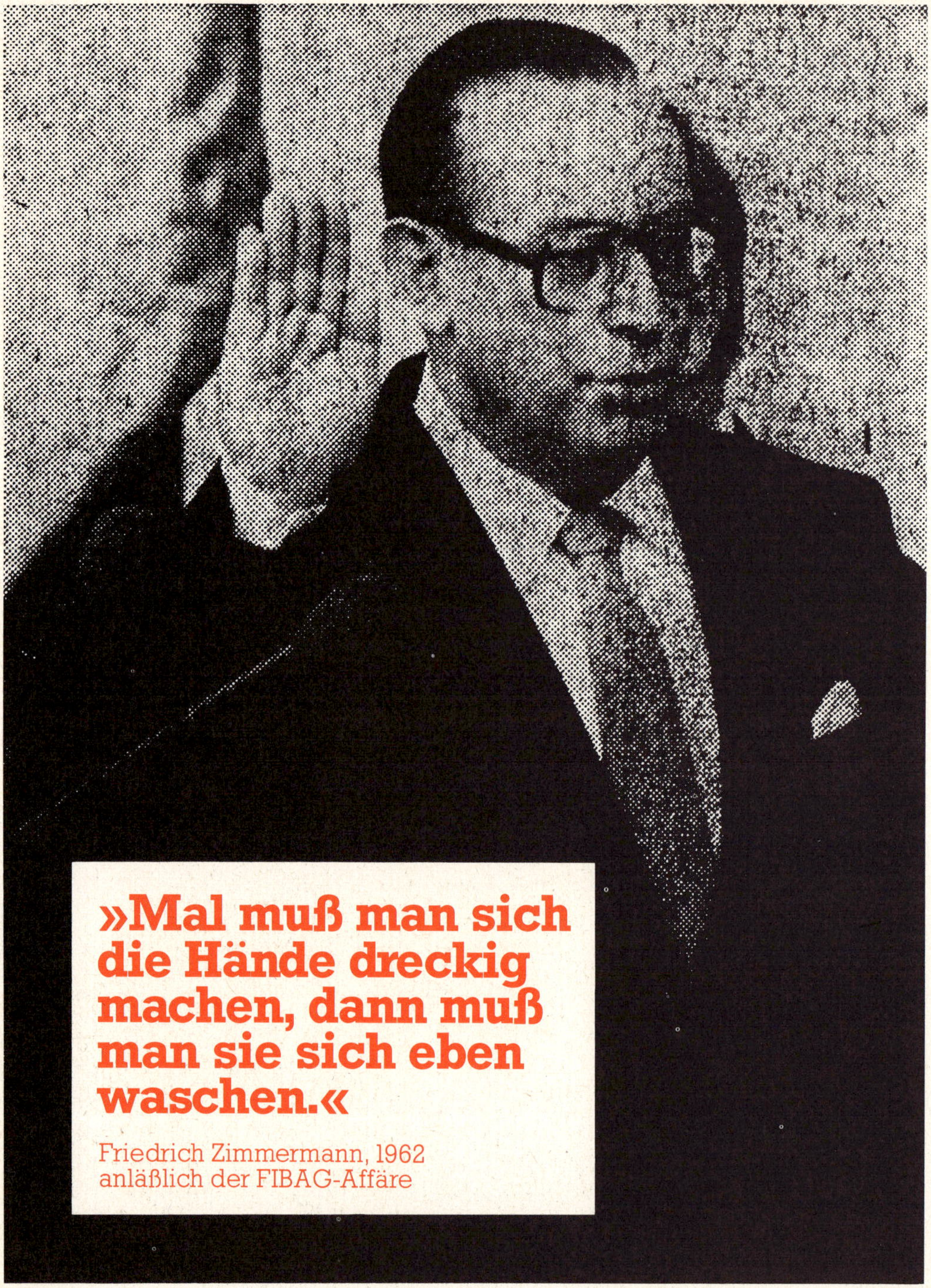

»Mal muß man sich die Hände dreckig machen, dann muß man sie sich eben waschen.«

Friedrich Zimmermann, 1962
anläßlich der FIBAG-Affäre

1982

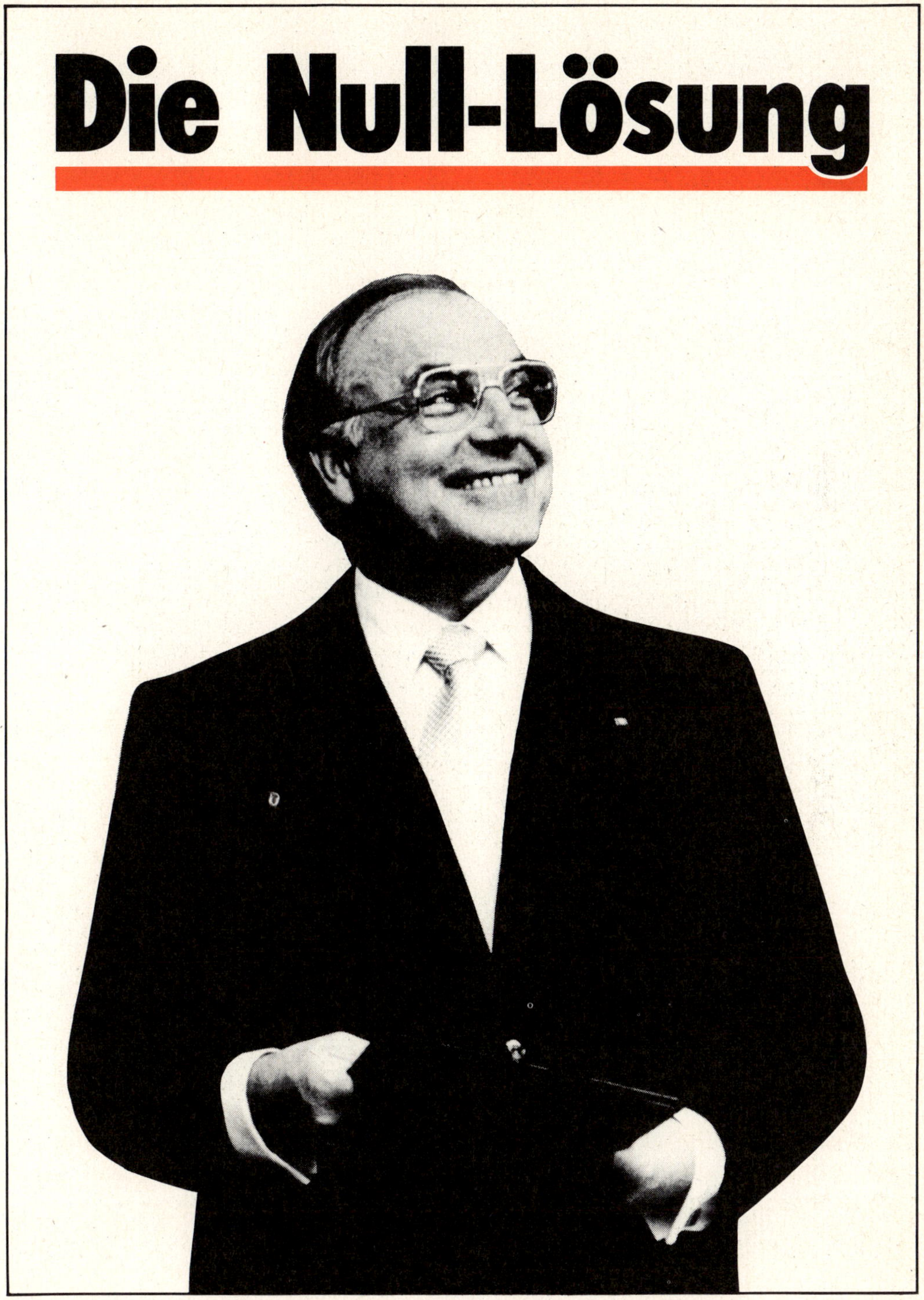

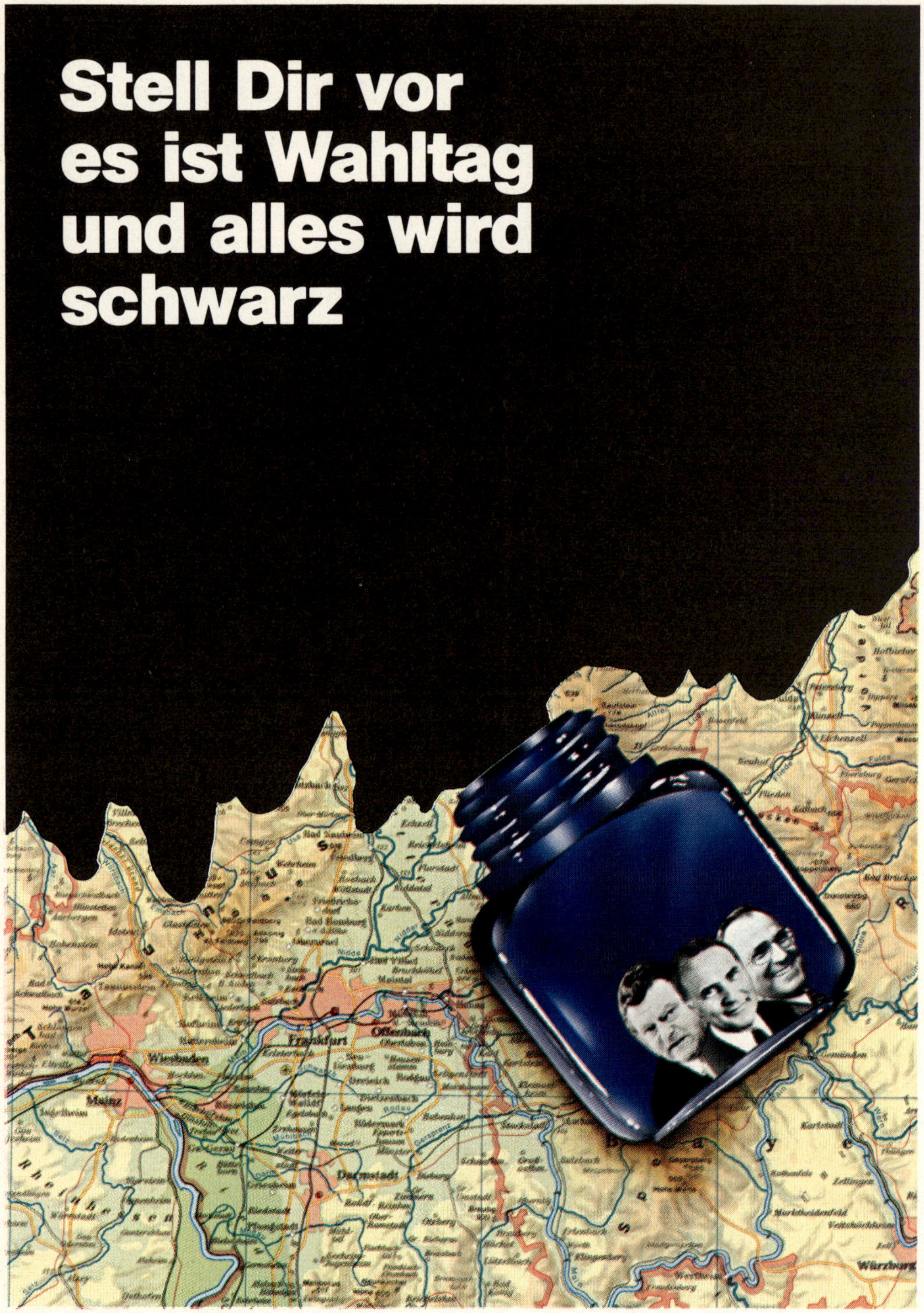

1982

1983

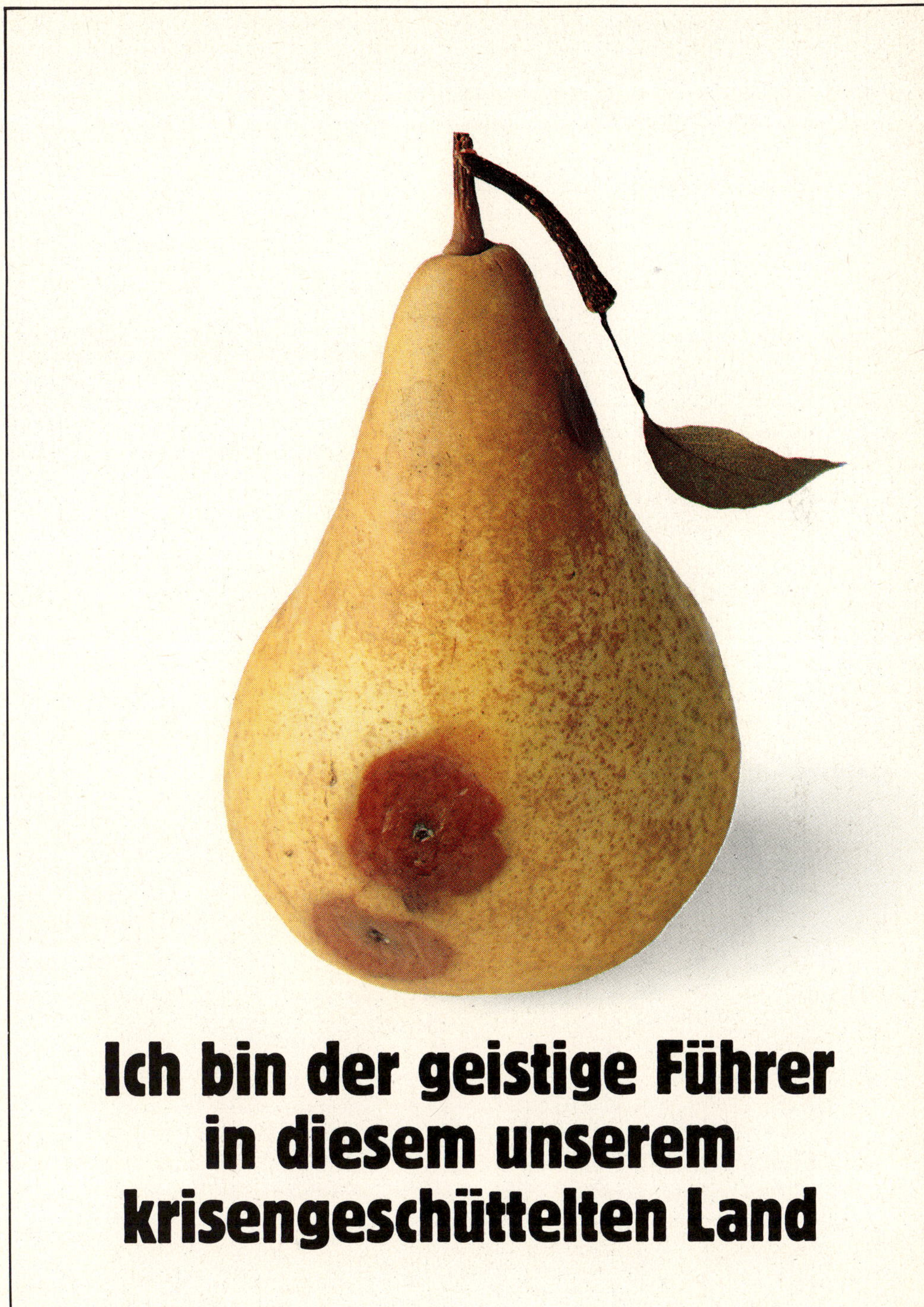
Ich bin der geistige Führer
in diesem unserem
krisengeschüttelten Land

1982

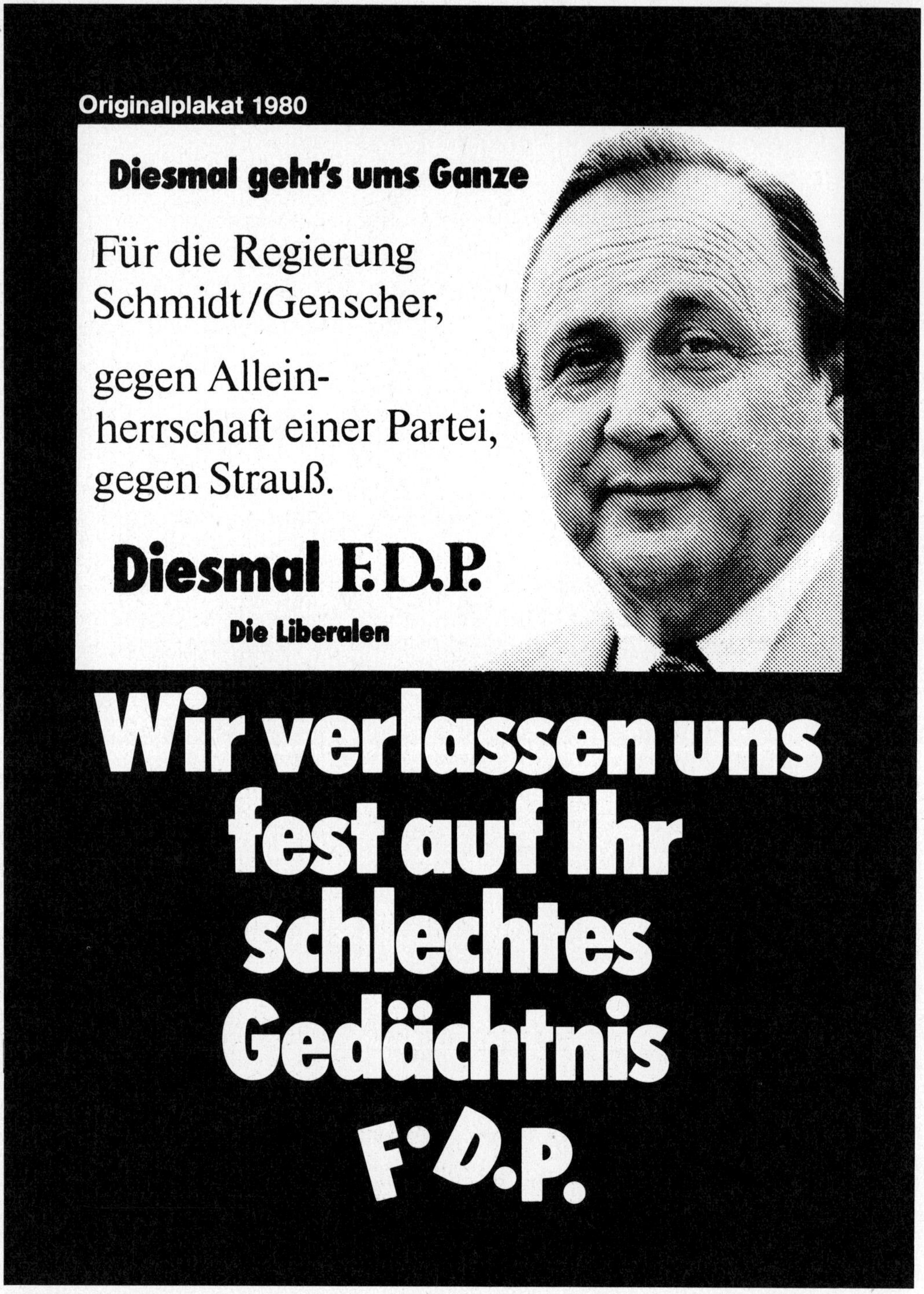

Originalplakat 1980
Diesmal geht's ums Ganze
Für die Regierung Schmidt/Genscher,
gegen Allein-herrschaft einer Partei, gegen Strauß.
Diesmal F.D.P.
Die Liberalen
Wir verlassen uns fest auf Ihr schlechtes Gedächtnis
F.D.P.

1983

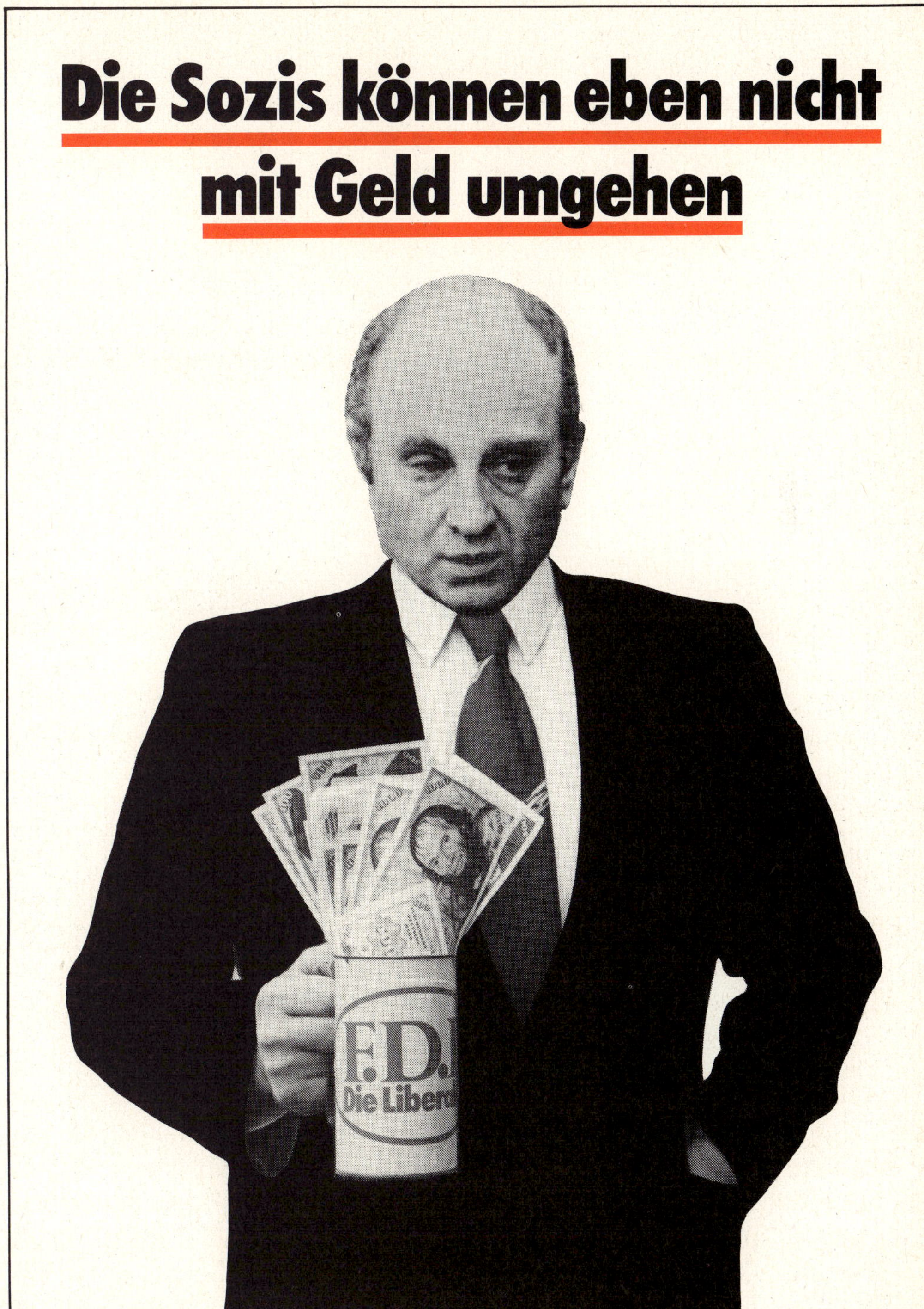

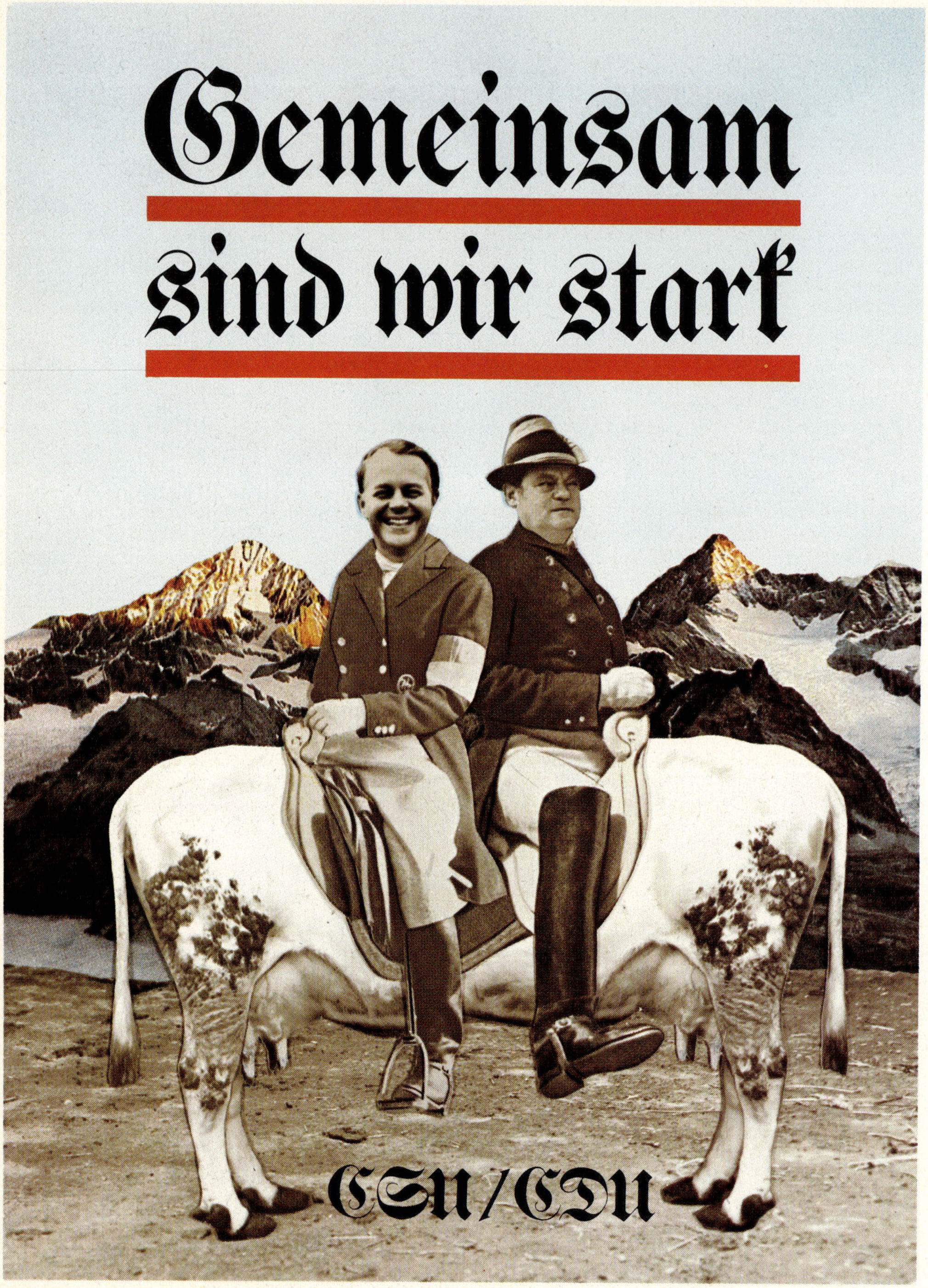

1980

1973

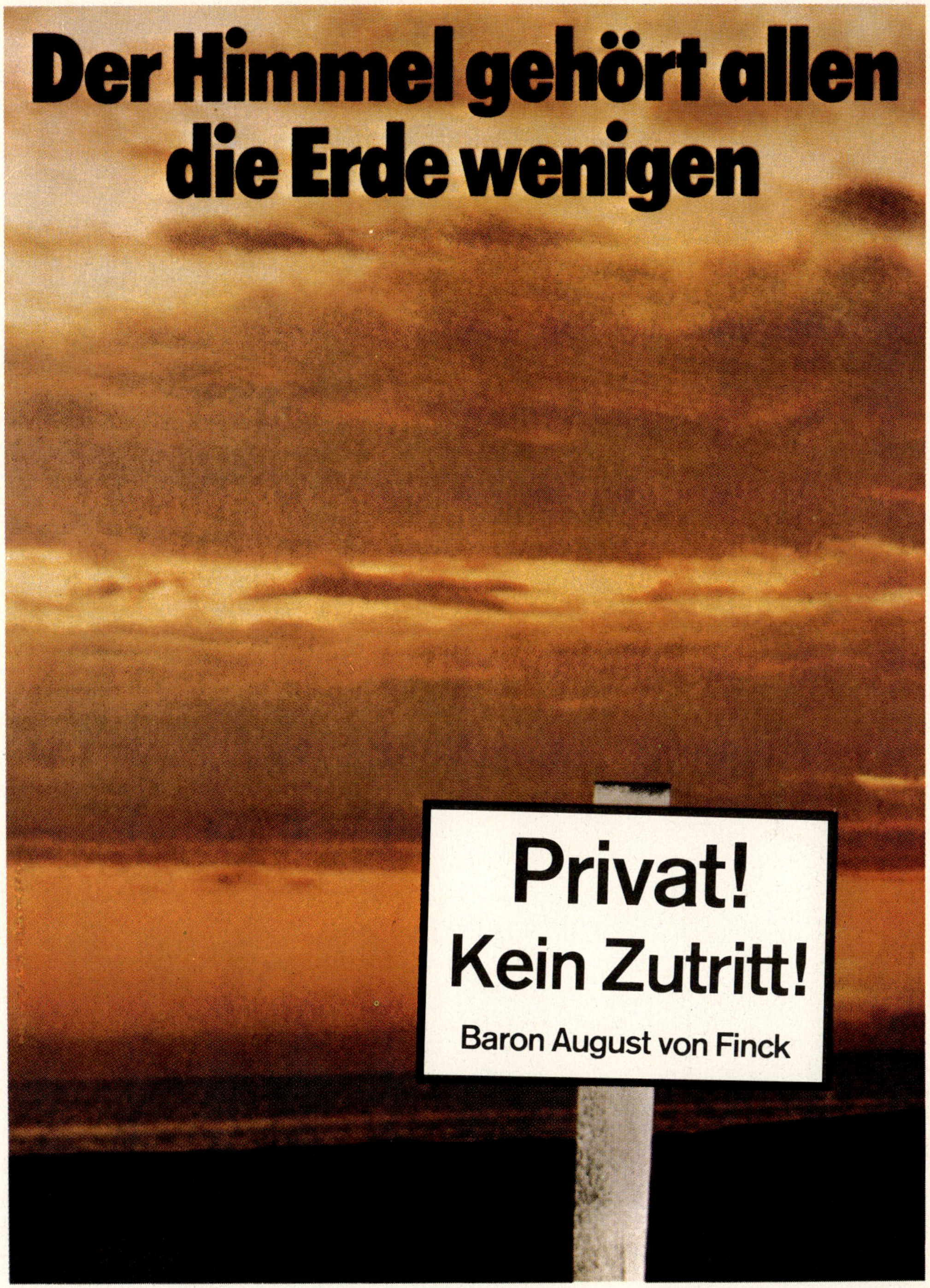
Der Himmel gehört allen
die Erde wenigen
Privat!
Kein Zutritt!
Baron August von Finck

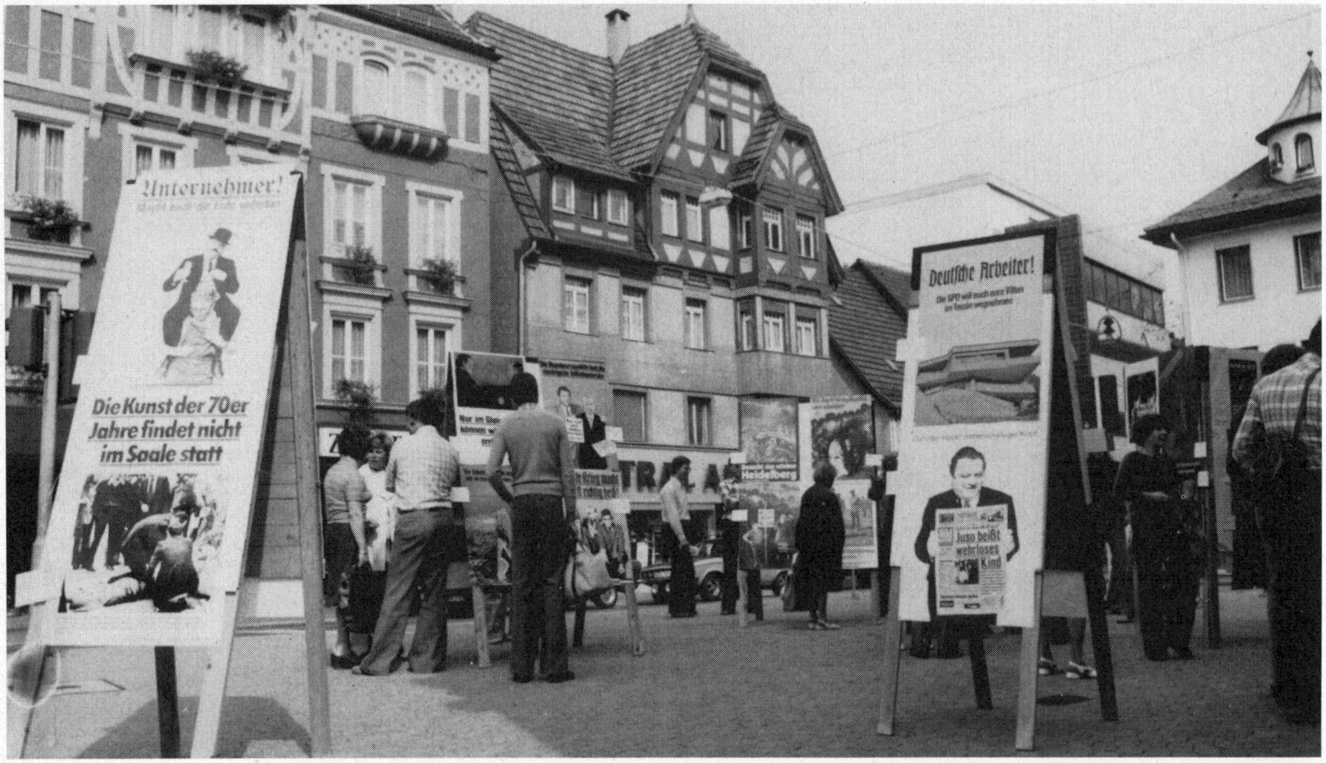
Unternehmer!
Die Kunst der 70er Jahre findet nicht im Saale statt
Heidelberg
Deutsche Arbeiter!
Die SPD will euch eure Villen im Tessin wegnehmen
Juso beißt wehrloses Kind

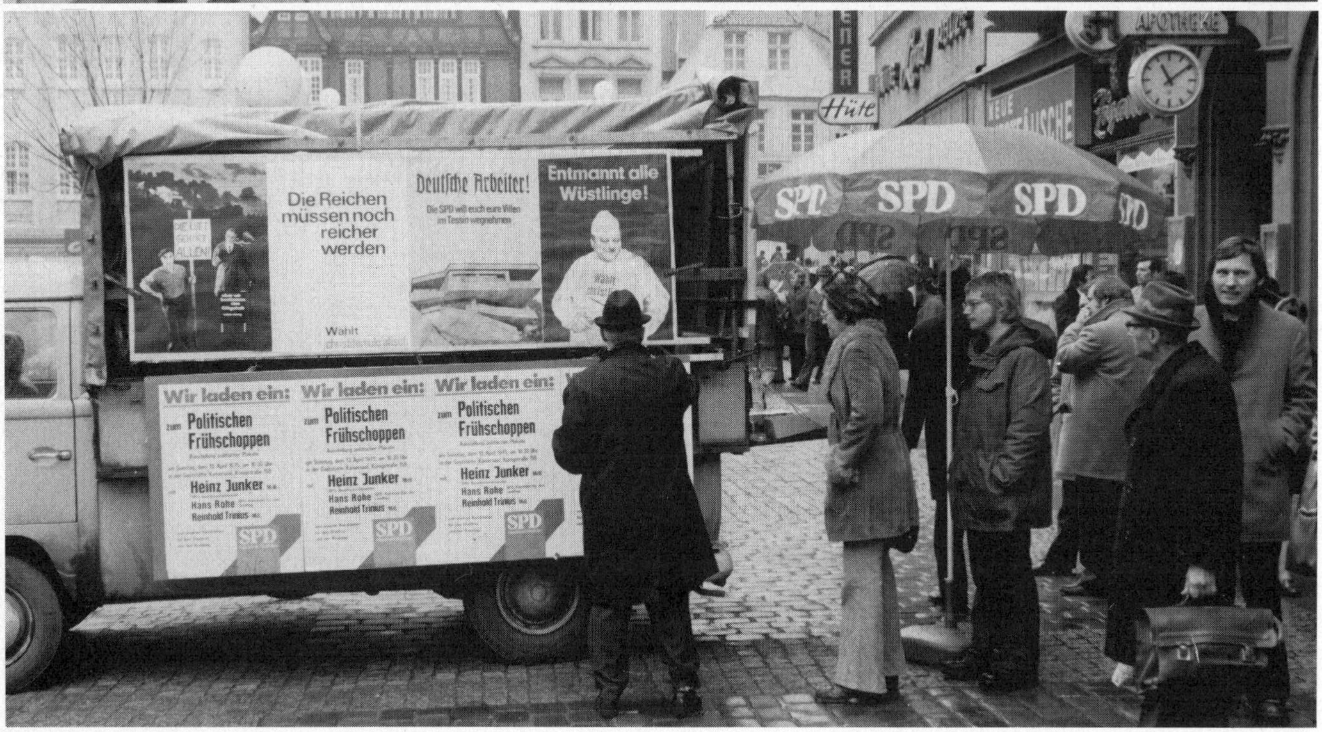
APOTHEKE
Hüte
Die Reichen müssen noch reicher werden
Wählt
Deutsche Arbeiter!
Die SPD will euch eure Villen im Tessin wegnehmen
Entmannt alle Wüstlinge!
SPD SPD SPD
Wir laden ein:
zum Politischen Frühschoppen
Heinz Junker
Hans Rohe
Reinhold Trinius
SPD
Wir laden ein:
zum Politischen Frühschoppen
Heinz Junker
Hans Rohe
Reinhold Trinius
SPD
Wir laden ein:
zum Politischen Frühschoppen
Heinz Junker
Hans Rohe
Reinhold Trinius
SPD

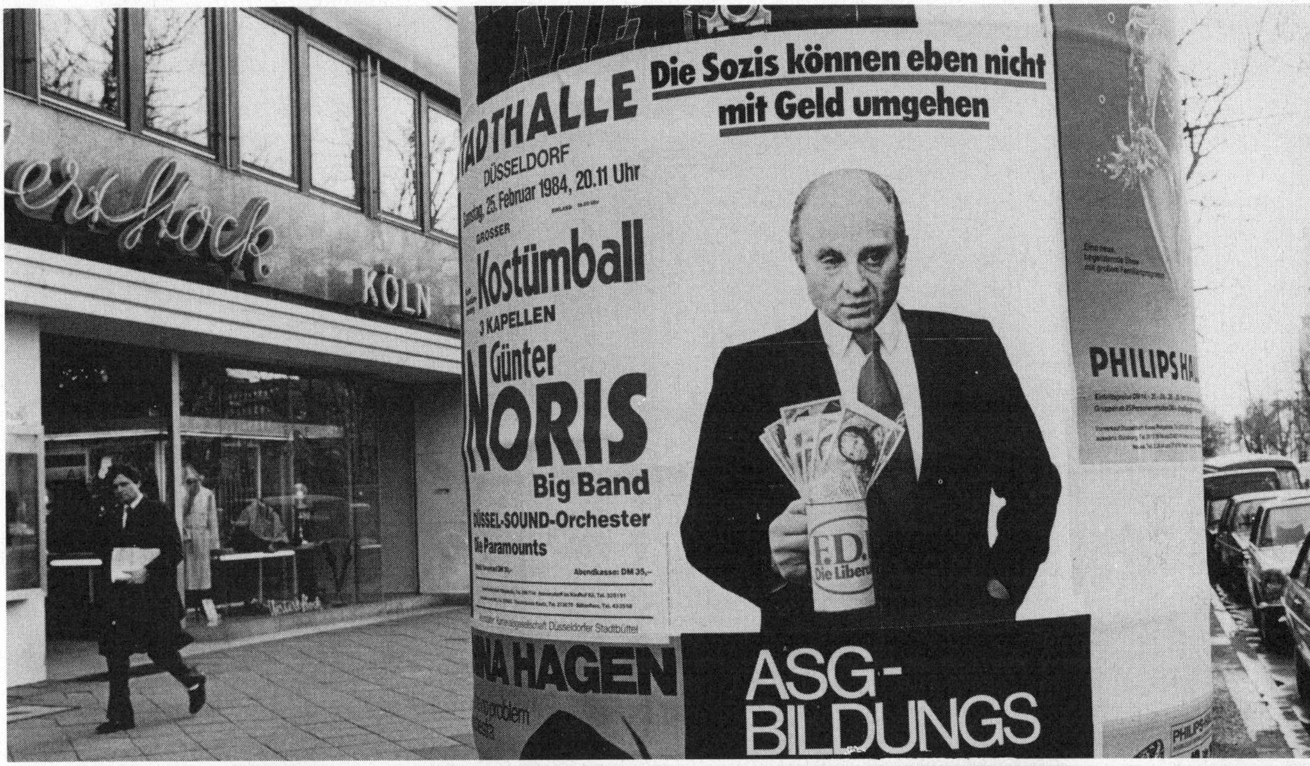
KÖLN
STADTHALLE
DÜSSELDORF
Sonntag, 25. Februar 1984, 20.11 Uhr
GROSSER
Kostümball
3 KAPELLEN
Günter
NORIS
Big Band
DÜSSEL-SOUND-Orchester
Die Paramounts
Die Sozis können eben nicht
mit Geld umgehen
F.D.P.
Die Liberalen
NA HAGEN
ASG-
BILDUNGS
PHILIPSHAL

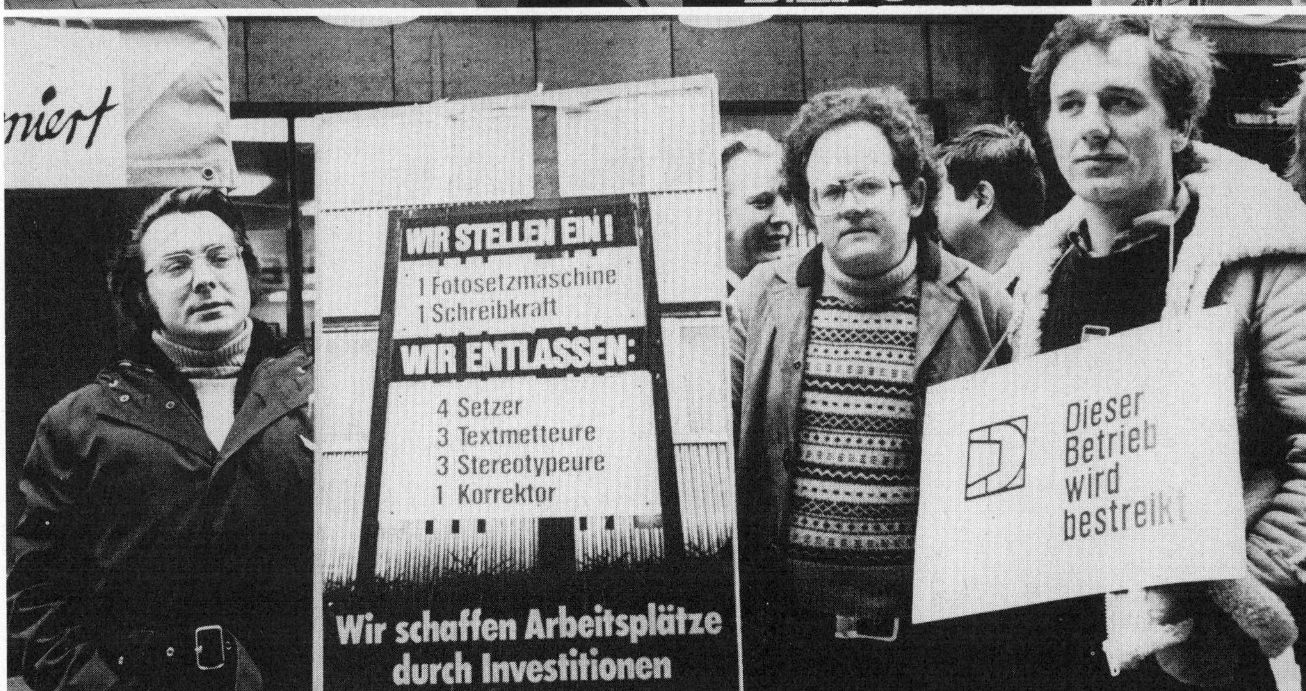
niert
WIR STELLEN EIN!
1 Fotosetzmaschine
1 Schreibkraft
WIR ENTLASSEN:
4 Setzer
3 Textmetteure
3 Stereotypeure
1 Korrektor
Wir schaffen Arbeitsplätze
durch Investitionen
Dieser
Betrieb
wird
bestreikt

Klaus Staeck · Biographie

1938 Am 28. Februar in Pulsnitz bei Dresden geboren.
1939–56 In Bitterfeld (Bezirk Halle/Saale).
1956 Übersiedlung nach Heidelberg.
1957 bis 1962 Jura-Studium in Heidelberg, Hamburg und Berlin.
1960 Erste Postkarten. Seit dem 1. April 1960 Mitglied in der SPD.
1962 Referendarexamen.
1964 Erste Holzschnitte (bis 1967).
1965 Gründung der Edition Tangente (jetzt: Edition Staeck). Beginn der Zusammenarbeit mit der Soziologin Ingeborg Karst
1969 Assessorexamen in Stuttgart. Zulassung als Rechtsanwalt in Heidelberg und Mannheim.
1970 Zille-Preis für sozialkritische Grafik in Berlin. Beginn der Zusammenarbeit mit Gerhard Steidl.
1971 Aufruf gegen die Exklusivität des Kölner Kunstmarktes (mit Joseph Beuys und Erwin Heerich). Erste Plakataktion zum Dürerjahr in Nürnberg (»Würden Sie dieser Frau ein Zimmer vermieten?«). Gastdozentur an der Gesamthochschule Kassel.
1972 Produziert für den Bundestagswahlkampf etwa 1 Million Plakate, Aufkleber und Postkarten. Wird wegen seiner Plakate von der CDU in mehrere Prozesse verwickelt.
1973 Lehrauftrag an der Universität Gießen – Fachbereich Kunsterziehung.
1974 Eklat anläßlich der Teilnahme Staecks mit Plakaten an einer Ausstellung im Londoner ICA, die vom Goethe-Institut mit finanziert worden war. Mißbilligung durch Außenminister Genscher.
1976 Förderpreis intergrafik, Berlin/DDR. »Bonner Bildersturm«: CDU/CSU-Abgeordnete reißen Staeck-Plakate von den Wänden der Bonner Parlamentarischen Gesellschaft.
1977 Teilnahme an der documenta 6 in Kassel. Mitglied im Verband Deutscher Schriftsteller in der IG Druck und Papier.
1979 Kritikerpreis, Berlin und Goldmedaille 4. Internationale Biennale für Fotomontage, Grudziadz/Polen.
1980 Gründung der Initiative »Freiheit statt Strauß – Aktion für mehr Demokratie«. Zusammen mit Günter Wallraff Anti-Springer-Aktionen in Hamburg, Frankfurt und im Ruhrgebiet.
1981 Die Niedersächsische Landesregierung (CDU) untersagt alle Staeck-Ausstellungen in Schulen. Gastprofessur GHS Universität Essen.
1982 Teilnahme an der documenta 7 in Kassel. Mitglied im P.E.N.-Zentrum.
1983 Beirat der Humanistischen Union.

Seit 1960 über 3000 Einzelausstellungen in Museen, Galerien, Universitäten, Schulen, Volkshochschulen, Bibiotheken, Rathäusern, Turnhallen, Gaststätten, Gewerkschaftshäusern, Theatern, Kurhäusern, auf Straßen und Plätzen im In- und Ausland und an über 600 Gruppenausstellungen beteiligt.

Klaus Staeck · Bibliographie

»Pornographie« (Steidl Verlag 1971)
»Befragung der documenta« (Steidl Verlag 1972)
»Plakate abreißen verboten!« (Steidl Verlag 1972)
»Die Reichen müssen noch reicher werden« (Rowohlt Verlag 1973)
»Der Fall Staeck« (Steidl Verlag 1974)
»Die Kunst findet nicht im Saale statt« (Rowohlt Verlag 1976)
»Der Bonner Bildersturm« (Steidl Verlag 1976)
»Worte des Statthalters Kohl« (Steidl Verlag 1976)
»Eine Zensur findet gelegentlich statt« (Steidl Verlag 1977)
»Briefe zur Verteidigung der Republik« (Mithrsg., Rowohlt Verlag 1977)
»Briefe zur Verteidigung der bürgerlichen Freiheit« (Mithrsg., Rowohlt Verlag 1978)
»Einschlägige Worte des Kandidaten Strauß« (Steidl Verlag 1979)
»Gedichte/Collagen« (mit Heinrich Böll, Lamuv Verlag 1979)
»Rückblick in Sachen Kunst und Politik« (Steidl Verlag 1980)
»Kämpfen für die sanfte Republik« (Mithrsg., Rowohlt Verlag 1980)
»Zuviel Pazifismus?« (Mithrsg., Rowohlt Verlag 1981)
»Die Leiden des Axel Cäsar Springer« (Steidl Verlag 1981)
»Verantwortlich für Polen?« (Mithrsg., Rowohlt Verlag 1982)
»Macht Ali deutsches Volk kaputt?« (mit Inge Karst, Steidl Verlag 1982)
»Die Gedanken sind frei« (Eulenspiegel Verlag 1982)
»Verteidigt die Republik« (Steidl Verlag 1983)
»Stell Dir vor, es ist Wahltag, und alles wird schwarz« (Steidl Verlag 1983)
»Alles unter Kontrolle?« (Steidl Verlag 1983)
»Im Mittelpunkt steht immer der Mensch« (dtv-Postkartenbuch 1984)
»Das große Zersetzerhandbuch« (Steidl Verlag 1984)
»Verteidigt die Kultur« (mit Inge Karst-Staeck, Steidl Verlag 1984)
»Bahnbrechende Worte von Kanzler Kohl« (Steidl Verlag 1984)

Gesamtverzeichnis aller Staeck-Plakate

bitte kostenlos anfordern bei

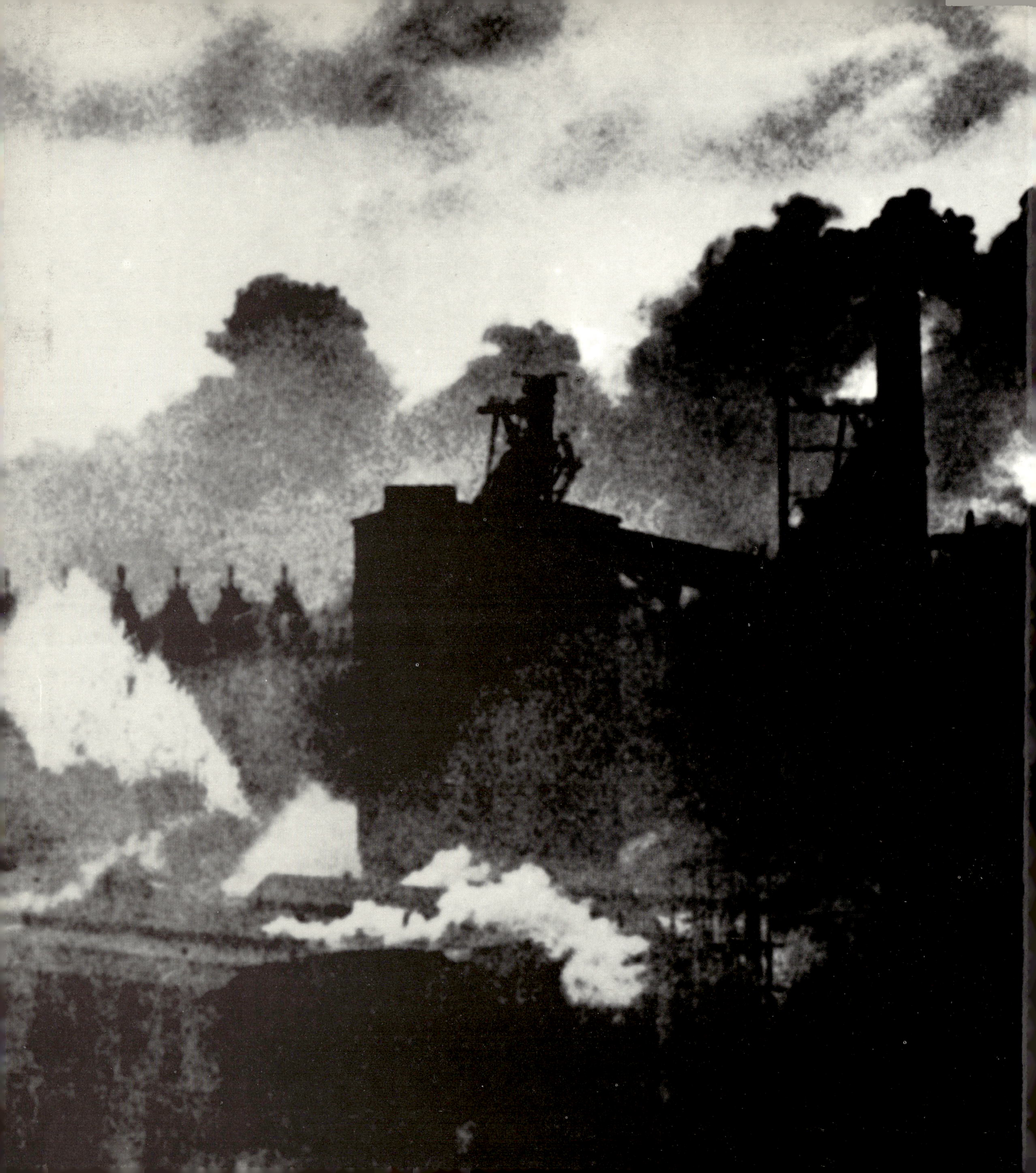